高职高专"十三五"规划教材
辽宁省职业教育改革发展示范校建设成果

成本计算与分析

李 侠 主编　　房艳文　朴美花　副主编

化学工业出版社
·北京·

《成本计算与分析》在结构、体例、内容上都有了较大的创新，遵循"以就业为导向，以任务为驱动"的设计理念，按照成本核算岗位的工作流程编排内容，每个项目都以完整的企业案例为载体，设计情境任务，将教材内容分解为七个工作项目，分别为成本会计入门、认识产品成本计算方法、产品成本计算的品种法、产品成本计算的分批法、产品成本计算的分步法、产品成本计算的辅助方法、成本报表的编制与分析。每个项目都配有学习目标，并配有项目实战以及丰富的配套实训题，便于学生课后复习所学内容。

《成本计算与分析》可以作为高职高专学校、成人高等学校财会及相关专业的学习用书，也适合作为在职人员培训及经济管理领域工作人员的参考用书。

图书在版编目（CIP）数据

成本计算与分析/李侠主编．—北京：化学工业出版社，2018.10（2023.2重印）
高职高专"十三五"规划教材
ISBN 978-7-122-32962-2

Ⅰ.①成… Ⅱ.①李… Ⅲ.①成本计算-高等职业教育-教材②成本分析-高等职业教育-教材 Ⅳ.①F231.2②F224.5

中国版本图书馆 CIP 数据核字（2018）第 202426 号

责任编辑：满悦芝　王淑燕　　　　　　　　文字编辑：李　曦
责任校对：王素芹　　　　　　　　　　　　装帧设计：张　辉

出版发行：化学工业出版社（北京市东城区青年湖南街13号　邮政编码100011）
印　　装：北京七彩京通数码快印有限公司
787mm×1092mm　1/16　印张15¼　字数393千字　2023年2月北京第1版第4次印刷

购书咨询：010-64518888　　　　　　　　售后服务：010-64518899
网　　址：http://www.cip.com.cn
凡购买本书，如有缺损质量问题，本社销售中心负责调换。

定　　价：49.00元　　　　　　　　　　　　　　　版权所有　违者必究

序

世界职业教育发展的经验和我国职业教育的历程都表明,职业教育是提高国家核心竞争力的要素之一。近年来,我国高等职业教育发展迅猛,成为我国高等教育的重要组成部分。《国务院关于加快发展现代职业教育的决定》、教育部《关于全面提高高等职业教育教学质量的若干意见》中都明确要大力发展职业教育,并指出职业教育要以服务发展为宗旨,以促进就业为导向,积极推进教育教学改革,通过课程、教材、教学模式和评价方式的创新,促进人才培养质量的提高。

盘锦职业技术学院依托于省示范校建设,近几年大力推进以能力为本位的项目化课程改革,教学中以学生为主体,以教师为主导,以典型工作任务为载体,对接德国双元制职业教育培训的国际轨道,教学内容和教学方法以及课程建设的思路都发生了很大的变化。因此开发一套满足现代职业教育教学改革需要、适应现代高职院校学生特点的项目化课程教材迫在眉睫。

为此学院成立专门机构,组成课程教材开发小组。教材开发小组实行项目管理,经过企业走访与市场调研、校企合作制定人才培养方案及课程计划、校企合作制定课程标准、自编讲义、试运行、后期修改完善等一系列环节,通过两年多的努力,顺利完成了四个专业类别20本教材的编写工作。其中,职业文化与创新类教材4本,化工类教材5本,石油类教材6本,财经类教材5本。本套教材内容涵盖较广,充分体现了现代高职院校的教学改革思路,充分考虑了高职院校现有教学资源、企业需求和学生的实际情况。

职业文化类教材突出职业文化实践育人建设项目成果;旨在推动校园文化与企业文化的有机结合,实现产教深度融合、校企紧密合作。教师在深入企业调研的基础上,与合作企业专家共同围绕工作过程系统化的理论原则,按照项目化课程设计教材内容,力图满足学生职业核心能力和职业迁移能力提升的需要。

化工类教材在项目化教学改革背景下,采用德国双元培育的教学理念,通过对化工企业的工作岗位及典型工作任务的调研、分析,将真实的工作任务转化为学习任务,建立基于工作过程系统化的项目化课程内容,以"工学结合"为出发点,根据实训环境模拟工作情境,尽量采用图表、图片等形式展示,对技能和技术理论做全面分析,力图体现实用性、综合性、典型性和先进性的特色。

石油类教材涵盖了石油钻探、油气层评价、油气井生产、维修和石油设备操作使用等领域，拓展发展项目化教学与情境教学，以利于提高学生学习的积极性、改善课堂教学效果，对高职石油类特色教材的建设做出积极探索。

财经类教材采用理实一体的教学设计模式，具有实战性；融合了国家全新的财经法律法规，具有前瞻性；注重了与其他课程之间的联系与区别，具有逻辑性；内容精准、图文并茂、通俗易懂，具有可读性。

在此，衷心感谢为本套教材策划、编写、出版付出辛勤劳动的广大教师、相关企业人员以及化学工业出版社的编辑们。尽管我们对教材的编写怀抱敬畏之心，坚持一丝不苟的专业态度，但囿于自己的水平和能力，疏漏之处在所难免。敬请学界同仁和读者不吝指正。

周铭

盘锦职业技术学院　院长
2018 年 9 月

前　言

为了培养能满足一线工作需要的高等技术应用型人才，按照高职高专会计专业的"以就业为导向，以能力培养为本位"的培养目标，我们以校企合作开发为纽带，与行业、企业专家共同编制了本教材。

本教材以学生职业能力培养为目的，采取项目驱动的模式，按照成本核算岗位的工作流程设置教材内容，努力培养学生能力、知识、素质等方面协调发展，突出"训、测、用"的设计理念。本教材具有以下特点：

1. 按照成本核算岗位工作流程设计项目任务，具有实战性

教材的编写从高职高专"就业为导向"的办学目标出发，以成本会计实际工作过程为主线，根据成本岗位对会计人员知识、能力和素质的要求，整合、序化内容，设计教学情境项目。教材从框架构建、内容筛选、深广度定位和体例编排等方面都倾力以"工学结合"为纽带创新建设。

2. 教材设计体现"训、测、用"一体化

教材设计针对高职学生的基础因材施教，突出能力培养。每个教学项目都总结出知识目标、能力目标，并配有岗位技能实训内容，可以训练和测试学生的知识应用能力，做到理论与实践零距离对接，增强学生的职业能力。

3. 知识整体编排与前沿相结合

本教材从财经类专业人才求职观念转变与基本业务技能培养的目标着眼，以全新《企业会计准则》为编写依据，以实时市场数据和案例完善教材内容，使其更贴近我国成本会计工作的实际，既强调教材内容的整体优化性，又注重教材的时效性。

4. 教材内容注重与其他学科的联系与区别

教材内容详略得当，避免课程之间的重复，使学生在掌握了基础会计和财务会计的理论和方法以后，能够轻松地掌握成本会计课程的内容。

5. 内容精准，图文并茂，通俗易懂

教材吸收整合了经典内容，避繁就简，循序渐进，内容更加精练、准确，且贴近教学对象。每一部分内容的讲解都配备了大量的图表，图文并茂，使复杂问题简单化，易于理解，可读性强，便于记忆，易学易懂。

本教材既可以作为高等职业学校、高等专科学校财经类专业的教学用书，也可以作为成

人教育及经济领域工作人员的参考用书。

本书在编写过程中,融合了高职一线教师多年的教学经验和体会,并得到盘锦隆鑫税务师事务所注册税务师安寿军的大力支持,同时参考了有关专家的著作,在此对他们表示衷心的感谢。

《成本计算与分析》由盘锦职业技术学院李侠任主编,盘锦职业技术学院房艳文、朴美花任副主编,马祥山、王丹、石晓光也参加了部分章节的撰写,全书由李侠和房艳文统稿。具体编写分工如下:项目一由王丹、石晓光编写,项目二由房艳文编写,项目三~项目五由李侠编写,项目六由李侠、马祥山编写,项目七由朴美花编写。

尽管我们在本教材的特色建设方面做出了许多努力,但书中不足之处恐在所难免,恳请各相关高职院校教师和学生在使用本教材的过程中给予关注,并将意见及时反馈给我们,以便修订时完善。

编 者
2018 年 9 月

目 录

项目一 成本会计入门 ·· 1
预备知识 ··· 1
 工作任务一 成立成本会计工作组织 ··· 4
 工作任务二 划分成本费用开支范围 ··· 8
 工作任务三 设计工业企业产品成本核算程序 ···································· 14
 岗位技能拓展训练 ·· 18

项目二 认识产品成本计算方法 ·· 21
预备知识 ··· 21
 工作任务一 掌握产品成本计算的基本方法 ······································· 24
 工作任务二 熟悉产品成本计算的辅助方法 ······································· 26
 工作任务三 掌握产品成本计算方法的具体应用 ································· 27
 岗位技能拓展训练 ·· 28

项目三 产品成本计算的品种法 ·· 31
预备知识 ··· 32
 工作任务一 选择产品成本计算方法 ··· 34
 工作任务二 归集与分配要素费用 ·· 35
  任务 1 归集与分配材料费用 ··· 35
  任务 2 归集与分配外购动力费用 ··· 51
  任务 3 归集与分配人工费用 ··· 54
  任务 4 归集与分配其他各项费用 ··· 67
 岗位技能拓展训练 1（要素费用实训） ·· 75
 工作任务三 归集与分配综合费用 ·· 77
  任务 1 归集与分配辅助生产费用 ··· 78
  任务 2 归集与分配制造费用 ··· 89
  任务 3 归集与分配损失性费用 ··· 96
 岗位技能拓展训练 2（综合费用实训） ·· 102
 工作任务四 生产费用在完工产品与在产品之间的分配 ······················ 109
  任务 1 在产品数量的核算 ··· 109
  任务 2 完工产品与在产品之间的生产费用分配 ························ 111
  任务 3 完工产品成本的结转 ·· 121
 岗位技能拓展训练 3（生产费用在完工产品与在产品之间分配的实训） ··· 122

项目四　产品成本计算的分批法 126
预备知识 127
工作任务一　选择产品成本计算方法 128
工作任务二　运用一般分批法计算产品成本 128
工作任务三　运用简化分批法计算产品成本 139
岗位技能拓展训练 145

项目五　产品成本计算的分步法 150
预备知识 151
工作任务一　选择合适的产品成本计算方法 152
工作任务二　运用逐步结转分步法计算产品成本 153
工作任务三　运用平行结转分步法计算产品成本 163
岗位技能拓展训练 169

项目六　产品成本计算的辅助方法 178
预备知识1 178
工作任务一　选择产品成本计算方法（一） 179
工作任务二　运用分类法计算产品成本 180
预备知识2 187
工作任务一　选择产品成本计算方法（二） 188
工作任务二　运用定额法计算产品成本 189
岗位技能拓展训练 202

项目七　成本报表的编制与分析 206
预备知识 206
工作任务一　成本报表的编制 208
工作任务二　成本报表的分析 215
岗位技能拓展训练 228

选择题及判断题答案 232

参考文献 234

项目一
成本会计入门

知识目标
1. 了解成本的经济内涵和作用；了解成本会计工作组织的设置。
2. 掌握成本的分类。
3. 掌握成本会计职能。
4. 掌握成本会计核算的要求。
5. 掌握成本会计核算的账户设置及账务处理程序。

技能目标
1. 能够做好成本会计的基础工作。
2. 能够对企业发生的各种费用支出进行正确分类。
3. 能够熟练运用账户进行成本会计核算。

项目导入

大学生小王服装设计专业毕业，在校学习期间就参加过各种比赛，并取得了很好的成绩。毕业后小王决定自主创业，和两个好朋友共同成立了一个中等规模服装加工厂，准备在未来开发自己的服装品牌，公司名称为滨城创业服装有限责任公司。三人办理了营业执照，选定了厂址，购买生产设备，招聘并培训了员工，条件成熟后正式开始营业。首批产成品生产完工后准备投放市场，可是如何定价呢？财务负责人张会计向小王等负责人说明了制定产品价格的依据是产品的成本，并详细地介绍了成本会计的职能、具体任务及其作用，如何进行成本费用的划分，如何进行成本核算，产品如何定价，会计组织的设置以及会计人员的分工等知识。听了这些知识，小王心里想，企业在日常生产经营过程中，如何准确地核算成本、有效地控制成本以使利润最大化呢？

任务提出

小王和朋友成立了公司，无论是大型公司，还是中小型企业，都要成立会计机构，会计人员要了解成本的经济内涵及作用，正确划分成本费用，有效地控制成本，准确核算成本，实现企业利润最大化。要解决这些问题，就要求会计人员必须精通成本会计。小王招聘了成本会计人员以后，提出了目前企业成本会计的主要工作任务：

工作任务一　成立成本会计工作组织；
工作任务二　划分成本费用开支范围；
工作任务三　设计工业企业产品成本核算程序。

预备知识

一、成本的经济实质

成本是商品生产发展到一定阶段的产物。它是商品生产过程中所耗费或支出的部分活劳动和物化劳动的货币表现。成本这种耗费或支出是相对于"主体"而言的,它必须明确是属于谁的耗费或支出,因此,成本是对象化了的费用或取得资源的代价。

马克思指出,按照资本主义方式生产的每一个商品 W 的价值,用公式来表示是 $W=C+V+M$。如果我们从这个产品价值中减去剩余价值 M,那么在商品中剩下的只是一个在生产要素上耗费的资本价值 $C+V$ 的等价物或补偿价值,只是补偿商品使资本家自身耗费的东西,所以对资本家来说,这就是商品的成本价格。马克思在这里称为商品的"成本价格"的那部分商品价值,指的就是商品成本。

社会主义市场经济与资本主义市场经济有着本质的区别,但二者都是商品经济,在社会主义市场经济中,企业作为自主经营、自负盈亏的商品生产者和经营者,其基本的经营目标就是向社会提供商品,满足社会的一定需要,同时要以产品的销售收入抵偿自己在商品的生产经营中所支出的各种劳动耗费,并取得盈利。只有这样,才能使企业以至整个社会得以发展。因此,商品价值、成本、利润等经济范畴,在社会主义市场经济中,仍然有其存在的客观必然性,只是它们所体现的社会经济关系与资本主义市场经济中的不同。

在社会主义市场经济中,产品的价值仍然由三个部分组成:①已耗费的生产资料转移的价值(C);②劳动者为自己劳动所创造的价值(V);③劳动者为社会劳动所创造的价值(M)。从理论上讲,前两个部分,即 $C+V$,是商品价值中的补偿部分,它构成商品的理论成本。

综上所述,可以对成本的经济实质概括为:生产经营过程中所耗费的生产资料转移的价值和劳动者为自己劳动所创造的价值的货币表现,也就是企业在生产经营中所耗费的资金总和。

在会计实务中,由国家统一制定了成本开支范围,由这样的开支范围确定的成本称为现实成本,即产品成本。

二、成本会计含义

1. 成本会计的产生和发展

成本会计是现代会计的一个分支,是社会经济发展到一定历史阶段的产物,它的产生及发展大概经历了早期、近代和现代三个阶段,并逐步成长完善。

(1) 早期形成阶段(1885~1920年) 在1885年之前,成本计算与会计账簿体系是分离的,成本计算游离于会计核算体系之外,成本资料主要借助于统计方法取得。

真正的成本会计起源于英国,后来又传入美国及其他国家。为了提高成本计算的准确性,成本计算与复式账簿被逐渐联系起来,形成了成本会计。由于早期的成本会计仅限于对生产过程中的生产耗费进行系统的归集和计算,以确定产品生产成本和销售成本,所以当时的成本会计被称为"记录型成本会计"。

在成本理论方面,1885年,美国的陆军军需官亨利·梅特卡夫(Henry Metcalfe)所著的《制造成本》被称为第一本成本会计著作。1887年,英国的电力工程师埃米尔·加克(Emile Garcke)和会计师约翰·费尔斯(John M. Fells)撰写了《工厂会计》,最早提出按复式簿记法记录所有成本账户,将成本会计与财务会计相结合,该书被看作是19世纪最具有影响力的成本会计专著。1919年美国成立了全国成本会计联合会,英国也成立了成本和管理会计师协会。

(2) 近代发展阶段(1921~1945年) 从20世纪20年代到第二次世界大战前,美国开始推行泰勒的科学管理制度。为了配合泰勒的劳动定额和计划工资等管理模式,在会计中引入了标准成本、差异分析和预算控制等技术方法。同时,成本计算方法也扩大到各个行业和企业内部的部门。成本会计的范围扩大了，它不仅是会计核算与成本相结合，而且还包括了预算和控制等内容。成本会计的理论和方法有了进一步的完善和发展，相对财务会计而言，已经具有一定的独立性。

（3）现代发展阶段（1945年至今） 第二次世界大战以后，资本主义经济发展十分迅速，资本高度集中，企业规模日益扩大，跨国公司不断涌现。企业主为了在竞争中处于有利地位，一方面积极依靠科学技术开发新产品，开拓市场，另一方面注重企业管理，挖掘内部潜力，控制和降低成本，以低成本高质量来求生存。因而，成本管理就成为企业管理中的一个重要组成部分。企业管理需要会计人员不仅要做好生产过程中成本的日常控制和成本核算，更重要的还要做好成本预测、决策和预算，加强对成本的事前控制。同时，还要注重成本的事后分析和反馈，为企业决策提供信息，这些内容的引入，进一步拓宽了成本会计的范围，完善了成本会计体系，推动了成本会计的发展。随着经济的发展，成本会计在企业管理中起到越来越重要的作用。

2. 成本会计的含义

成本会计是运用会计的基本原理和一般原则，采用专门方法对企业各项费用的发生和生产经营成本（产品制造成本）的形成进行预测、决策、计划、控制、核算、分析和考核的一种管理活动。成本会计有广义和狭义两种解释。狭义的成本会计是指对生产经营过程中发生的费用进行汇集、分配，计算出有关成本核算对象的总成本和单位成本，并加以分析和考核，即产品的生产成本。广义的成本会计是指成本管理的全过程，即包括成本预测、成本决策、成本计划、成本控制、成本核算、成本考核和成本分析等管理活动。

三、成本的作用

成本的含义决定了成本对于企业的作用，具体表现在以下几个方面。

1. 成本是补偿生产耗费的尺度

企业生产经营过程也是生产耗费过程。企业在生产经营过程中耗费了什么、耗费了多少，都是通过成本费用指标来反映的。

为了保证企业再生产的不断进行，必须对生产耗费，即资金耗费进行补偿。企业是自负盈亏的商品生产者和经营者，其生产耗费是用自身的生产成果，即销售收入来补偿的。而成本就是衡量这一补偿份额大小的尺度。企业在取得销售收入后，必须把相当于成本的数额划分出来，用以补偿生产经营中的资金耗费。这样，才能维持资金周转按原有规模进行。如果企业不能按照成本来补偿生产耗费，企业资金就会短缺，再生产就不能按原有规模进行。成本也是划分生产经营耗费和企业纯收入的依据，在一定的销售收入中，成本越低，企业纯收入就越多。可见，成本起着衡量生产耗费尺度的作用，对经济发展有着重要的影响。

2. 成本是综合反映企业工作质量的重要指标

成本是一项综合性的经济指标，企业经营管理中各方面工作的业绩都可以直接或间接地在成本上反映出来。例如，生产工艺的合理程度、固定资产的利用情况、原材料消耗节约与浪费、劳动生产率的高低、产品质量的优劣、产品产量的增减以及供产销各环节的工作是否衔接协调等，都可以通过成本直接或间接地反映出来。可通过相关措施促使企业以及企业内各单位加强经济核算，努力改进管理，降低成本，提高经济效益。可以及时发现在物化劳动和活劳动消耗上的节约或浪费情况，总结经验，找出工作中的薄弱环节，采取措施挖掘潜力，合理地使用人力、物力和财力，从而降低成本，提高经济效益。

3. 成本是制定价格的重要经济依据

企业的定价决策是企业经营管理的重点环节，定价过高会影响产品的销量，而定价过低又会影响企业的利润水平。成本可以作为企业制定价格的重要经济依据，在产品成本的基础上考虑一定的利润，即可确定一个较为合理的产品价格水平。

4. 成本是进行经营预测、决策和分析的重要依据

企业能否提高在市场上的竞争能力和提高经济效益，关键取决于管理者能否做出正确的生产经营决策。成本信息可以帮助企业预测未来的经营成果，可以帮助企业在面临多种方案选择时做出合理的决策。另外，合理准确的成本信息还是企业进行成本分析的重要依据。

工作任务一　成立成本会计工作组织

情境

滨城创业服装有限公司成立，财会部门进行相关准备工作。

任务：成立会计机构，招聘成本会计工作人员，进行人员分工，确定成本核算工作方式，明确成本会计任务，组织学习成本会计法规制度。

工作程序

第一，设置成本会计机构；

第二，招聘成本会计工作人员；

第三，明晰成本会计职能；

第四，明确成本会计任务；

第五，学习成本会计法规制度。

一、成本会计机构设置

企业的成本会计机构，是在企业中直接从事成本会计工作的机构。一般而言，大中型企业应在专设的会计部门中，单独设置成本会计机构，专门从事成本会计工作；规模较小、会计人员不多的企业，可以在会计部门中指定专人负责成本会计工作。另外，企业的有关职能部门和生产车间，也应根据工作需要设置成本会计组或者配备专职或兼职的成本会计人员。

成本会计机构的分工，包括成本会计机构内部的组织分工和企业内部各级成本会计机构之间的组织分工。成本会计机构内部可以按成本会计所负担的各项任务分工，也可以按照成本会计的对象分工，在合理分工的基础上建立岗位责任制。

企业内部各级成本会计机构之间的组织分工，有集中工作和分散工作两种基本方式。

所谓集中工作方式，是指企业的成本会计工作主要由厂部成本会计机构集中进行，车间等其他单位的成本会计机构或人员只负责原始记录和原始凭证的填制，并对它们进行初步的审核、整理和汇总，为厂部成本会计机构进一步工作提供基础资料。这种工作方式的优点是：便于厂部成本会计机构及时掌握整个企业与成本有关的全面信息；便于集中使用计算机进行成本数据处理；还可以减少成本会计机构的层次和成本会计人员的数量。但这种工作方式不便于直接从事生产经营活动的各单位和职工及时掌握本单位的成本信息，从而不便于成本的及时控制和责任成本制的推行。

所谓分散工作方式，是指成本会计工作中的规划、控制、核算和分析由各生产单位的成本会计机构或人员分别进行。成本考核工作由上一级成本会计机构对下一级成本会计机构逐

级进行。总部成本会计机构除对全部成本进行综合的规划、控制、分析和考核以及汇总核算外，还应负责对各下级成本会计机构或人员进行业务上的指导和监督。成本预测和决策工作一般仍由总部成本会计机构集中进行。分散工作方式有利于生产单位和有关职能部门及时了解本单位有关的成本费用信息，分析成本费用指标，进而控制费用，降低成本。但这种方式也会增加成本核算的层次和人员。因此，分散管理方式一般适用于成本会计工作比较复杂、各部门相对独立的企业。

二、成本会计人员

在成本会计机构中，配备适当数量的思想品格优秀、业务精通的成本会计人员是做好成本会计工作的关键。

为了充分调动和保护会计人员的工作积极性，国家在有关的会计法规中对会计人员的职责、权限、任免、奖惩以及会计人员的技术职称，都做了明确的规定。成本会计人员应在企业总会计师和会计主管人员的领导下，忠实地履行自己的职责，认真完成成本会计的各项任务，并从降低成本、提高企业经济效益的角度出发，参与制订企业的生产经营决策。为此，成本会计人员应经常深入生产经营的各个环节，结合实际情况，向有关人员和职工宣传解释国家的有关方针、政策和制度，以及企业在成本管理方面的计划和目标等，并督促他们贯彻执行；深入了解生产经营的实际情况，注意发现成本管理中存在的问题，并提出改进成本管理的意见和建议，当好企业负责人的参谋。

成本会计工作是一项涉及面很宽、综合性很强的管理工作，尤其是随着市场经济体制的不断发展和完善、科学技术的不断进步，按照市场经济的要求，靠技术进步降低成本，增强企业的竞争能力，提高企业的经济效益，已经成为成本会计工作的重要内容。因此，成本会计人员必须刻苦钻研业务，认真学习有关的业务知识和业务技术，不断充实和更新自己的专业知识，提高自己的素质，以适应新形势的要求。

三、成本会计职能

成本会计的职能是指成本会计所具有的功能，其在不同的历史时期体现为不同的内容。现代成本会计的职能包括成本预测、成本决策、成本计划、成本控制、成本核算、成本分析和成本考核7项职能。

1. 成本预测

成本预测是指根据成本的有关数据，以及可能发生的企业内外环境变化和可能采取的各项措施，运用一定的技术方法，对未来的成本水平及其发展趋势所做出的科学估计。通过成本预测，可以减少生产经营管理的盲目性，提高成本管理的科学性与预见性。

2. 成本决策

成本决策是在成本预测的基础上，根据其他有关资料，在若干个与生产经营和成本有关的方案中，选择最优方案以确定目标成本。做出最优化的成本决策是编制成本计划的前提，也是提高经济效益的途径。

3. 成本计划

成本计划是根据成本决策所确定的目标成本，具体规定出在计划期内为完成规定的任务所应达到的水平，并提出为达到规定的成本水平所应采取的各项措施。成本计划是进行成本控制、成本分析和成本考核的依据。

4. 成本控制

成本控制是根据成本计划，对成本发生和形成过程以及影响成本的各种因素进行限制与监督，使之能按预定的计划进行的一种管理活动。通过成本控制可以保证成本目标的实现。成本控制包括事前控制和事中控制。

5. 成本核算

成本核算是根据一定的成本计算对象，采用适当的成本计算方法，按规定的成本项目，通过各费用要素的归集和分配，计算出各成本计算对象的总成本和单位成本。成本核算既是对生产经营过程中发生的生产耗费进行如实反映的过程，也是进行反馈和控制的过程。通过成本核算可以反映成本计划完成情况，并为进行成本预测、编制下期成本计划提供可靠的资料，同时也为以后的成本分析和成本考核提供必要的依据。

6. 成本分析

成本分析是指将成本核算等资料与本期计划成本、上年同期实际成本、本企业历史先进成本及国内外同类产品先进成本进行比较，用以揭示产品成本差异并分析产生差异的原因，以便采取相应措施，改进管理，降低耗费，提高经济效益。

7. 成本考核

成本考核是定期对成本计划及其有关指标的实际完成情况进行总结和评价，以监督和促使企业加强成本管理责任制，履行经济责任，提高成本管理水平。成本考核一般与奖惩制度结合，以调动各责任人努力完成目标成本的积极性。

综上所述，成本会计是对企业的生产经营过程中所发生的费用进行预测、决策、计划、核算、控制、分析和考核的一种经济管理活动。成本会计的各项职能是相互联系、相互依存的。成本预测是成本决策的前提，成本决策是成本预测的结果；成本计划是成本决策所确定目标的具体化；成本控制是对成本计划实施进行的监督；成本核算是对成本计划是否完成的检验；成本分析是对计划完成与否的原因进行的检查；成本考核则是实现成本计划的重要手段。这七项职能中，成本核算是基础，没有成本核算，其他各项职能都无法进行。

四、成本会计任务

成本会计具有核算和监督两大基本职能，是企业经营管理的一个重要组成部分。因此，成本会计的任务一方面取决于企业经营管理的要求，另一方面还受成本会计反映和监督的内容的制约。具体来说，成本会计的任务主要有以下几个方面：

1. 合理进行成本预测和决策，为企业进行成本管理提供依据

为了加强企业成本管理，有效控制费用开支，成本会计工作应采用科学的方法预测成本水平及其发展趋势，拟定各种降低成本的方案，进行成本决策；根据目标成本编制成本计划，制订成本费用的控制标准及降低成本应采取的重要措施，作为实行成本管理，建立成本管理责任制，开展经济核算和控制费用支出的基础。

2. 严格审核和控制各项费用支出，不断降低产品成本

在市场经济环境下，企业作为自主经营、自负盈亏的商品生产者和经营者，应贯彻增产节约原则，加强经济核算，以尽可能少的耗费去获取更大的经济效益。为此，成本会计必须以国家有关成本费用开支范围、开支标准和企业有关成本计划、定额等为依据，寻求降低产品成本的途径和方法，严格控制各项费用的支出，努力节省开支，促进企业不断提高经济效益。

3. 及时正确核算产品成本，为企业经营管理提供成本信息

按照国家有关法规制度和企业经营管理的要求，及时、正确地核算企业生产经营过程中

发生的各种成本费用，提供真实、有用的成本数据资料，是成本会计的基本任务。成本核算所提供的成本数据资料，不仅是企业进行存货计价、确定利润和制定产品价格的依据，同时也是企业进行成本管理的基本依据。

4. 进行成本分析，考核消耗定额及成本计划的完成情况

通过成本核算，企业可获得产品实际成本的资料，将实际成本资料和成本计划对比，以反映成本计划的执行情况。成本分析可以揭示影响成本升降的各种因素及其影响程度，正确评价和考核各部门在成本管理工作中的业绩，揭示企业成本管理工作中存在的问题。企业可以针对存在的问题查找原因，制订措施，从而不断改善成本管理工作，提高经济效益。

五、成本会计法规制度

成本会计制度是成本会计工作的规范，是会计法规和制度的重要组成部分。企业应遵循国家有关法律法规和政策，如《中华人民共和国会计法》《企业会计准则》等的有关规定，并适应企业生产经营的特点和管理的要求，制订企业内部成本会计制度，作为企业进行成本会计工作具体和直接的依据。

不同行业的企业由于生产经营的特点和管理的要求不同，所制订的成本会计制度也有所不同，就工业企业来说，成本会计制度一般应包括以下几个方面的内容：

① 关于成本定额的制度和成本计划编制的制度；
② 关于成本控制的制度；
③ 关于成本开支范围、成本计算方法等的核算制度；
④ 关于企业内部结算价格和内部结算办法的制度；
⑤ 关于成本、费用报表的制度；
⑥ 其他有关成本会计的制度。

成本会计制度是开展成本会计工作的依据和行为规范，其是否科学、合理会直接影响成本会计工作的成效。因此，成本会计制度的制订，是一项复杂而细致的工作。在成本会计制度的制订过程中，有关人员不仅应熟悉国家有关法规、制度的规定，而且还应深入基层做广泛、深入的调查研究工作，了解企业的生产特点和管理要求，在反复试点、掌握充分依据的基础上进行成本会计制度的制订工作。成本会计制度一经制定，就应认真贯彻执行。但随着时间的推移，实际情况往往会发生变化，出现新的情况，这时应根据变化了的情况，对成本会计制度进行修订和完善，以保证成本会计制度的科学性和先进性。

项目实战 1

资讯：

大学生小王等共同出资成立了滨城创业服装有限责任公司，规模中等，主要根据订单生产工装。

任务：

请你设计公司成本会计工作组织，进行人员分工，制订成本会计制度。

完成工作任务评价

一、完成导入项目会计主体的工作任务

根据资讯资料完成设计滨城服装有限责任公司成本会计组织的工作任务，检验机构是否完善，人员之间如何分工，成本会计任务是否明确，成本会计职能是否理解到位，成本会计制度是否认真学习。

二、分享完成工作任务的收获

根据完成工作任务情况，结合教师及同学的评价，与教师及同学们分享收获。

工作任务二　划分成本费用开支范围

情境

滨城创业服装有限公司 2017 年 5 月份有关数据如下：
（1）购进原材料 8.5 万元，货款已经支付；
（2）生产领用原材料及辅助材料 20 万元；
（3）购入一台机器设备 20 万元，预计使用寿命为 10 年；
（4）本月职工薪酬共计 12 万元，其中生产工人薪酬 6 万元，车间管理人员薪酬 1 万元，行政管理人员工资薪酬 3 万元，销售人员薪酬 2 万元；
（5）本月固定资产折旧费共计 6 万元，其中基本生产车间提取折旧费 4 万元，管理部门提取折旧费 1.2 万元，销售部门提取折旧费 0.8 万元；
（6）基本生产车间其他各项费用 2 万元。
任务：请判断上述费用哪些计入成本，哪些不计入成本？

工作程序

第一，正确划分产品成本开支范围；
第二，明确支出、费用和成本之间的关系；
第三，正确进行产品成本分类。

一、产品成本的开支范围

根据现行有关会计制度和会计准则的规定，产品成本的开支范围具体包括：
① 为制造产品而消耗的原材料、辅助材料、外购半成品以及燃料的实际成本；
② 为制造产品而耗用的动力费；
③ 企业生产单位支付给职工及为职工支付的工资、奖金、补贴以及福利费等；
④ 为生产用固定资产和低值易耗品而发生的各种费用，包括折旧费、修理费、租金以及低值易耗品的摊销费用；
⑤ 企业生产单位为生产产品而发生的各种生产损失，包括废品损失和停工损失；
⑥ 企业生产单位为管理和组织生产而发生的各种费用，包括办公费、水电费、租金、差旅费等。

同时，为了加强企业成本管理，正确计算产品成本，有关制度还明确规定不得列入产品成本的项目，主要包括：
① 为购建固定资产、无形资产等长期资产而发生的资本性支出。这些支出按照会计核算的一般原则，应该资本化，不能一次性地计入产品成本，而应分期摊销计入各期间的产品成本或损益中。
② 企业对外投资的支出和分配给投资者的利润支出。
③ 被没收的财物、支付的各种罚金以及对外赞助、捐赠支出。这些支出按照规定计入

企业的营业外支出。

④ 在公积金中开支的各种支出。

综上可以看出，有关制度对企业产品成本的开支范围有着严格的规定，企业不能任意扩大或缩小开支范围，否则都会造成企业产品成本不真实，这样就无法正确反映企业产品生产工作的质量，也无法合理地衡量企业经营业绩。

二、支出、费用和成本之间的关系

支出、费用、成本是三个关系极为密切的概念。要深刻理解成本会计的内容，就必须清楚支出、费用、成本之间的关系。下面就工业生产企业的支出、费用和成本，简要说明它们之间的联系与区别。

1. 支出

支出是企业在经济活动过程中发生的一切开支与耗费。就一般企业而言，企业的支出可分为资本性支出、收益性支出、所得税支出、营业外支出和利润分配支出五类。

资本性支出是指一项支出的发生不仅与本期收益收入有关，也与其他会计期间的收入有关，而且主要是为以后各期的收入取得而发生的支出。如企业购建固定资产、无形资产等。这类支出最终可以表现和转化为费用。

收益性支出是指一项支出的发生仅与本期收入有关，并直接冲减当期收入。如企业为生产经营而发生的材料、包装物、工资等支出。

所得税支出是指企业在取得经营所得与其他所得时，按国家税法规定向政府交纳的税金支出。所得税支出作为企业的一项费用也应直接冲减当期收益。

营业外支出是指与企业生产经营无关的其他支出，如非常损失、处理固定资产损失等。这些支出尽管与生产经营活动没有直接联系，但是与其收入的取得还是有关系的，因而也把它作为当期损益的扣减要素。

利润分配支出是指利润分配环节的开支，如支付的股利等。

2. 费用及其与支出的关系

费用是指企业在日常活动中所发生的、会导致所有者权益减少的、与向所有者分配利润无关的经济利益的总流出。费用是企业支出的构成部分。一般而言，凡是与生产经营有关的支出，都可表现或转化为费用，如企业购买原材料、固定资产、无形资产的支出，最终都可表现或转化为费用；而长期投资支出、捐赠支出、利润分配支出等一般不能表现为费用。

费用按其与产品生产的关系可划分为生产费用和期间费用两类。

生产费用是企业在一定时期内为生产产品和提供劳务过程中所发生的各种耗费，如直接材料、直接人工等。生产费用的构成要素，一般称为费用要素。工业企业的生产费用，可以划分为以下构成要素：

（1）外购材料　指企业为生产产品、提供劳务等耗费的由外部购入的原料及主要材料、外购半成品、辅助材料、包装物、修理用备件和低值易耗品等。

（2）外购燃料　指企业为生产产品、提供劳务等耗费的一切由外部购入的固体、液体、气体燃料。

（3）外购动力　指企业为生产产品、提供劳务等耗费的一切由外部购入的电力、蒸汽等各种动力。

（4）职工薪酬　指企业为生产产品、提供劳务等发生的职工薪酬。

（5）折旧费　指企业生产单位（分厂、车间）按照规定方法计提的固定资产折旧费用。

（6）其他支出 指企业为生产产品、提供劳务等发生的不属于以上各要素的费用支出，如生产单位（分厂、车间）发生的办公费、差旅费、租赁费、外部加工费、保险费等。

这些费用同产品生产有直接关系，应计入生产成本。期间费用是指同企业的经营管理活动有密切关系的耗费，它同产品的生产没有直接的关系，属于某一时期的耗费，直接从当期损益中得到补偿。企业的期间费用包括管理费用、财务费用和销售费用。

3. 生产费用与产品成本的关系

生产费用和产品成本是两个既互相联系又相互区别的概念。生产费用按一定的产品加以归集和汇总，就是产品成本。所以，生产费用是产品成本的基础，而产品成本则是对象化的生产费用。生产费用反映的是某一定时期内发生的费用，而产品成本则是反映某一时期内某种产品所应承担的费用。根据权责发生制原则，企业某一期间发生的生产费用与归属产品的期间并不完全一致，即归属于当期产品成本中的生产费用有一部分是当期发生的，有一部分则可能是以前会计期间发生的；归属于本期间的生产费用也不一定就归属于当期产品成本，可能会由以后期间的产品来负担。所以，企业某一会计期间实际发生的生产费用总和，不一定等于该期产品成本的总和。工业企业的支出、费用、产品成本之间的关系如图1-1所示。

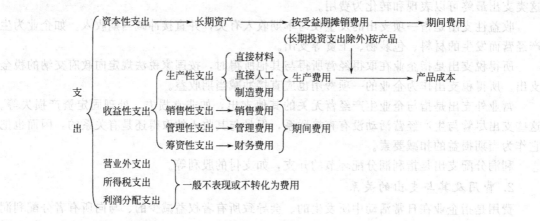

图1-1 工业企业的支出、费用与产品成本关系图

三、成本的分类

为了正确计算产品成本，客观地考核和分析生产费用的发生情况，生产费用可以按以下标准分类。

（一）按照成本经济用途或职能分类

成本按照经济用途或职能分类，可以划分为产品成本和期间成本两大类。

1. 产品成本

产品成本又称制造成本、生产成本，是指产品生产制造过程中所发生的各项支出。产品成本从具体的构成来看，一般包括直接材料、直接人工以及制造费用三大项目。

（1）直接材料 直接材料是指加工产品中耗用的并构成产品实体或主要部分的各种原料、主要材料、外购半成品、辅助材料等。比如家具生产过程中耗用的各种木材，汽车制造过程中耗用的各种钢材，服装生产过程中耗用的各种布匹等。

（2）直接人工 直接人工，又称直接工资，是指在生产产品过程中发生的人工成本，包括企业应付给直接从事产品生产的职工工资、奖金和各种津贴，也包括企业为直接从事产品生产的职工支付的按规定比例提取的福利费等费用。

（3）制造费用　制造费用是指企业在生产过程中所发生的除直接材料和直接人工的各种费用，主要包括企业生产单位为组织和管理生产所发生的各种费用，以及企业生产单位房屋、建筑物、机器设备等的折旧费，设备租赁费，低值易耗品摊销等费用。制造费用在西方财务会计中一般称为厂房费用或间接制造成本。

如果将这三个成本项目进行组合，可以得到一些不同的成本概念。比如，将直接人工和制造费用合计称为加工成本或者加工费用，是指产品加工过程中发生的各项成本；将直接材料和直接人工合计称为主要成本，它们通常是产品的主要组成部分。但是在知识经济条件下的现代企业里，科学技术含量越来越高，产品成本结构发生了重大变化，很多企业制造费用的比重超过50%，甚至一些新兴的网络科技公司，几乎不发生材料费用。因此目前很多企业将直接人工和制造费用作为产品成本的主要成本。

除了上述三个成本项目之外，有的企业根据需要还可以适当增加成本项目，比如"外购半成品""燃料及动力""废品损失"等项目。

2. 期间成本

期间成本也称非制造成本、非生产成本、期间费用，是指与产品生产没有直接联系而与会计期间长短相联系的各种耗费，具体包括销售费用、管理费用和财务费用三项。

按经济用途或职能分类是成本最基本的分类方式，这种分类方式对计算产品成本和确定当期损益具有重要意义。

（二）按照成本与特定产品的关系分类

成本按照与特定产品的关系分为直接成本和间接成本。

1. 直接成本

直接成本又称可追溯成本，是指与某一特定产品之间具有直接联系、能够经济而又方便地直接计入特定产品的成本。一般来说，大部分的直接材料和直接人工都属于直接成本。

2. 间接成本

间接成本又称不可追溯成本，是指与特定产品没有直接联系，或者不易直接计入产品成本，需要采用适当方法分配计入各种产品的成本。制造费用一般都属于间接成本。关于直接成本、间接成本与产品的关系如图1-2所示。

图1-2　直接成本、间接成本与产品的关系

（三）按照成本习性分类

成本习性也称成本可变性，是指成本总额与业务量（产量或销量）变化的依存关系。按成本习性分类，成本可分为固定成本、变动成本和混合成本。

1. 固定成本

固定成本是指在相关范围内总额不随业务量变动而变动的成本。在相关范围内，单位产品的固定成本随业务量成反比例变动。房屋、建筑物的租金、折旧费、电费、企业管理人员的工资都属于固定成本。固定成本与业务量之间的关系如图1-3所示，单位固定成本与业务量之间的关系如图 1-4 所示。

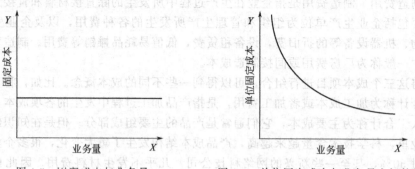

图 1-3　固定成本与业务量　　图 1-4　单位固定成本与业务量之间的关系

固定成本还可以根据企业对成本金额的影响划分为裁决性成本和既定性成本。裁决性成本也称酌量性成本,是指通过管理人员的决策行动可改变其金额的固定成本,如广告费、人员培训费等。既定性成本也称约束性固定成本,是指金额不随管理人员的经营决策而发生改变的固定成本,如固定资产折旧费、保险费等。

2. 变动成本

变动成本是指在相关范围内总额随业务量正比例变动的成本。另一方面,在相关范围内,单位变动成本保持不变。直接材料、生产工人的计件工资一般都属于变动成本。这些成本的发生额随业务量的变动而变动。变动成本总额与业务量之间的关系如图 1-5 所示,单位变动成本与业务量之间的关系如图 1-6 所示。

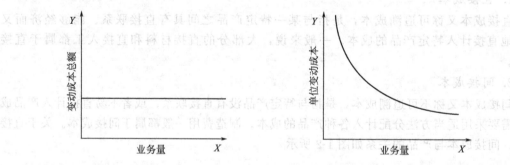

图 1-5　变动成本总额与业务量之间的关系　　图 1-6　单位变动成本与业务量之间的关系

3. 混合成本

混合成本是指总额随业务量变动,但不保持严格的比例变动的成本。混合成本的特点是总成本随业务量变动但不成正比例,单位成本也随业务量的增加不成比例地变化,所以混合成本兼有固定成本和变动成本的特征,比如机器设备的维修费、销售人员的工资等都属于混合成本。混合成本按其与业务量之间变动趋势的不同,可以进一步分为半变动成本、半固定成本、延期变动成本和曲线变动成本。

(1) 半变动成本　半变动成本是指在业务量为零时,就存在一个固定成本,然后随着业务量的增加而增加。比如电话费,每个月都有月租费,然后随着通话时间的增加而增加。半变动成本与业务量之间的关系如图 1-7 所示。

(2) 半固定成本　半固定成本又称阶梯式或步骤式固定成本,是指在一定的业务量范围内成本不变,当业务量增长超过一定限度时,其成本就会相应地跳跃式上升,然后在一定范围内又保持不变,直至发生新的一次跳跃的成本。半固定成本类似于阶梯,逐级增加。比如质检员的工资,在一定业务量范围内,质检员人数确定,工资也固定不变,但是当业务量增加到一定程度时,需要增加质检员,则其工资也发生跳跃式的增长。半固定成本与业务量之间的关系如图1-8所示。

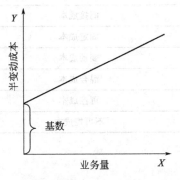 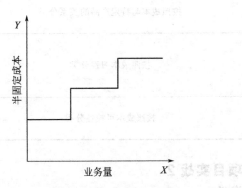

图1-7　半变动成本与业务量之间的关系　　图1-8　半固定成本与业务量之间的关系

需要注意的是,固定成本、变动成本以及混合成本的划分都有一个前提条件,即相关范围假设,这既包括时间的相关范围,也包括业务量的相关范围。如果超过了相关范围,那么成本与业务量之间的关系就可能发生变化。从理论上来说,成本按照成本习性分为固定成本、变动成本和混合成本三类,但在实务中,企业一般采用一定的方法将混合成本进一步划分为固定成本和变动成本两部分,比如高低点法、散布图法、回归分析法等。

将成本按照成本习性分类,对于成本的预测、决策和分析,特别是控制成本和寻求降低成本途径具有重要意义。

（四）按照成本可控性分类

根据企业某个责任单位或个人对成本的控制程度分类,成本可以划分为可控成本和不可控成本。

1. 可控成本

可控成本是指能由企业一个责任单位或个人的行为控制,受其工作好坏影响的成本。可控成本属于责任成本,需要进行成本考核,因此是企业进行成本管理的重点环节。

2. 不可控成本

不可控成本是指不能由一个责任单位或个人的行为控制,不受其工作好坏影响的成本。不可控成本由于企业某个责任单位无法决定,因此与该责任单位的业绩无关。

需要注意的是,成本是否可控并不是绝对的,而且并不与成本项目固定挂钩。从企业整体来看,几乎所有成本都是可控的,但是就某一个部门来说,则存在可控与不可控之分。有些成本对于一个部门来说是可控的,但是对另一个部门来说就可能是不可控的。比如,材料由于质量问题超过定额消耗,这对于加工车间来说是不可控的,属于不可控成本；而对于材料供应部门来说,却又是可控的,属于可控成本。

此外,可控成本与不可控成本的划分,与时间长短也有关系。一些成本短期来看是不可控的,但是长期来看则是可控的。比如保险费,在合同期内是不可控的,但是合同期满以后,在没有签订新合同之前又是可控的。

成本的各种分类方式如表1-1所示。

表1-1 成本的分类

分类方式	分类
按照成本经济用途或职能分类	产品成本
	期间成本
按照成本与特定产品的关系分类	直接成本
	间接成本
按照成本习性分类	固定成本
	变动成本
	混合成本
按照成本可控性分类	可控成本
	不可控成本

项目实战2

资讯：

滨城创业服装有限责任公司成本会计人员根据公司的业务特点，确定产品成本的构成内容。

任务：

请分析滨城创业服装有限责任公司的成本，并画出固定总成本、变动总成本、单位固定成本、单位变动成本、半固定成本、半变动成本与产量的关系图。

完成工作任务评价

一、完成导入项目会计主体的工作任务

根据项目资讯资料画出各种成本图形。

二、分享完成工作任务的收获

根据完成工作任务情况，结合教师及同学的评价，与教师及同学们分享收获。

工作任务三 设计工业企业产品成本核算程序

情境

滨城创业服装有限公司成本会计人员召开例会，分析公司的业务，进行建账工作。

任务：根据滨城创业服装有限公司的业务情况，建立总账账户和明细账户。

工作程序

第一，明确产品成本核算要求；

第二，设置产品成本核算账户；

第三，设计产品成本核算程序。

知识应用

一、成本核算的要求

1. 正确划分各种费用支出的界限

为了正确计算产品成本，为成本管理提供正确的成本资料，必须正确划分以下几个费用

的界限:

工业企业的生产经营活动是多方面的,发生的支出也是多种多样的。企业应根据《企业会计准则》以及成本开支范围的要求,正确划分收益性支出和资本性支出的界限。

凡为日常生产经营活动所发生的并应由当期收入补偿的各项耗费,都属于收益性支出,其支出应视具体情况,计入产品成本或期间成本;反之,不是日常生产经营活动所发生的,并应由以后各期实现的收入逐步加以补偿的各项耗费,都属于资本性支出,其支出应计入有关资产的价值,予以资本化。如购置和建造固定资产、无形资产的支出,对外投资的支出等,都属于资本性支出。

2. 正确划分各期费用成本的界限

对于可以计入费用成本的支出,企业应当根据权责发生制原则,正确划分各期费用成本的界限。按照权责发生制原则,凡是本期已经发生的费用成本,不论其款项是否已经付出,都应当作为本期费用成本入账;凡是不属于本期费用成本的支出,即使款项已经在本期付出,也不应当作为本期的费用成本处理。正确划分各期费用成本的界限,是合理确定各期产品成本和期间费用、正确计算各期营业损益的需要。

为了按期结算费用,计算本期产品成本和期间费用,企业发生的不能全部计入当年损益,应在以后年度内分期摊销的租入固定资产改良支出等,应当记作长期待摊费用,在受益期限内平均摊销。

严格掌握长期待摊费用的摊销,对正确计算各期产品成本和如实反映各期期间费用有重要意义。要注意防止利用长期待摊费用等项目来调节各期费用成本(产品成本和期间费用),虚增或者虚减企业利润的错误做法。

3. 正确划分产品成本和期间费用的界限

在正确区分各种支出和各期费用成本的基础上,还应当正确划分产品成本和期间费用的界限。企业生产经营费用包括生产费用和期间费用,生产费用构成产品生产成本,期间费用直接计入当期损益。为了正确计算产品成本和营业损益,应当计入产品成本的费用,企业不得列为期间费用;应当列作期间费用的支出,企业不得计入产品成本。

4. 正确划分各种产品成本的界限

为了正确计算各种产品的成本,可以计入本期产品成本的各项生产费用,还必须在各种产品之间进行划分。应计入本期产品成本的各项生产费用,有两种情况:一是能够直接计入某种产品成本的;二是多种产品共同发生的。正确划分各种产品成本的界限,要求凡是能够分清由某种产品成本负担的费用,应当直接计入该种产品的成本;凡是不能分清由哪种产品成本负担,即由几种产品成本共同负担的费用,应当按照受益原则,采用合理的分配标准,在各种产品之间进行分配之后,再计入各种产品的成本。

5. 正确划分本期完工产品成本与期末在产品成本的界限

企业本期发生的生产费用,经过在各种产品之间进行划分,确定了各种产品应负担的生产费用。为了分期确定损益,企业需要分期计算产品成本。企业期末计算产品成本时,除了本期已完工产品外,还可能有未完工的产品(期末在产品)。这样,为了正确计算出本期完工产品的实际总成本和单位成本,必须正确划分本期完工产品成本与期末在产品成本的界限。企业期末计算产品成本时,应当注意核实期末在产品的数量和完工程度,采用合理的分配方法,将已经计入该种产品成本的生产费用在本期完工产品和期末在产品之间进行分配,正确计算本期完工产品的实际总成本和单位成本。企业不得以计划成本、估计成本或者定额成本代替实际成本,不得任意压低或者提高本期完工产品成本和期末在产品成本。

二、成本核算的主要账户

为了按成本核算程序归集生产费用，核算产品成本，应设置一定的总账账户及必要的明细账户。总账账户一般设置"生产成本"账户，用以核算企业进行产品生产（包括产成品、自制半成品和提供劳务等）、自制材料、自制工具、自制设备等所发生的各项生产费用。为了分别核算基本生产成本和辅助生产成本，还应在该总账账户下设立"基本生产成本"和"辅助生产成本"两个二级账户，在二级账户下再按一定要求设置明细账户。为了简化会计核算手续，企业也可以将两个二级账户提升为一级账户，不再设置"生产成本"总账账户。企业在成本核算时一般应设置"基本生产成本""辅助生产成本""制造费用""长期待摊费用"等账户。如果需要单独核算废品损失、停工损失等，还应设置"废品损失""停工损失"等账户，下面分别加以介绍。

1."基本生产成本"账户

基本生产是指为完成企业主要生产目的而进行的产品生产。"生产成本——基本生产成本"总账账户是为了归集基本生产过程中所发生的各种生产费用和计算基本生产产品成本而设立的。该账户借方登记企业为进行基本生产而发生的各种费用；贷方登记转出的完工入库的产品成本；余额在借方，表示基本生产的在产品成本，即基本生产在产品占用的资金。

该账户应按产品品种或产品批别、生产步骤等成本计算的对象分设基本生产成本明细账（也称"产品成本"明细账或产品成本计算单）。账中应按成本项目分设专栏或专行，登记各该产品的各成本项目的月初在产品成本、本月发生的成本、本月完工产品成本和月末在产品成本。

岗位训练

利用课余时间到一个工业企业去了解其成本项目的设置情况。成本项目是按照什么程序来确定的？成本项目的设置是否体现了企业的生产特点和成本管理要求？

2."辅助生产成本"账户

辅助生产是指为基本生产服务而进行的产品生产和劳务供应。辅助生产所提供的产品和劳务，有时也对外销售，但这不是它的主要目的。为了归集辅助生产所发生的各种生产费用，计算辅助生产所提供的产品和劳务的成本，应设置"生产成本——辅助生产成本"账户。该账户的借方登记为进行辅助生产而发生的各种费用；贷方登记完工入库产品的成本或分配转出的劳务成本；余额在借方，表示辅助生产在产品的成本，即辅助生产在产品占用的资金。"生产成本——辅助生产成本"账户应按辅助生产车间和生产的产品、劳务分设明细账，账中按辅助生产的成本项目或费用项目分设专栏或专行进行明细登记。

3."制造费用"账户

为了核算企业为生产产品和提供劳务而发生的各项制造费用，应设置"制造费用"账户。该账户的借方登记实际发生的制造费用；贷方登记分配转出的制造费用；除季节性生产企业外，该账户月末应无余额。"制造费用"账户，应按车间、部门设置明细账，账内按费用项目设立专栏进行明细登记。

4."废品损失"账户

需要单独核算废品损失的企业，应设置"废品损失"总账账户。该账户的借方登记不可修复废品的生产成本和可修复废品的修复费用；贷方登记废品残料回收的价值、应收的赔款以及转出的废品净损失；该账户月末应无余额。"废品损失"账户应按车间设置明细账，账内按产品品种分设专户,并按成本项目设置专栏或专行进行明细登记。

5."长期待摊费用"账户

为了核算企业已经支出,但摊销期限在一年以上(不含一年)的各项费用,设置"长期待摊费用"账户。该账户的借方登记实际支付的各项长期待摊费用;贷方登记分期摊销的长期待摊费用;该账户的余额在借方,表示企业尚未摊销的各项长期待摊费用的摊余价值。"长期待摊费用"账户应按费用种类,设置明细账,进行明细核算。

三、成本核算的一般程序

1. 审核和控制各项费用支出

对企业的各项费用进行审核和控制,要根据国家有关规定,确定成本费用开支范围,确定是计入生产费用还是非生产费用;生产费用中多少应计入产品成本。也就是说,要在对各项费用的合法性进行审核和控制的基础上,正确划分各种支出、各期费用成本、产品成本和期间费用的界限。

2. 生产费用在各种产品之间进行分配和归集

对应计入本月产品成本的各项生产费用,要在各种产品之间进行分配和归集,并按成本项目分别反映,计算出按成本项目反映的各种产品成本。这是本月生产费用在各种产品之间的横向分配和归集,是前述费用界限划分的第四个方面的工作。

3. 生产费用在完工产品与月末在产品之间进行分配和归集

月末,对于既有完工产品又有在产品的产品,要将月初在产品成本与本月生产费用之和,在本月完工产品与月末在产品之间进行分配,计算出该种产品的完工产品成本和月末在产品成本。这是生产费用在同种产品的完工产品与月末在产品之间纵向分配和归集,是前述费用界限划分的第五个方面的工作。

企业成本核算的一般程序如图 1-9 所示。

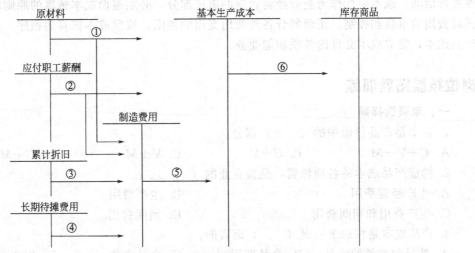

图 1-9 企业成本核算的一般程序

说明:①生产产品发生的直接材料费用和发生在制造费用中的消耗性材料费用;
②生产产品发生的直接人工费用和发生在制造费用中的职工薪酬费用;
③发生的生产用固定资产折旧费;
④发生的长期待摊费用摊销;
⑤分配制造费用;
⑥结转完工产品的实际成本。

项目实战 3

资讯：
滨城创业服装有限公司成本会计人员召开例会，分析公司的业务，检查已经建立的账户。

任务：
根据公司业务特点设计本公司的产品成本核算程序。

> **完成工作任务评价**

一、完成导入项目会计主体的工作任务

根据工作任务明确产品成本核算要求，正确设置会计账户，合理设计产品成本核算程序。

二、分享完成工作任务的收获

根据完成工作任务情况，结合教师及同学的评价，与教师及同学们分享收获。

> **项目小结**

　　成本是商品生产发展到一定阶段的产物。企业在一定时期内为生产产品和提供劳务过程中所发生的各种耗费，即生产费用。生产费用按一定的产品加以归集和汇总，就是产品成本。所以，生产费用是产品成本的基础，而产品成本则是对象化的生产费用。按照成本经济用途分类是最基本的分类，对正确进行产品成本核算和确定损益具有重要意义。成本信息可以帮助企业预测未来期间的经营成果，可以帮助企业在面临多种方案选择时做出合理的决策。另外，合理准确的成本信息还是企业进行成本分析的重要依据。

　　成本会计是运用会计的基本原理和一般原则，采用专门方法对企业各项费用的发生和生产经营成本（产品制造成本）的形成进行预测、决策、计划、控制、核算、分析和考核的一种管理活动。成本会计作为企业经营管理的组成部分，必须遵循成本核算的原则和要求，加强对费用的审核和控制，正确划分各种费用支出的界限，按照成本核算的程序，正确地计算产品成本，完成成本会计的各项职能业务。

岗位技能拓展训练

一、单项选择题

1. 成本是产品价值中的（　　）部分。
   A. $C+V+M$　　　　B. $C+V$　　　　C. $V+M$　　　　D. $C+M$

2. 构成产品成本的各项耗费，是指企业的（　　）。
   A. 生产经营费用　　　　　　　　　B. 生产费用
   C. 生产费用和期间费用　　　　　　D. 期间费用

3. 产品成本是相对于一定（　　）而言的。
   A. 数量和种类的产品　　B. 会计期间　　C. 会计主体　　D. 生产类型

4. 下列项目应列入产品成本的是（　　）。
   A. 各种罚没损失　　　　　　　　　B. 制造产品消耗的材料费用
   C. 企业固定资产发生的折旧费和修理费　D. 企业组织和管理生产而发生的各种费用

5. 成本按照经济用途可以分为（　　）。
   A. 固定成本和变动成本　　　　　　B. 直接成本和间接成本

C. 生产成本和期间费用 D. 直接材料、直接工资和制造费用
6. 将成本划分为直接成本和间接成本的分类标准是（　　）。
A. 可控原则 B. 成本计算的时间
C. 成本与特定产品的关系 D. 成本与产量变动的依存关系
7. 下列关于固定成本和变动成本的说法中，正确的是（　　）。
A. 固定成本的总额始终不变
B. 在相关范围内，单位固定成本不随业务量变化而变化
C. 在相关范围内，单位变动成本不随业务量变化而变化
D. 变动成本是指在相关范围内，成本总额随业务量变化而变化的成本
8. 下列各项中，属于产品生产成本项目的是（　　）。
A. 外购材料 B. 直接人工 C. 折旧费 D. 利息费用
9. 计入产品成本的费用是（　　）。
A. 生产费用 B. 销售费用 C. 财务费用 D. 管理费用
10. 下列各项中，不属于间接生产费用的是（　　）。
A. 生产工人工资 B. 机器设备耗用电费
C. 机器设备折旧费用 D. 车间厂房折旧费用

二、多项选择题

1. 下列项目不能在生产成本中列支的有（　　）。
A. 为制造产品而耗用的动力费 B. 购固定资产而发生的支出
C. 企业支付的各种罚金 D. 企业生产单位支付给职工的工资及福利费
2. 下列项目从成本习性来看，一般属于固定成本的是（　　）。
A 企业一定期间的保险支出 B. 企业一定期间发生的材料费
C. 企业一定期间发生的电话费 D. 企业一定期间发生的广告费支出
3. 工业企业费用的三大要素为（　　）。
A. 物质消耗中的劳动对象方面的费用 B. 物质消耗中的活劳动的耗费
C. 物质消耗中的劳动手段方面的费用 D. 非物质消耗，即活劳动方面的费用
4. 属于间接生产费用的有（　　）。
A. 管理费用 B. 财务费用
C. 车间机物料消耗 D. 分厂管理人员工资
5. 属于直接生产费用的有（　　）。
A. 生产工人计时工资 B. 生产工人计件工资
C. 车间机器折旧费用 D. 车间厂房折旧费用
6. 下列不应计入产品成本或期间费用的支出包括（　　）。
A. 为筹集生产产品用的资金而支付的利息 B. 购买会计人员办公用的计算机
C. 违法税收制度而支付的罚款 D. 给灾区的捐款
7. 下列不计入生产经营费用的有（　　）。
A. 企业购置和建造固定资产，购买无形资产 B. 企业对外投资
C. 企业的固定资产盘亏损失，报废清理损失 D. 由于自然灾害造成的非常损失
8. 按照生产特点和管理要求，工业企业一般可以设立（　　）成本项目。
A. 直接材料 B. 燃料和动力 C. 直接人工 D. 制造费用
9. 为了进行产品成本的总分类核算，工业企业可以根据不同的情况，设立不同的总账科目，一般可以（　　）。

A. 设立"生产成本"科目
B. 设立"生产费用"科目
C. 设立"基本生产成本"和"辅助生产成本"科目
D. 在"生产成本"科目之外,增设"废品损失"科目

10. 成本会计的内容主要包括（　　）等方面。
A. 成本预测和成本决策　　　　　　B. 成本计划和成本控制
C. 成本核算和成本分析　　　　　　D. 成本考核和成本检查

三、判断题

1. 成本是企业为生产产品、提供劳务而发生的各种耗费。因此,成本是对象化的生产费用。（　　）
2. 成本包括商品价值中物化劳动转移价值和活劳动所创造价值的货币表现。（　　）
3. 从成本可控性来看,直接材料属于可控成本,制造费用属于不可控成本。（　　）
4. 企业只能设置直接材料、直接人工以及制造费用三个成本项目。（　　）
5. 从成本的分配方式来看,材料和人工一定属于直接成本。（　　）
6. 成本按照成本习性可以划分为固定成本、变动成本和混合成本。（　　）
7. 经过成本性态分析之后,成本只分为固定成本和变动成本两大类。（　　）
8. 成本按照经济用途可以划分为直接材料、直接工资和制造费用。（　　）
9. 降低成本不能局限于生产领域,而应扩大到产品开发设计阶段、采购阶段以及销售阶段和使用阶段。（　　）
10. 产品成本与生产费用在经济内容上是完全一致的。（　　）

四、岗位实训

1. 资料

某企业201×年9月发生如下支出：

（1）购买材料20 000元,其中18 000元为生产所耗用,其余2 000元为行政管理部门耗用；

（2）发生人工费用50 000元,其中生产工人工资30 000元,企业行政管理部门人员工资20 000元；

（3）生产车间发生办公费用800元,企业行政管理部门发生办公费1 800元；

（4）生产过程中发生损失1 100元；

（5）购买固定资产支出100 000元；

（6）罚款支出35 000元；

（7）预付下一年的房屋租金120 000元。

要求：上述各项中哪些属于本期产品成本？哪些属于本期的期间费用？

2. 答案

本题主要考查产品成本的开支范围和期间费用核算的内容。

产品成本＝18 000＋30 000＋800＋1 100＝49 900（元）

期间费用＝2 000＋20 000＋1 800＝23 800（元）

项目二
认识产品成本计算方法

知识目标
1. 了解企业生产按工艺过程的特点分类、按生产组织的特点分类以及综合分类。
2. 熟悉产品成本计算方法的影响因素、生产类型和管理要求对产品成本计算方法的影响。
3. 掌握不同的产品成本计算方法及适用范围。

技能目标
1. 能够根据企业的生产特点选择合适的成本计算方法。
2. 能够根据企业的生产特点确定成本计算对象及成本计算期。

项目导入

××学院财经系陆晓华来到家乡的东华炼钢有限责任公司、东华针织有限责任公司以及东华仪器仪表有限责任公司进行顶岗实习,在熟悉了三家企业的基本生产情况后,每家企业的成本会计都要求他根据企业的生产特点和管理要求,判断各个企业应采取的成本计算方法。

任务提出

陆晓华在企业进行成本核算岗位实习,了解了企业的基本情况,如果想确定企业产品成本核算方法,必须完成以下工作任务:
工作任务一 掌握产品成本计算的基本方法;
工作任务二 熟悉产品成本计算的辅助方法;
工作任务三 掌握产品成本计算方法的具体应用。

预备知识

产品成本是在生产过程中形成的,因此生产的特点在很大程度上影响成本计算方法的特点;另外,成本计算是为成本管理提供资料的,因此采用什么方法,提供哪些资料,必须考虑成本管理的要求。当然,成本管理的要求也脱离不开生产的特点。以上两个方面的关系说明,企业在确定产品成本计算方法时,必须从具体情况出发,同时考虑企业的生产特点和进行成本管理的要求。

不同部门、行业的生产特点千差万别,但按照工业生产的一般特点,可做如下分类。

一、企业生产按工艺过程特点分类

工艺过程是指企业生产制造产品的工艺技术的具体方法,是生产者利用劳动手段直接改变劳动对象的形状、尺寸、性能、成分以及结构等,将其加工成为预期产品的过程。按照工艺过程的特点，企业生产可以划分为简单生产和复杂生产。

1. 简单生产

简单生产，也称单步骤生产，是指生产工艺过程不能间断，不能划分为几个生产步骤的生产。简单生产的特点包括：生产工作地点一般比较集中；产品生产周期较短；通常没有自制半成品或其他中间产品；简单生产由一个企业独立完成。一般来说，发电、采掘都属于简单生产。

2. 复杂生产

复杂生产也称多步骤生产，是指生产过程在工艺技术上可以间断，整个生产过程的生产活动可以分别在不同时间不同地点由若干个生产步骤来完成的生产。复杂生产的特点包括：生产工作地点可以分散，也可以相对集中；产品生产周期一般较长；通常存在半成品或其他中间产品；生产的产品品种一般比较多；复杂生产可以由一个企业独立完成，也可以由多个企业分工协作完成。

复杂生产按其加工方式划分，又可以分为连续式复杂生产和装配式复杂生产两种。连续式复杂生产是指各个生产步骤之间存在严格的先后顺序，前面步骤生产完成的半成品，将在后面步骤继续加工，直至全部完工为止的生产方式。比如钢铁、纺织、造纸的生产都属于连续式复杂生产。装配式复杂生产也称平行式复杂生产，是把不同原料同时平行地加工成各种零部件，然后再把零部件组装成为产成品的生产方式。比如家电、汽车、机床的生产等都属于装配式复杂生产。

二、企业生产按生产组织的特点分类

生产组织是企业为保证生产过程中各因素相互协调的工作制度。生产组织的特点取决于产品产量的多少、产品生产的重要性以及产品的稳定程度。按照生产组织的特点分类，企业生产可以分为大量生产、单件生产和成批生产。

1. 大量生产

大量生产是指不断重复生产品种相同的产品。大量生产的特点包括：产品生产的品种一般较少而且比较稳定；产品生产的产量较大；大量生产由于产量较大，所以一般使用专用设备生产，专业文化水平较高。纺织、采掘、冶金、化肥等的生产都属于大量生产。

2. 单件生产

单件生产是根据购买单位的要求，生产个别的、性质特殊产品的生产。单件生产的特点包括：产品生产的品种一般较多；每一订单产品数量少，一般不重复生产；一般用通用设备生产，专业化程度不高，主要通过工人加工来完成。造船、重型机械制造以及珠宝加工等都属于单件生产。

3. 成批生产

成批生产是按照预先规定的批别和数量来制造一定种类产品的生产。成批生产的特点是预先确定产品批别和数量，不断重复生产。根据批量的多少，成批生产可以分为大批生产和小批生产，大批生产的特点类似于大量生产，比如服装、汽车的生产；小批生产的特点类似于单件生产，比如机床的生产。

三、企业生产综合分类

前面介绍了企业生产按照工艺过程分类和按照生产组织的特点分类，这两种分类之间也存在一定的联系。比如大量大批生产的企业，从生产工艺的特点来看可以简单生产，如发电；也可以是复杂生产，包括连续式复杂生产，如服装生产、汽车生产。而单件小批生产的企业，如果从生产工艺的特点来看，一般是复杂生产，而且一般是装配式复杂生产，如机床生产。所以如果将这两种方式综合起来进行分类，企业一般可以分为三种形式：大量大批简单生产，比如发电；大量大批复杂生产，比如冶金；单件小批复杂生产，比如造船。

四、产品成本计算方法的影响因素

成本计算方法指产品、作业和劳务成本的计算方法。产品成本计算方法，指一定时期的生产费用按各种产品进行归集，并在产成品和在产品之间进行分配以求得各种产品的总成本和单位成本的方法。构成一个产品成本计算方法的内容有：①成本计算对象，指生产费用的承担者；②成本计算期，指产品每次计算成本的期间；③成本项目，指生产费用按经济用途分类；④成本归集的程序，包括设置产品成本明细账，在产品成本明细账中汇总生产费用，按受益对象分配辅助生产费用，在本部门制造的产品之间分配制造费用；⑤在产品计价方法。

五、生产特点和管理要求对产品成本计算方法的影响

生产特点和管理要求决定产品计算方法，主要表现在成本计算对象、成本计算期，以及生产费用在完工成品和在产品之间的分配方面。

1. 对成本计算对象的影响

计算产品成本，首先要确定成本计算对象。成本计算对象是指企业为了计算产品成本而确定的归类和分配生产费用的对象，也是确定按多大范围来汇集生产费用计算产品成本的依据。成本计算对象可以是一个品种、一批产品、一类产品，也可以是生产步骤及各生产步骤的半成品，成本计算既计算最终完工产品又计算各步骤的半成品成本。成本计算对象应该根据企业的生产特点进行选择。

单步骤大量生产的企业，由于工艺过程不能间断，不可能划分为几个步骤生产，又由于不断重复某种或几种产品的生产，也无法分批。因此，无论管理要求如何，都只能以产品的品种为成本计算对象，归集生产费用，计算产品成本。

多步骤连续式大量生产的企业，由于不断大量重复生产种相同的产品而无法分批，但工艺过程可划分为若干可以间断的生产步骤。因此，既可以以各种产成品，也可以以其所经过的各种步骤的半成品为成本计算对象，既计算最终完工产品又计算各步骤的半成品成本。但如果各步骤半成品无独立经济意义，管理上也不要求，则只需计算最终完工产品成本，而不计算各步骤半成品成本。多步骤装配式成批生产企业，一般是先制造零部件，再装配为产品，因而对成本计算对象的影响主要在生产组织方面。如果生产组织是单件、小批生产，是按订货人的订单或企业生产计划部门下达的生产批号来组织生产，则以订单或生产批号为成本计算对象来计算订单产品或批号产品成本；如果生产组织是大量大批生产，则一般以最终产品为产品计算对象，而以产品的零部件为成本计算的基础。

2. 对成本计算期的影响

不同生产类型的企业，产品成本计算期也有所不同。成本计算期是指每次计算完工产品成本的期间。成本计算期与会计报告期不一定一致，成本计算期取决于生产组织的特点。

单件、小批生产企业，产品生产周期较长，产品成本只能在某件或某批产品完工以后计算，因而产品成本计算是不定期的，成本计算期与产品生产周期一致，而与会计报告期不一致。大量、大批生产的企业，产品生产周期较短，且生产活动持续不断地进行，每月都有大量完工产品，因而产品成本的计算就要定期在月末进行，成本计算期与会计报告期一致，而

与产品生产周期不一致。

3. 对生产费用在完工产品和在产品之间分配的影响

生产组织特点不同还影响每月月末是否存在生产费用在完工产品与在产品之间分配的问题。单步骤大量、大批生产企业，由于生产不能间断、产品生产周期短，一般没有在产品，或者在产品数量少，或者在生产流水线上保留的在产品比较均衡，因而在计算产品成本时，生产费用不必在完工产品和在产品之间进行分配。

多步骤大量、大批生产企业，由于不间断地进行，不断地投入和产出，因而既不断有完工产品，也随时都有正在加工中的在产品，在月末计算产品成本时，就必须将生产费用在完工产品和在产品之间进行分配。

多步骤单件、小批生产的企业，单件生产时，完工即产成品，未完工即在产品，生产费用不需要在完工产品与在产品之间进行分配；小批生产可能当月完工，也可能跨月陆续完工，同批产品全部完工前，所归集的生产费用都是在产品成本；同批产品全部完工后，所归集的生产费用即该批完工产品的成本，故一般也不存在生产费用在完工产品和在产品之间分配的问题。如跨月陆续完工下，要求计算已完工的产品成本，可先按计划（定额）成本计算转出已完工产品成本，生产费用累计扣除转出成本后的余额即为月末在产品成本。

工作任务一　掌握产品成本计算的基本方法

情境

陆晓华首先来到家乡的东华钢铁有限责任公司进行成本核算岗位实习，成本核算员向他介绍了企业的基本情况。本钢铁厂设有炼铁、炼钢和轧钢三个基本生产车间，炼铁车间生产三种生铁：炼钢生铁、铸造生铁和锰铁。其中炼钢生铁全部供应本厂炼钢耗用；铸造生铁和锰铁全部外销。炼钢车间生产高碳和低碳两种钢锭，全部供应本厂轧钢车间轧制钢材：高碳钢轧制盘条，低碳钢轧制圆钢。此外，该厂还设有供水、供电等辅助生产车间和企业管理部门。

任务：根据企业生产特点及要求，确定炼钢厂的产品成本核算方法。

工作程序

第一，了解企业产品生产工艺过程；
第二，熟悉企业的生产组织特点；
第三，明确企业的生产管理要求；
第四，选择正确的产品成本核算方法。

知识应用

成本计算是以一定的成本计算对象为依据，分配和归集生产费用并计算其总成本和单位成本的过程。成本计算对象是处理各项费用数据的中心，是产品成本计算方法的核心。在实际工作中存在多种产品成本计算的具体方法。

根据生产工艺过程和生产组织特点，以及企业成本管理的要求，工业企业有三种基本的产品成本计算方法，即品种法、分批法、分步法。

1. 品种法

大量大批单步骤生产企业或管理上不要求分步计算成本的多步骤生产企业，只需要以产品的品种作为成本计算对象来归集和分配生产费用，计算出各种产品实际总成本和单位成本，这就产生了品种法。

大量大批生产企业不可能等到全部产品完工以后才计算其总成本，成本计算期只能与会计报告期一致，但与生产周期不一致。品种法在按月计算成本时，有些单步骤生产企业没有月末在产品，这时就不需要在完工产品和月末在产品之间分配生产费用，本月生产费用全部都是完工产品成本。而管理上不要求分步计算成本的大量大批多步骤生产企业，通常有月末在产品，这时需要在完工产品和月末在产品之间分配生产费用。

2. 分批法

单件小批生产企业只能以生产的产品批别作为成本计算对象来归集和分配生产费用，计算出各批产品的总成本和单位成本，这就产生了分批法。在分批法下，由于成本计算对象是产品的批别，只有在该批产品全部完工以后才能计算出其实际总成本和单位成本，因此分批法的成本计算期是不定期的，与产品生产周期一致。分批法的成本计算期与生产周期一致，因而也就不存在期末在产品，不需要将生产费用在完工产品和期末在产品之间进行分配。

3. 分步法

在大量大批多步骤生产企业中，如果企业成本管理上要求按生产步骤归集生产费用、计算产品成本，就应当以产成品及其所经过的生产步骤作为成本计算对象来归集和分配生产费用，计算出各生产步骤和最终产成品的总成本和单位成本，这就产生了分步法。

采用分步法的大量大批多步骤生产企业，与品种法一样，不可能等全部产品完工以后才计算成本，只能定期按月计算成本，成本计算期与会计报告期一致，但与生产周期不一致。大量大批多步骤生产企业在月末计算产品成本时，通常有在产品，因此，分步法需要将生产费用在完工产品和期末在产品之间进行分配。

上述产品成本计算的三种基本方法，其成本计算对象、成本计算期、生产费用在完工产品和在产品之间的分配等方面的区别，见表2-1。

表2-1 产品成本计算基本方法比较表

成本计算方法	生产组织	生产工艺过程和管理要求	成本计算对象	企业
品种法	大量大批生产	单步骤生产或管理上不要求分步骤计算成本的多步骤生产	品种	发电、采掘等
分批法	小批单件生产	小批、单件或管理上不要求分步骤计算成本的生产	批别	船舶、专用设备等
分步法	大量大批生产	管理上要求分步骤计算成本的多步骤生产	步骤	冶金、纺织等

特别要指出的是，上述三种方法，无论采用哪种方法计算成本，最后都必须要计算出各种产品的实际总成本和单位成本。按照产品的品种计算成本，是成本计算和成本管理工作的共同要求，也是最起码的要求。因此，在三种产品成本计算的基本方法中，品种法是最基本的方法。

完成工作任务评价

一、完成工作任务一的情境会计主体的工作任务

根据工作任务要求确定企业产品成本计算方法，并对三种基本计算方法进行比较说明。

二、分享完成工作任务的收获

根据完成工作任务情况，结合教师及同学的评价，与教师及同学们分享收获。

工作任务二　熟悉产品成本计算的辅助方法

情境

陆晓华来到东华针织有限责任公司顶岗实习，该公司大量生产针织衬衣、针织手套、针织袜子等三大类产品，共计15个品种，其中衬衣有6个品种，手套有4个品种，袜子有5个品种，类内产品结构及加工工艺相同，费用发生相对均匀、稳定。

任务：根据企业生产特点，确定企业产品成本核算方法。

工作程序

第一，了解企业产品生产工艺过程；
第二，熟悉企业的生产组织特点；
第三，明确企业的生产管理要求；
第四，选择正确的产品成本核算方法。

知识应用

在实际工作中，除上述三种计算产品成本的基本方法外，为了解决某些特定问题，还会产生一些成本计算的辅助方法。

1. 分类法

分类法是在产品品种、规格繁多的企业中，为了简化成本计算工作所采用的一种成本计算方法。分类法的成本计算对象是产品的类别，它需要运用品种法等基本方法的原理计算出各类产品的实际总成本，再求得类内各种品种产品的实际总成本和单位成本。

2. 定额法

定额法是将符合定额的费用和脱离定额的差异分别计算，以完工产品的定额成本为基础，加减脱离定额的差异、材料成本差异和定额变动差异来求得实际成本的方法。定额法一般在定额管理基础工作比较好的企业中采用。它可以将成本计算和成本控制结合起来，解决了成本的日常控制问题。

项目实战

资讯：

陆晓华结束了东华针织有限责任公司顶岗实习后，来到东华仪器仪表有限责任公司继续实习，该公司生产压力表、流量计、液位计、变送器等各种工业仪器仪表。这些产品基本定型，工艺稳定。公司制订了完善的定额管理制度，且定额资料比较准确。

任务：

根据企业生产特点，确定企业产品成本计算方法。

完成工作任务评价

一、完成项目会计主体的工作任务

根据工作任务要求确定企业产品成本计算方法，并进行说明。

二、分享完成工作任务的收获

根据完成工作任务情况，结合教师及同学的评价，与教师及同学们分享收获。

工作任务三　掌握产品成本计算方法的具体应用

【情境】

结合工作任务一的情境资料，详细分析东华钢铁有限公司成本核算方法的具体应用。

【工作程序】

第一，了解企业产品成本计算方法的应用原则；

第二，掌握不同类型的企业产品成本核算方法的具体应用。

【知识应用】

一、确定产品成本计算方法的原则

产品成本是企业各个生产单位（车间、分厂）在产品生产过程中所发生的生产费用。因此，产品成本计算方法与企业的工艺过程和生产组织的特点有着紧密的联系。同时，成本计算是成本会计的一个重要组成部分，而成本会计又是会计的一个重要分支，所以产品成本计算必须从企业的具体情况出发，充分考虑企业生产工艺特点和成本管理上的要求，这是确定产品成本计算方法的基本原则。成本计算对象、成本项目，以及成本计算方法一经确定，一般不得随意变更；若需变更，应当根据管理权限，经股东大会、董事会、经理（厂长）会议或类似机构批准，并在会计报表附注中予以说明。

二、产品成本计算方法的应用

产品成本计算的品种法、分批法、分步法，以及分类法、定额法，是较为常用的成本计算方法。由于生产的复杂性和管理上的较高要求，在实际工作中，企业一般不是仅采用某一种方法，而是将几种方法同时应用或结合应用。

1. 多种方法同时应用

一个企业往往有若干个生产单位（分厂、车间），各个生产单位的生产特点和管理要求一般都不相同；同一个生产单位所生产的各种产品的生产特点和管理要求也不一定相同。因此，一个企业的生产单位往往同时采用多种成本计算方法。这从企业的生产单位之间和生产单位内部两个方面都能得到体现。

（1）企业的生产单位之间　企业的基本生产单位和辅助生产单位由于生产特点和管理要求不同，可能同时采用多种成本计算方法。基本生产单位可能采用品种法、分批法、分步法、分类法、定额法等多种成本计算方法；辅助生产车间的供电、供汽、供水和机修等应采用品种法计算产品（劳务）成本，自制设备等可以采用分批法计算产品成本。

（2）生产单位内部　在一个生产单位内部，由于产品的生产组织方式不同，也可以同时采用多种成本计算方法。大量大批生产的产品可以采用品种法或分步法、分类法、定额法等多种方法；单件小批生产的产品则应采用分批法计算产品成本。

2. 多种方法结合应用

一个企业或企业的生产单位，除了可能同时应用几种成本计算方法外，在计算某种产品成本时，还可以以一种成本计算方法为主，结合采用几种成本计算方法。例如，在单件小批生产的机械制造企业，其产品的生产过程由铸造、加工、装配等生产步骤组成，装配车间生产出最终产品。这时，主要产成品的成本计算可以采用分批法；铸造车间生产的铸件为自制半成品，可以采用品种法计算其成本；加工车间将铸件加工为零部件，加上投入的其他材料加工的零部件，交给装配车间装配，铸造、加工和装配车间之间，加工车间和装配车间之间，还可以采用不同的分步法。这样该种产品成本的计算就以分批法为主，结合采用品种法、分步法等成本计算方法。需要说明的是，采用分类法、定额法等辅助方法计算产品成本时，必须结合品种法、分批法和分步法等成本计算的基本方法。

完成工作任务评价

一、完成工作任务三的情境会计主体的工作任务

根据工作任务要求分析东华钢铁有限责任公司产品成本计算方法的具体应用。

二、分享完成工作任务的收获

根据完成工作任务情况，结合教师及同学的评价，与教师及同学们分享收获。

项目小结

生产按工艺过程的特点分类，可分为简单生产和复杂生产；按组织方式分类，可分为大量生产、成批生产和单件生产。成本计算方法的组成要素一般有：成本计算对象的确定、成本计算期的确定、在产品的计价方法等。计算产品成本有各种不同的方法，企业采用何种方法计算产品成本，在很大程度上取决于企业生产的类型和管理要求。

进行产品成本计算的基本方法有品种法、分批法、分步法；辅助成本计算方法有分类法、定额法。

产品成本计算可以运用单一方法，也可以运用多种方法。

岗位技能拓展训练

一、单项选择题

1. 工业企业的生产按其生产工艺技术过程的特点，可以分为（　　）。
   A. 简单生产和单步骤生产　　　　B. 复杂生产和多步骤生产
   C. 单步骤生产和多步骤生产　　　D. 大量大批生产和单件小批生产

2. 企业生产类型的特点对产品成本计算的影响，主要表现为（　　）。
   A. 企业的生产规模　　　　　　　B. 产品成本计算对象
   C. 材料费用的分配方法　　　　　D. 产品成本计算的日期

3. 产品成本计算的基本方法是（　　）。
   A. 直接法　　　B. 顺序法　　　C. 代数法　　　D. 品种法

4. 下列方法中，不属于成本计算基本方法的是（　　）。
   A. 品种法　　　B. 分类法　　　C. 分批法　　　D. 分步法

5. 划分产品成本计算方法的首要标志是（　　）。
   A. 成本计算期　　　　　　　　　B. 成本计算对象
   C. 产品的生产工艺过程　　　　　D. 生产组织

6. 下列方法中，属于产品成本计算的辅助方法是（　　）。
   A. 分类法　　　B. 直接法　　　C. 代数法　　　D. 顺序法

7. 企业应当（　　），确定适合本企业的成本计算方法。
   A. 根据经营特点和管理要求　　　B. 根据职工人数的多少
   C. 根据生产规模的大小　　　　　D. 根据生产车间的多少
8. 冶金、纺织、造纸、服装等企业的生产属于（　　）
   A. 简单生产　　　　　　　　　　B. 单步骤生产
   C. 连续式多步骤生产　　　　　　D. 装配式多步骤生产
9. 单件、小批生产的成本计算期通常与（　　）一致。
   A. 产品生产周期　B. 会计报告周期　C. 日历年度　D. 生产费用发生期
10. 不断重复生产品种相同的产品的生产，属于（　　）。
   A. 大量生产　　B. 复杂生产　　C. 成批生产　　D. 单件生产

二、多项选择题

1. 多步骤生产按照产品加工方式的不同，可以分为（　　）。
   A. 简单生产　　　　　　　　　　B. 连续式多步骤生产
   C. 复杂生产　　　　　　　　　　D. 装配式多步骤生产
2. 企业生产按照产品的生产工艺技术过程特点，可分为（　　）。
   A. 大量生产　　B. 简单生产　　C. 成批生产　　D. 复杂生产
3. 一种成本计算方法的构成要素有（　　）。
   A. 成本计算对象　　　　　　　　B. 成本计算期
   C. 间接费用的分配方法　　　　　D. 完工产品与在产品之间的费用分配
4. 生产类型对成本计算方法的影响主要表现在（　　）。
   A. 成本计算对象的确定
   B. 成本计算期的确定
   C. 生产费用的归集及计入产品成本的程度
   D. 产品成本完工产品与在产品之间的划分
5. 产品成本计算的基本方法有（　　）。
   A. 品种法　　B. 分批法　　C. 分步法　　D. 分类法
6. 企业在确定成本计算对象时必须考虑（　　）。
   A. 生产类型的特点　　　　　　　B. 成本管理的要求
   C. 企业生产技术过程　　　　　　D. 生产组织的特点
7. 采掘、发电、自来水等生产属于（　　）。
   A. 单步骤生产　B. 大量生产　C. 多步骤生产　D. 成批生产
8. 汽车制造、机器制造等生产属于（　　）
   A. 单步骤生产　　　　　　　　　B. 装配式多步骤生产
   C. 大量生产　　　　　　　　　　D. 连续式多步骤生产
9. 企业确定的成本核算对象主要有（　　）。
   A. 产品品种　　　　　　　　　　B. 产品批别
   C. 产品品种及生产步骤　　　　　D. 产品生产计划或订货单
10. 产品成本计算的辅助方法主要有（　　）。
   A. 定额法　　B. 品种法　　C. 分类法　　D. 分步法

三、判断题

1. 生产特点和管理要求对产品成本计算的影响主要表现在成本计算对象的确定上。
（　　）

2. 单步骤生产是指工艺技术过程不能间断，或不便于分散在不同地点进行的生产。
（　　）
3. 多步骤生产按产品加工方式的不同，可分为连续式多步骤生产和装配式多步骤生产。
（　　）
4. 品种法和分批法的成本计算期与产品生产周期一致。（　　）
5. 品种法一般适用于大量大批多步骤生产的产品成本计算。（　　）
6. 产品成本计算的辅助方法是指在成本管理方面作用不大的计算方法。（　　）
7. 分类法和定额法必须结合成本计算的基本方法使用。（　　）
8. 企业应当依据其生产特点和成本管理的要求来选择成本计算方法。（　　）
9. 一个企业可以对不同的产品采用不同的成本计算方法。（　　）
10. 成本计算对象是区分产品计算的基本方法的主要标志。（　　）

四、简答题

1. 为什么企业在确定产品成本计算方法时，必须同时考虑企业的生产特点和成本管理的要求？
2. 产品成本的计算有几种基本方法？简述其适用范围。
3. 简述生产特点和管理要求对生产费用在完工产品与在产品之间分配的影响。

项目三
产品成本计算的品种法

知识目标
1. 了解品种法的含义和特点。
2. 熟悉品种法的基本知识。
3. 掌握品种法的成本计算方法。
4. 掌握要素费用的归集和分配的方法。
5. 掌握综合费用的归集和分配的方法。
6. 掌握各种费用归集和分配的账务处理。

技能目标
1. 能够根据企业的生产特点选择产品成本计算方法。
2. 能够应用品种法正确计算产品成本。
3. 能够正确处理要素费用归集和分配的业务。
4. 能够正确处理综合费用归集和分配的业务。
5. 能够独立完成相关的实务操作。

项目导入

盘锦兴隆糖果有限责任公司,是一个年产 1 500 吨糖果的企业,主要生产硬糖和软糖两种无糖糖醇产品。公司注册资金 750 万元,税务核定为一般纳税人,适用《企业会计准则》。公司设有化糖车间、熬糖车间和包装车间,另设有机修车间和供汽车间两个辅助生产车间,为生产提供劳务。

企业采用真空连续浇注成型工艺生产产品,这种工艺自动化程度和劳动生产率高,产品质量稳定易控制,产品的卫生程度能得到保证,设备复杂,对操作人员的素质要求高。硬糖和软糖生产工艺过程如图 3-1 和图 3-2 所示。

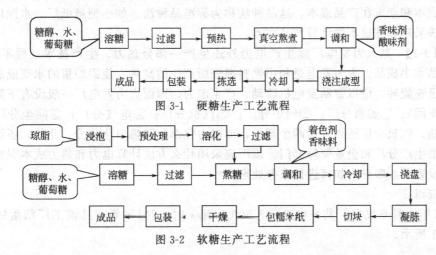

图 3-1 硬糖生产工艺流程

图 3-2 软糖生产工艺流程

任务提出

盘锦兴隆糖果有限责任公司大量生产硬糖和软糖两种产品,在生产经营的过程中会发生材料费用、人工费用以及其他各项间接费用,企业需要按照所生产的产品,按照一定的标准归集和分配各项费用,以计算出产品的总成本和单位成本。成本会计根据本企业的生产特点和管理要求,需要确定正确的成本计算方法。产品成本计算的主要任务如下:

工作任务一　选择产品成本计算方法;
工作任务二　归集与分配要素费用;
工作任务三　归集与分配综合费用;
工作任务四　生产费用在完工产品与在产品之间的分配。

预备知识

为了正确计算产品成本,完成成本计算任务,除了能够划分各种费用界限以外,还要充分了解企业的生产流程,熟悉产品的成本构成特点,根据企业的生产特点和管理要求,确定合适的会计处理方法。

一、品种法的含义

品种法是以产品的品种为成本计算对象,归集费用、计算成本的一种方法。品种法既适用于大量大批单步骤生产的企业,比如发电、供水、采掘企业等,也适用于大量大批多步骤生产,并在管理上不要求按照生产步骤计算产品成本的企业或车间,如糖果厂、砖瓦厂、造纸厂、小型水泥厂等。另外,企业的供水、供电、蒸汽等辅助生产车间计算其提供的水、电、汽的劳务成本,也可以采用品种法。

在单一品种、单步骤大量生产的企业里,由于只生产一种产品,生产过程短,没有在产品或数量很少,把生产过程中发生的费用汇总即可得到本月完工产品的成本,这种成本计算相对简单,可称之为简单品种法。采用简单品种法计算产品成本,可以将所有生产费用直接根据有关凭证登记产品成本明细账(或成本计算单),形成产品的总成本。发电、采掘、供汽等企业均可以采用这种方法计算产品成本。

在多品种、多步骤大量生产的企业里,由于成本管理上不要求计算各步骤的成本,而按照产品品种归集生产费用,设置明细账,并且期末一般存在在产品,因此需要计算分配本月完工产品成本和期末在产品成本,这品种法称为标准品种法。如小型造纸厂、水泥厂、制砖厂,都应该采用标准成本法计算产品成本。

【案例 3-1】　某火力发电厂除生产电力外还生产一部分热力。生产技术过程不能间断,没有在产品和半成品。火力发电是利用燃料燃烧所产生的高热,使锅炉里的水变成蒸汽,推动汽轮机迅速旋转,借以带动发电机转动,产生电力。因而火力发电厂一般设有下列基本生产分厂(车间):①燃料分厂;②锅炉分厂;③汽机分厂;④电气分厂;⑤除尘分厂。由于产电兼供热,汽机分厂还划分为两个部分,即电力化部分和热力化部分。此外,还设有机械修配等辅助生产分厂和企业管理部门。该厂应采用什么方法计算电力和热力成本呢?依据是什么?应设置哪些账户?如何进行账务处理呢?

案例资讯:

201×年6月本发电厂共发电 2 838 500 千瓦·时。201×年6月该工厂归集的有关费用如表 3-1 所示。

表 3-1 生产成本明细账

201×年 6 月   单位：元

摘 要	燃料费	材料费	人工费	水电费	折旧费	修理费	其他	合计
分配燃料费	400 000							400 000
分配材料费		390 000						390 000
分配人工费			84 000					84 000
分配水电费				32 000				32 000
分配折旧费					61 000			61 000
分配修理费						22 000		22 000
低值易耗品摊销							1 475	1 475
分配保险费							3 000	3 000
本月合计	400 000	390 000	84 000	32 000	61 000	22 000	4 475	993 475
本月结转	400 000	390 000	84 000	32 000	61 000	22 000	4 475	993 475

案例分析：

该厂属于单步骤的大量生产企业，整个工艺过程不能间断，只生产电力一种产品，因而选择简单品种法计算电力产品成本。电力产品成本计算单见表 3-2。

表 3-2 电力产品成本计算单

201×年 6 月   单位：元

成本项目	总成本	单位成本
直接材料	390 000	0.137 40
燃料及动力	400 000	0.140 92
直接人工	84 000	0.029 59
制造费用	119 475	0.042 09
合 计	993 475	0.35

根据表 3-2，编制会计分录：

借：基本生产成本   993 475
　　贷：原材料   790 000
　　　　应付职工薪酬   84 000
　　　　制造费用   119 475

二、品种法的特点

品种法的核算特点可以从成本计算对象、成本计算期和生产费用在本月完工产品和期末在产品之间的分配三个方面来研究。

1. 成本计算对象

品种法以产品品种作为成本计算对象，企业发生的生产费用按完工产品的品种归集。如果企业只生产一种产品，发生的生产费用全部是直接费用，直接计入该产品成本。如果生产的产品不止一种，对发生的生产费用，应分别以产品品种按成本项目进行归集，直接费用直接计入各产品的成本,几种产品共同耗用的间接费用,则需要分配计入各种产品的成本。

2. 成本计算期

品种法的成本计算期一般按月进行。因为品种法适用于大量大批生产,这种类型的生产连续不断地重复生产一种或几种产品,所以不能等到全部产品完工后再计算成本,而是按照会计核算期即每个月末定期计算产品成本。

3. 生产费用在本月完工产品和期末在产品之间的分配

在简单品种法中,由于生产周期较短,期末一般不存在在产品或在产品数量较少,所以期末不需要计算分配完工产品成本和期末在产品成本,本月按成本项目归集到产品成本明细账中的生产费用,就是该产品的完工产品总成本,再除以本月生产产品的产量,即可得到该产品的单位成本。

在标准品种法中,由于生产周期较长,期末一般存在数量较多的在产品,这时需要采用适当的方法计算分配本月完工产品成本和期末在产品成本,从而计算出完工产品的总成本和单位成本。

三、品种法的核算程序

第一步,按产品品种设置生产成本明细账;

第二步,归集和分配各要素费用,并登记有关生产费用及废品损失明细账;

第三步,分配辅助生产费用;

第四步,分配基本生产车间制造费用;

第五步,分配计算各种完工产品成本和在产品成本;

第六步,根据完工产品成本汇总表,结转产成品成本。

具体流程如图3-3所示。

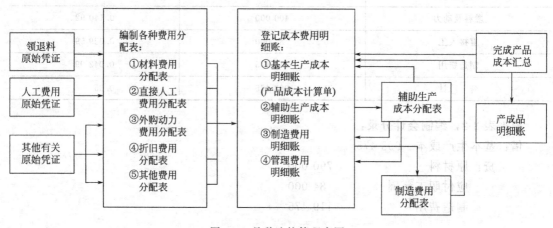

图 3-3　品种法核算程序图

工作任务一　选择产品成本计算方法

情境

盘锦兴隆糖果有限责任公司是一家新成立的糖果企业,大量大批多步骤生产硬糖和软糖两种无糖糖醇产品。

任务：根据企业的生产工艺及生产特点确定企业的产品成本计算方法。

产品成本是企业各个生产单位（车间、分厂）在产品生产过程中所发生的生产费用。因此，产品成本计算方法与企业的工艺过程和生产组织的特点有着紧密的联系。同时，成本计算是成本会计的一个重要组成部分，而成本会计又是会计的一个重要分支，所以产品成本计算必须从企业的具体情况出发，充分考虑企业生产工艺特点和成本管理上的要求，这是确定产品成本计算方法的基本原则。成本计算对象、成本项目以及成本计算方法一经确定，一般不得随意变更；若需变更，应当根据管理权限，经股东大会、董事会、经理（厂长）会议或类似机构批准，并在会计报表附注中予以说明。

导入项目企业盘锦兴隆糖果有限责任公司，每月都要大量大批生产硬糖和软糖两种无糖产品，生产过程要经过化糖、熬制、搅拌、冷却、成型、包装等多个生产步骤完成，最终生产出产成品。该企业生产属于多步骤连续性生产，各步骤半成品没有独立的经济意义，在成本管理上不要求计算各步骤半成品成本，期末需要采用适当的方法计算分配本月完工产品和期末在产品成本，从而计算出完工产品成本和在产品成本。根据企业的生产特点和生产工艺，确定采用品种法进行产品成本计算。

完成工作任务评价

一、完成导入项目会计主体的工作任务

根据产品成本计算原则判断企业如何确定产品成本计算方法。

二、分享完成工作任务的收获

根据完成工作任务情况，结合教师及同学的评价，与教师及同学们分享收获。

工作任务二　归集与分配要素费用

情境

盘锦兴隆糖果有限责任公司年初召开财务扩大会议，由总经理王某主持，各有关部门领导被邀参加会议，根据当年的生产计划，选择采购原材料的供应商，确定原材料的经济订货批量。由于生产工人少、任务繁重，人事部门负责招聘工人，生产技术部门负责购置机器设备。总经理要求成本会计小张根据生产计划和企业的生产资料确定材料费用的归集和分配方法，确定外购动力费用的归集和分配方法，确定职工薪酬的归集和分配方法，确定固定资产的折旧方法，务必精准计算出每个月的产品成本。成本会计小张应该如何计算产品成本呢？

任务1　归集与分配材料费用；

任务2　归集与分配外购动力费用；

任务3　归集与分配人工费用；

任务4　归集与分配其他各项费用。

任务1　归集与分配材料费用

工作程序

第一，熟悉材料的基本知识；

第二，归集材料费用；
第三，分配材料费用。

知识应用

一、材料的含义及分类

（一）材料的含义

材料是制造企业生产过程中的劳动对象，是生产过程中不可缺少的物资要素。在生产过程中直接取自于自然界的劳动对象，一般称为原料，例如冶炼金属的矿砂、制造家具的木材、生产食品的面粉等。已经过工业加工的产品作为劳动对象的，一般称为材料，例如各种钢材。在实际工作中有时把两者合并起来统称为原材料。

（二）材料的分类

材料按其在生产经营过程中的作用不同，可以分为以下几类：

1. 原料及主要材料

原料及主要材料是指经过加工后，构成产品实体或主要成分的各种原料和材料。如在加工企业中，生产炼铁用的铁矿石、纺纱用的原棉、炼油用的原油、制造机器用的钢材等；在化学工业中，经过化学变化后形成产品主要成分的各种原料和材料，如氯碱工业生产烧碱用的食盐，化肥工业生产合成氨用的煤、焦炭等。作为进一步加工使用的外购半成品，其性质与原材料一样，也是用来加工生产以构成产品实体或主要成分的劳动对象，因而也可以列入本类。

2. 辅助材料

辅助材料是指直接用于生产过程，有助于产品的形成或为产品生产创造正常劳动条件，但不构成产品主要实体的各种材料，如漂染用的漂白剂、染料，防腐用的油漆，化学反应中的各种催化剂，维护机器用的润滑油、防锈剂，清洁用的扫帚、抹布，照明用的电灯泡等。

3. 燃料

燃料是指在生产过程中，用来燃烧发热的各种燃料，包括固体燃料、液体燃料和气体燃料。如煤、汽油、天然气等。

4. 修理用备件

修理用备件是指本企业的机器设备和运输设备等专用的各种备品配件，如齿轮、阀门、轴承等。

5. 包装物

包装物是指包装本企业产品，并准备随同产品一起销售的，或者在销售过程中租借给购货单位使用的各种包装用的物品，如桶、箱、坛、袋、瓶等。

6. 低值易耗品

低值易耗品是指单位价值较低，容易损耗的各种工具、管理用具、玻璃器皿以及劳保用品等。从性质上看，低值易耗品并不是劳动对象，而是劳动资料，但由于它不具备固定资产的条件，因而把它列为材料一类。

生产时产生的废料和设备报废时产生的废料，回收后能再利用的，则分别按其用途列入原料及主要材料、辅助材料或燃料。无利用价值，准备出售的，则可列为辅助材料，数额较大的也可单设"废料"类。

上述分类是按照材料在生产过程中的作用来划分的，因而同一种材料在不同的企业中，就有可能划分在不同的类别中，当然也存在一种材料兼有多种用途的情况，这时应按其主要用途进行分类。为了加强材料的实物管理，搞好成本核算工作，各类材料还可以按其物理性能、技术特征、规格等标准作进一步的分类。

任何工业企业，不论其规模大小，不论其生产什么产品，都有材料的消耗，都会产生材料的收入、发出、结存数量及金额的核算要求。购进材料时要确定其采购成本，发出材料时要计算发出材料的成本，期末结存材料也需要确定结存成本，以便结转下期并在资产负债表中列示。因此，材料费用的核算是企业成本核算中非常重要的任务之一。

二、材料费用归集的核算

（一）生产领料业务流程

生产材料领用是制造企业生产部门的基本作业工作。生产部门根据生产订单编制生产计划；根据生产计划编制物料需求计划；根据物料需求计划，提前填写领料单，并领取物料。实际成本法下全月一次加权平均法生产领料业务如图3-4所示。

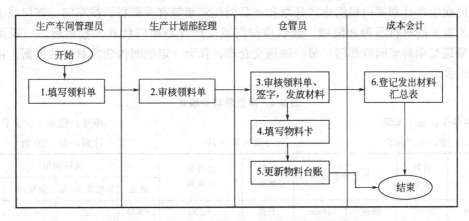

图3-4　生产领料业务流程（全月一次加权平均法）

注：1. 生产车间管理人员根据生产计划设置物料需求表，根据物料需求表领取生产材料，填写领料单。

2. 生产计划部经理审核领料单，审核其内容是否与生产计划相符合。

3. 仓管员审核领料单、签字，发放材料；领料单一份留存仓储部，一份送交车间管理员，一份送交成本会计。

4. 仓管员根据领料单，填写物料卡片（物料卡片可以显示每一种物料在动态物流中的实际库存。因此，每次物料入库、出库都应该及时更新）。

5. 仓管员根据领料单更新物料台账（更新物料的入库及出库的具体信息）。

6. 成本会计接收仓管员送交的领料单，登记发出材料汇总表。

（二）材料发出的核算

1. 领用材料的原始凭证

材料发出所依据的原始凭证是领料单、限额领料单或领料登记表。会计部门应该对发料凭证所列材料的种类、数量和用途等进行审核，检查所领材料的种类和用途是否符合规定，数量有无超过定额或计划。只有经过审核、签章的发料凭证才能据以发料，并作为发料核算的原始凭证。为了更好地控制材料的领发，节约材料费用，应该尽量采用限额领料单，实行限额领料制度。

（1）领料单　领料单是指仅供一次使用的领发料凭证，一般是一式多联。领料部门在填制完毕后，凭此向仓库领料，经收、发料双方签章，仓库据以发料，并留下一联，作为其发料的凭证，一联送交财务部门作为入账的依据，另一联交还领料部门作为其领料的凭证。格式如表 3-3 所示。

表 3-3 领料单格式

领料部门：铸造车间　　　　　　　　开票日期：201×年 12 月 2 日　　　　　　　　字第 001

材料编号	材料名称	规格	单位	请领数量	实发数量	计划价格	
						单价/元	金额/元
010101	生铁		吨	35	35	2 760.00	96 600.00
用途	数控钻床		领料部门			发料部门		
			负责人	领料人	核准人	发料人	
			张玉	佟强	毛鑫	朱海	

(2) 限额领料单　限额领料单是对经常领用并有消耗定额的材料，在一定的时期（最长 1 个月）和规定的限额内，可以多次使用的领发料累计凭证。限额领料单一式多联，它是由供应部门或生产计划部门根据生产计划和产品消耗定额等有关资料，按车间、部门或工作令号填明所需要的材料品种和限额，经供应部门或生产计划部门负责人签章后，一联留存备查，一联送交用料车间或部门，另一联送交仓库，作为一定期间内领发料的依据。格式如表 3-4 所示。

表 3-4 限额领料单格式

领料单位：加工车间　　　　　　　　　　　　　　　　　　编号：限领 4 000 千克
用　　途：生产机床　　　　　　　201×年 2 月　　　　　　计划产量：20 台

材料类别	材料编号	材料名称及规格	计量单位	全月领用限额	实际领用			备注
					数量	单位成本/元	金额/元	
原材料	0015	圆钢	10cm	千克	4 000	3 800	8	30 400
领料日期	请领		实发		退回			限额结余/千克
	数量	领料单位负责人	数量	发料人	领料人	数量	收料人	退料人	
2.2	1 000	张丽	1 000	李阳	李红				3 000
2.12	1 300	张丽	1 300	李阳	李红				1 700
2.20	1 500	张丽	1 500	李阳	李红				200
合　计	4 000		3 800						200

限额领料单可以有效地监督材料消耗定额的执行，以控制材料的耗费，促使领料部门合理、节约地使用材料，降低产品的材料费用，也便于仓库主动备料。限额领料单可以一单一料，在配套发料的情况下，也可以一单多料，它适用于经常领用，并已制定消耗定额的材料。

(3) 发料凭证汇总表　发料凭证汇总表是指在一定时期内可以多次使用的领发料累计凭证。发料凭证汇总表一式多联，平时存于仓库。领料时，由领料人在该表上签收，月末汇总后，仓库自留一联，一联交领料部门，另一联转交财会部门入账。领料登记表的格式如表 3-5 所示。

表 3-5 领料登记表格式

领料部门：加工车间　　　　　　　　201×年 2 月

材料类别	材料编号	材料名称	规格	计量单位	材料单价/元
辅助材料	1051	润滑油	5 号	千克	7.50
领料日期	领用数量	领料单位负责人	领料人		发料人
2.6	50	张丽	李红		李阳
2.15	40	张丽	李红		李阳
2.25	60	张丽	李红		李阳
合计	150	发料仓库	原材料 3 号库	备注	

领料登记表适用于经常领用的、数量零星的消耗材料，以减少日常填制领料凭证的工作，便于月末材料费用的汇总。

（4）退料单　退料单是指领料部门将已领未用的多余材料予以退回的凭证。退料单一式多联，由退料部门退料时填列，退料后，退料部门留下一联，作为退料的依据，仓库留下一联，作为收料的依据，另一联交财会部门入账。格式如表 3-6 所示。

表 3-6 退料单格式

退料部门：加工车间　　　　　201×年 2 月 28 日　　　　　收料仓库：原材料 3 号库

材料类别	材料编号	材料名称	规格	计量单位	数量	单价/元	金额/元
原材料	0015	圆钢	10cm	千克	200	8	1 600
退料原因	生产余料	生产部门负责人	张丽	退料人	李阳	收料人	李红

月末生产部门必须对已领未用的多余材料填制退料单，办理退料手续，将材料退回仓库。对下月仍需继续使用的月末多余材料，应办理假退料手续，即同时填制本月的退料单和下月的领料单，材料不退回仓库，以正确计算产品成本和反映各种存货资金的占用。

2. 材料发出的核算

在材料核算中，只有材料发出的核算与材料费用有关。材料收、发、存的日常核算，可以按实际成本计价，也可以按计划成本计价。如果采用计划成本计算，会计期末应调整为实际成本。

企业应当根据各类材料的实物流转方式、企业管理的要求、材料的性质等实际情况，合理确定发出材料成本的计算方法，以及当期发出材料的实际成本。材料计价方法一经确定，不得随意变更。采用全月一次加权平均法时材料成本计算业务流程如图 3-5 所示。

【案例 3-2】 甲企业 201×年 2 月 1 日期初结存 A 材料 1 000 千克，单价为 8 元，金额为 8 000 元，购进批次为 031。本月份收发料情况见表 3-7。

表 3-7 甲企业存货收、发记录　　　　　　　　　　　计量单位：千克
201×年 2 月 28 日　　　　　　　　　　　　　　　　金额单位：元

| 201×年 | | 摘要 | 收料 | | | | 发料 | |
月	日		数量	单价	金额	批次	数量	批次
2	8	收入	600	8.10	4 860	032		
	9	发出					500	031
	15	发出					500 300	031 032
	20	收入	2 000	8.15	16 300	033		
	25	发出					200 300	032 033

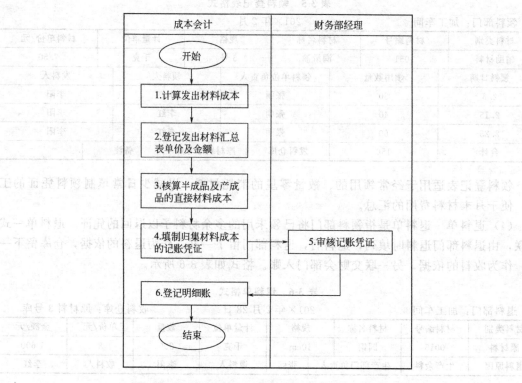

图 3-5　材料成本计算业务流程（全月一次加权平均法）

注：1. 成本会计根据材料入库单和明细账，计算发出材料成本。
2. 成本会计登记发出材料汇总表。
3. 成本会计根据发出材料汇总表，计算半成品及产成品的直接材料成本。
4. 成本会计编制发出材料的记账凭证。
5. 财务经理审核记账凭证，并签字盖章。
6. 成本会计根据审核无误的记账凭证登记明细账。

3. 按实际成本法计价的材料发出的核算

材料按实际成本计价，是指每种材料的收、发、存都按采购过程中所发生的实际支出进行计价。按实际成本法计价时，企业可以采用先进先出法、加权平均法、移动加权平均法和个别计价法四种方法确定发出材料的成本。

（1）先进先出法　先进先出法是以先收到的材料先发出为假定前提，并按这种假定的材料流转程序对发出材料和期末材料进行计价的方法。采用这种方法，收到材料时，应在材料明细分类账中逐笔登记每一批材料的数量、单价和金额；发出材料时，按照先进先出的原则确定单价，逐笔登记材料的发出金额和结存数量。其计算方法如表 3-8 所示。

表 3-8　材料明细分类账（先进先出法）　　　计量单位：千克
201×年2月　　　　　　　　　　　　　　　金额单位：元

201×年		摘要	收入			发出			结存		
月	日		数量	单价	金额	数量	单价	金额	数量	单价	金额
2	1	期初结存							1 000	8.00	8 000
	8	收入	600	8.10	4 860				1 000 600	8.00 8.10	12 860

续表

201×年		摘要	收入			发出			结存		
月	日		数量	单价	金额	数量	单价	金额	数量	单价	金额
	9	领料				500	8.00	4 000	500 600	8.00 8.10	8 860
	15	领料				500 300	8.00 8.10	4 000 2 430	300	8.10	2 430
	20	收入	2 000	8.15	16 300				300 2 000	8.10 8.15	18 730
	25	领料				300 300	8.10 8.15	2 430 2 445	1 700	8.15	13 855
	28	本月合计	2 600	—	21 160	1 900	—	15 305	1 700	8.15	13 855

在采用先进先出法的情况下，期末结存材料金额是根据近期入库存货成本计价的，其价值接近于市场价格，并能随时结转发出存货的实际成本。但每次发出存货要根据先入库的单价计算，工作量较大，一般适用于收发存货次数不多的情况。当物价上涨时，采用先进先出法，会高估企业当期利润和库存存货价值；反之，会低估企业存货价值和当期利润。

（2）加权平均法　加权平均法又称为月末一次加权平均法，是指在期末计算存货的平均单位成本时，用期初存货数量和本期各批收入的数量作为权数来确定存货的平均单位成本，从而计算出期末存货和已销存货成本的一种计价方法。计算公式如下：

$$全月加权平均单价=\frac{月初结存的材料成本+本月入库的材料成本}{月初结存的材料数量+本月入库的材料数量}$$

本月发出材料的成本＝全月加权平均单价×本月发出材料数量

月末结存材料成本＝全月加权平均单价×月末结存材料数量
　　　　　　　　＝（月初结存材料成本＋本月入库材料成本）－本月发出材料成本

其计算方法如表3-9所示。

表3-9　材料明细分类账（加权平均法）　　　　　　　　计量单位：千克
201×年2月　　　　　　　　　　　　　　　　　　　　　金额单位：元

201×年		摘要	收入			发出			结存		
月	日		数量	单价	金额	数量	单价	金额	数量	单价	金额
2	1	期初结存							1 000	8.00	8 000
	8	收入	600	8.10	4 860				1 600		
	9	领料				500			1 100		
	15	领料				800			300		
	20	收入	2 000	8.15	16 300				2 300		
	25	领料				600			1 700		
	28	本月合计	2 600	—	21 160	1 900	8.10	15 390	1 700	8.10	13 770

加权平均单价＝（8 000＋4 860＋16 300）÷（1 000＋600＋2 000）＝8.10（元）

发出材料成本＝1 900×8.10＝15 390（元）

月末结存材料成本＝1 700×8.10＝13 770（元）

采用月末一次加权平均法，只需在期末计算一次加权平均单价，比较简单。但平时账上无法提供存货的收、发、存情况，不利于存货的管理。

（3）移动加权平均法　移动加权平均法是指在每次收到存货以后，以各批收入数量与各批收入前的结存数量为权数，为存货计算出新的加权平均单位成本的一种方法。每次进货后，都要重新计算一次加权平均单位成本。计算公式如下：

$$\text{移动加权平均单位成本} = \frac{\text{结存存货成本} + \text{本批购进存货成本}}{\text{结存存货数量} + \text{本批购进存货数量}}$$

本批销售或耗用存货成本＝本批销售或耗用存货数量×移动加权平均单位成本

移动加权平均法的优点是便于管理人员及时了解存货的结存情况，并且每次购入新的存货，都要重新计算加权平均单位成本，使得存货的单价比较接近于市场价格，其缺点是计算量较大。

（4）个别计价法　个别计价法又称为分批计价法，是指认定每一件或每一批的实际单价，计算发出该件或该批存货成本的方法。其计算公式如下：

$$\text{发出存货成本} = \text{发出存货数量} \times \text{该件(批)存货单价}$$

个别计价法的具体计算方法如表3-10所示。

表3-10　材料明细分类账（个别计价法）　　　　　　计量单位：千克
201×年2月　　　　　　金额单位：元

201×年		摘要	收入			发出			结存		
月	日		数量	单价	金额	数量	单价	金额	数量	单价	金额
2	1	期初结存							1 000	8.00	8 000
	8	收入	600	8.10	4 860				1 000 600	8.00 8.10	12 860
	9	领料				500	8.00	4 000	500 600	8.00 8.10	8 860
	15	领料				500 300	8.00 8.10	4 000 2 430	300	8.10	2 430
	20	收入	2 000	8.15	16 300				300 2 000	8.10 8.15	18 730
	25	领料				600	8.15	4 890	1 400 300	8.15 8.10	13 840
	28	本月合计	2 600	—	21 160	1 900	—	15 320	1 700	—	13 840

采用个别计价法，对每件或每批购进的存货应分别存放，并分别登记存货明细分类账。对每次领用的存货，应在存货领用单上注明购进的件别或批次，便于按照该件或该批存货的实际单价计算其耗用金额。

个别计价法适用于房屋、船舶、飞机、汽车、珠宝、名画等数量和品种较少、单位价值高的存货。

根据"领料单"或"限额领料单""领料登记簿"或"发出材料汇总表"，填制发出材料的记账凭证，进而登记原材料明细账。企业发出的材料，根据不同的用途，借记"基本生产成本""制造费用""管理费用"等账户，贷记"原材料"账户。

项目三 产品成本计算的品种法

【案例 3-3】 某企业 201×年 2 月份耗料情况如表 3-11 所示。

表 3-11 发料凭证汇总表

201×年 2 月   金额单位：元

应借科目		应贷科目		合 计
		原材料	燃料	
基本生产成本	1～10 日	76 000	3 200	79 200
	11～20 日	70 200	2 900	73 100
	21～28 日	74 000	3 500	77 500
	小 计	220 200	9 600	229 800
辅助生产成本	1～10 日	7 100	2 100	9 200
	11～20 日	6 500	2 560	9 060
	21～28 日	6 800	1 900	8 700
	小 计	20 400	6 560	26 960
制造费用	1～10 日	3 240	523	3 763
	11～20 日	3 780	765	4 545
	21～28 日	2 520	354	2 874
	小 计	9 540	1 642	11 182
管理费用	1～10 日	523	132	655
	11～20 日	746	521	1 267
	21～28 日	321	139	460
	小 计	1 590	792	2 382
合 计		251 730	18 594	270 324

根据表 3-11 编制发出材料的会计分录：
借：基本生产成本　　229 800
　　辅助生产成本　　 26 960
　　制造费用　　　　 11 182
　　管理费用　　　　　2 382
　贷：原材料　　　　251 730
　　　燃料　　　　　 18 594

岗位训练

1. 资料

201×年 3 月 1 日，甲公司存货数量 3 000 件，成本为 15 000 元，3 月期末结存 5 100 件，3 月份购货情况如下表所示：

购入日期	数量/件	单价/元	金额/元	发出日期	数量/件
3 月 4 日	1 500	5.00	7 500	3 月 10 日	1 000
3 月 8 日	2 400	5.10	12 240	3 月 15 日	1 000
3 月 12 日	3 000	5.20	15 600	3 月 28 日	8 000
3 月 16 日	2 500	5.15	12 875		
3 月 26 日	2 700	5.16	13 932		

要求：用先进先出法、加权平均法计算发出存货成本；其中 20% 车间领用，80% 生产领用，并做出相关会计处理。

2. 答案

先进先出法发出存货成本为 50 855 元；加权平均法发出存货成本为 51 090.73 元。

4. 按计划成本法计价的材料发出的核算

计划成本计价是指每一种材料的收发结存都按预先确定的计划成本计价。当材料的品种、规格复杂繁多时，核算的工作量很大，为了简化核算手续，可以采用计划成本核算，届时发出材料的成本按事先制定的计划成本计价，到月末再将发出材料的计划成本调整成为实际成本。调整的方法是将期末的材料成本差异在已经发出材料和期末结存材料之间进行分摊，其计算公式如下：

$$材料成本差异率 = \frac{期初结存材料成本差异 + 本期收入材料成本差异}{期初结存材料计划成本 + 本期收入材料计划成本} \times 100\%$$

本期发出材料应分摊的材料成本差异 = 发出材料的计划成本 × 材料成本差异率

发出材料的实际成本 = 发出材料的计划成本 + 发出材料应负担的成本差异

结存材料的实际成本 = 结存材料的计划成本 + 结存材料应负担的成本差异

由于各种材料的成本差异率各不相同，材料品种繁多的企业不可能为每一种材料计算差异率，并分摊材料成本差异，因此需要将材料分类计算其差异率，并分摊材料成本差异。但分类必须适中，以保证成本计算的准确性。

材料计划成本的内容，应与材料实际成本口径一致，并应尽可能接近实际成本。计划单位成本原则上应一年制定一次，无特殊情况，在年度内不作变动。这种计价方法通常适用于材料实际成本变动不大、材料品种多、收发料频繁的企业。

为了汇总反映发出材料的计划成本和成本差异，并据以计算发出材料的实际成本，发料凭证汇总表中的材料成本应按计划成本和成本差异分列。

【**案例 3-4**】 某企业 201×年 2 月份耗料情况如表 3-12 所示。

表 3-12　发料凭证汇总表

201×年 2 月　　　　　　　　　　　　　　　金额单位：元

应借科目		应贷科目：原材料、材料成本差异		
		计划成本	差异额(2%)	实际成本
基本生产成本	1～10 日	76 000	1 520	77 520
	11～20 日	70 200	1 404	71 604
	21～28 日	74 000	1 480	75 480
	小　计	220 200	4 404	224 604
辅助生产成本	1～10 日	7 100	142	7 242
	11～20 日	6 500	130	6 630
	21～28 日	6 800	136	6 936
	小　计	20 400	408	20 808
制造费用	1～10 日	3 240	64.80	3 304.80
	11～20 日	3 780	75.60	3 855.60
	21～28 日	2 520	50.40	2 570.40
	小　计	9 540	190.80	9 730.80
管理费用	1～10 日	523	10.46	533.46
	11～20 日	746	14.92	760.92
	21～28 日	321	6.42	327.42
	小　计	1 590	31.80	1 621.80
合　计		251 730	5 034.60	256 764.60

根据表 3-12 编制发出材料计划成本和调整材料成本差异的会计分录如下：

借：基本生产成本　　　220 200
　　辅助生产成本　　　 20 400
　　制造费用　　　　　 9 540
　　管理费用　　　　　 1 590
　　贷：原材料　　　　　　　　251 730
借：基本生产成本　　　 4 404
　　辅助生产成本　　　　　408
　　制造费用　　　　　　190.80
　　管理费用　　　　　　 31.80
　　贷：材料成本差异　　　　　5 034.60

（三）材料费用分配的核算

材料费用分配是指按材料用途把费用计入相关的成本、费用账户。用于产品生产的原料及主要材料，如纺织用的原棉、铸造用的生铁、冶炼用的矿石、制造家具用的木材等，都是按产品分别领用的，属于直接费用，构成产品实体并能直接确定归属对象的材料费，应直接计入各产品成本明细账的成本项目；有时一批材料为几批产品或几种产品共同耗用，如某些化工生产的原料属于间接费用，应选择适当的分配标准分配记入各产品成本明细账的成本项目。车间一般消耗的材料费用应记入"制造费用"总账及其明细账，行政管理部门领用的材料费用应记入"管理费用"总账及其明细账，销售部门领用的材料费用应记入"销售费用"总账及其明细账，在建工程领用的材料费用应记入"在建工程"总账及其明细账。下面以原材料和燃料为例说明材料费用的分配方法。

1. 原材料费用分配的核算

材料费用分配标准很多，可以以产品的产量、重量、体积等为分配标准，在材料消耗定额比较准确的情况下，原材料费用可以将定额消耗量比例或定额耗用费用比例作为分配标准。

（1）定额消耗量比例分配法　　定额消耗量比例分配法是以各种产品的材料定额消耗总量为分配标准，来分配材料费用的方法。采用定额耗用量比例分配法，要求企业各种产品的材料消耗，都制定有比较先进和合理的消耗定额。定额耗用量比例分配法的计算公式如下：

某种产品材料定额消耗量＝该种产品实际产量×单位产品材料消耗定额

材料消耗量分配率＝材料实际总消耗量÷各种产品材料定额消耗量之和

某种产品应分配的材料数量＝该种产品材料定额消耗量×材料消耗量分配率

某种产品应分配的材料费用＝该种产品应分配的材料数量×材料单价

其中，单位产品材料消耗定额是指单位产品可以消耗的数量限额，可以根据企业的有关指标确定；定额消耗量是指一定产量下按照单位产品材料消耗定额计算的可以消耗的材料数量。

【案例 3-5】 某企业生产甲、乙两种产品，本月共同耗用原材料 6 000 千克，每千克 1.60 元，共计 9 600 元，按产品的直接材料定额消耗量比例进行分配。其中：生产甲产品 1 200 件，单件甲产品原材料消耗定额为 3 千克；生产乙产品 800 件，单件乙产品原材料消耗定额为 1.5 千克。

材料费用分配步骤和结果如下：

两种产品的定额消耗量为：

甲产品的定额消耗量＝1 200×3＝3 600（千克）

乙产品的定额消耗量＝800×1.5＝1 200（千克）

计算材料消耗量分配率：

材料消耗量分配率＝6 000÷(3 600＋1 200)＝1.25

计算两种产品应分配的材料数量：

甲产品应分配的材料数量＝3 600×1.25＝4 500（千克）

乙产品应分配的材料数量＝1 200×1.25＝1 500（千克）

计算两种产品应分配的材料费用：

甲产品应分配的材料费用＝4 500×1.60＝7 200（元）

乙产品应分配的材料费用＝1 500×1.60＝2 400（元）

以上方法可考核材料消耗定额的执行情况，有利于加强成本管理。为了简化核算工作，也可采用按定额消耗量的比例直接分配材料费用的方法。公式如下：

某种产品材料定额消耗量＝该种产品实际产量×单位产品材料消耗定额

材料费用分配率＝待分配的材料实际费用总额÷各种产品材料定额消耗量之和

某种产品应分配的材料费用＝该种产品的材料定额消耗量×材料费用分配率

材料费用分配率＝1.60×6 000÷(3 600＋1 200)＝2.00（元）

甲产品应分配的材料费用＝3 600×2.00＝7 200（元）

乙产品应分配的材料费用＝1 200×2.00＝2 400（元）

上述两种方法计算结果相同，但后种方法没有提供各种产品材料的实际消耗量，不利于加强材料消耗定额的管理。

各种材料费用的分配是通过编制材料费用分配表进行的，材料费用分配表是按车间、部门和材料的类别，根据归类后的领退料凭证和其他有关资料编制的。材料费用分配表的格式及举例详见表3-13。

表3-13 材料费用分配表的格式及举例

201×年2月

用　途		直接材料费用/元	共同耗用材料费用			合计/元
			定额消耗量/千克	分配率/(元/千克)	分配金额/元	
基本生产车间	甲产品	100 000	3 600		7 200	107 200
	乙产品	75 000	1 200		2 400	77 400
	合计	175 000	4 800	2.00	9 600	184 600
辅助生产车间	供水车间	6 000				6 000
	供电车间	4 000				4 000
	合计	10 000				10 000
基本车间一般消耗		5 000				5 000
管理部门耗用		7 000				7 000
销售部门耗用		3 000				3 000
合计		200 000				209 600

根据材料费用分配表，可以编制会计分录如下：

借：基本生产成本——甲产品　107 200

　　　　　　　　——乙产品　　77 400

　　　　辅助生产成本——供水车间　6 000
　　　　　　　　　　——供电车间　4 000
　　　　制造费用　　　　　　　　5 000
　　　　管理费用　　　　　　　　7 000
　　　　销售费用　　　　　　　　3 000
　　　　贷：原材料　　　　　　　　　　209 600

（2）定额费用比例分配法　材料定额费用比例分配法是以产品材料定额成本为标准分配材料费用的一种方法。材料费用定额和材料定额费用，是消耗定额和定额消耗量的货币表现。它适用于多种产品共同耗用多种材料的情况。其计算公式如下：

　　某种产品原材料定额费用＝该种产品实际产量×单位产品原材料费用定额
　　原材料费用分配率＝各种材料实际费用总额÷各种产品原材料定额费用之和

【案例 3-6】 某冶金厂生产标准件 C_1 和标准件 C_2，共同领用甲、乙两种主要材料，共计 112 860 元。本月投产标准件 C_1 450 件，标准件 C_2 360 件。标准件 C_1 材料消耗定额：甲材料 6 千克，乙材料 8 千克；标准件 C_2 材料消耗定额：甲材料 9 千克，乙材料 5 千克。甲材料单价 10 元，乙材料单价 8 元。计算分配如下：

（1）两种产品材料定额费用

　　标准件 C_1：甲材料定额费用＝450×6×10＝27 000（元）
　　　　　　　乙材料定额费用＝450×8×8＝28 800（元）
　　　　　标准件 C_1 材料定额费用合计　55 800（元）
　　标准件 C_2：甲材料定额费用＝360×9×10＝32 400（元）
　　　　　　　乙材料定额费用＝360×5×8＝14 400（元）
　　　　　标准件 C_2 材料定额费用合计　46 800（元）

（2）材料费用分配率

　　材料费用分配率＝112 860÷(55 800＋46 800)＝1.1

（3）两种产品应分配材料实际费用

　　标准件 C_1：55 800×1.1＝61 380（元）
　　标准件 C_2：46 800×1.1＝51 480（元）

岗位训练

试用【案例 3-4】资料，按照定额费用比例分配法分配材料实际费用。

---

2. 燃料费用分配的核算

燃料实际上也是材料，燃料费用的分配与原材料费用的分配程序和方法相同。

① 在燃料费用占产品成本比重较大的情况下，生产成本明细账中应单独设置"燃料及动力"成本项目；存货核算应增设"燃料"一级账户；燃料费用分配表应单独编制。

② 在燃料费用占产品成本比重较小的情况下，生产成本明细账中无须单独设置"燃料及动力"成本项目，应将燃料费用直接记入"直接材料"成本项目；存货核算中"燃料"可作为"原材料"账户的二级账户进行核算；燃料费用分配可在材料费用分配表中加以反映。

直接用于产品生产的燃料，在只生产一种产品或者是按照产品品种（或成本计算对象）分别领用的，可以直接记入各种产品成本明细账的"燃料和动力"成本项目；如果不能按产品品种分别领用，而是几种产品共同耗用的燃料，属于间接计入费用，则应采用适当的分配方法，在各种产品之间进行分配，然后再记入各种产品成本明细账的"燃料和动力"成本项目。分配标准可以是产品的重量、体积、所耗燃料的数量或费用，也可以是燃料的定额消耗量或定额费用比例等。

直接用于产品生产、专设成本项目的燃料费用，应记入"基本生产成本"总账账户的借方及其所属明细账的"燃料和动力"成本项目；直接用于辅助生产、专设成本项目的燃料费用，用于基本生产和辅助生产但没有专设成本项目的燃料费用，应记入"辅助生产成本""制造费用"总账账户的借方及其所属明细账有关项目；用于产品销售以及组织和管理生产经营活动的燃料费用则应记入"销售费用"或"管理费用"总账账户的借方及所属明细账有关项目。已领用燃料，应记入"燃料"账户的贷方；不设"燃料"账户的，则记入"原材料"账户的贷方。燃料费用分配的程序和方法与原材料费用分配基本相同。

【案例 3-7】 某企业 201×年 2 月燃料费用分配表如表 3-14 所示。

表 3-14 燃料费用分配表

201×年 2 月

用 途	成本项目	分配计入			直接计入/元	合计/元
		生产工时/小时	分配率/(元/小时)	分配金额/元		
基本生产车间	甲产品	燃料及动力	2 000	7 000÷(2 000+1 500)=2	4 000		4 000
	乙产品	燃料及动力	1 500		3 000		3 000
	合计				7 000		7 000
辅助生产车间	供水车间	燃料及动力				3 000	3 000
	供电车间	燃料及动力				5 000	5 000
	合计					8 000	8 000
合计							15 000

根据表 3-14，编制会计分录如下：

借：基本生产成本——甲产品 4 000
　　　　　　　　——乙产品 3 000
　　辅助生产成本——供水车间 3 000
　　　　　　　　——供电车间 5 000
　　贷：燃料 15 000

岗位训练

1. 资料

（1）某企业生产甲、乙两种产品，共同耗用某种材料 1 200 千克，每千克 4 元。甲产品的实际产量为 140 件，单件产品材料消耗定额为 4 千克；乙产品的实际产量为 80 件，单件产品材料消耗定额为 5.5 千克。

要求：采用定额消耗量比例分配法计算分配甲、乙产品各自应负担的材料费用。

（2）某企业生产丙、丁两种产品，共同领用 C、D 两种主要材料，共计 37 620 元。本月生产丙产品 150 件、丁产品 120 件。每件丙产品材料消耗定额为：C 材料 6 千克，D 材料 8 千克；丁产品材料消耗定额为：C 材料 9 千克，D 材料 5 千克。C 材料单价 10 元，D 材料单价 8 元。

要求：采用定额费用比例分配法计算分配丙、丁产品各自应负担的材料费用。

2. 答案

(1) 甲产品分配材料费用 2 688 元，乙产品分配材料费用 2 112 元。

(2) 丙产品分配材料费用 20 460 元，丁产品分配材料费用 17 160 元。

项目实战 1

资讯：

盘锦兴隆糖果有限责任公司 2017 年 9 月生产有关资料如表 3-15、表 3-16 所示。

表 3-15　企业基本资料

年产量/吨	1 500	年工作天数/天	250
月工作天数/天	25	每天班数/班	3
每班工时/小时	8	总班数/班	750
班产量/(千克/班)	1 000	产量/(千克/小时)	125
月初在产品	—		

表 3-16　原材料出入库一览表

2017 年 9 月 30 日

材料名称	9月6日出入			9月12日出入			9月28日出入		
	发出/千克	收入/千克	入库单价/元	发出/千克	收入/千克	入库单价/元	发出/千克	收入/千克	入库单价/元
异麦芽酮糖醇	15 000	20 000	20	15 000	20 000	20	8 850	10 000	22
麦芽糖醇浆	15 000	25 000	14	15 000	15 000	13	9 750	15 000	14
木糖醇	800	3 000	25	500			200		
聚葡萄糖	3 000	5 000	22	2 000	3 000	23	1 225	2 000	22
琼脂	500	4 000	120	800			575		

任务：

根据资讯资料完成本月硬糖和软糖两种产品材料费用的核算（计算结果保留两位小数，领料单略）。

领用材料成本计算表见表 3-17，糖果生产车间直接材料成本计算表见表 3-18，共同耗用材料费用分配表见表 3-19。

表 3-17　领用材料成本计算表

2017 年 9 月 30 日

材料名称	期初库存额			本期购进额			全月一次加权		
	数量/千克	单价/元	金额/元	数量/千克	金额/元		数量/千克	金额/元	加权平均单价/元
异麦芽酮糖醇	11 550	20							
麦芽糖醇浆	15 800	14							
木糖醇	1 200	25							
聚葡萄糖	2 500	22							
琼脂	750	120							

表 3-18　糖果生产车间直接材料成本计算表

2017 年 9 月 30 日

产品名称	在线原材料	本期领用		
		数量	单价	金额
硬糖	异麦芽酮糖醇	19 425		
	麦芽糖醇浆	19 875		
	木糖醇	750		
	聚葡萄糖	3 000		
	小计			
软糖	异麦芽酮糖醇	19 425		
	麦芽糖醇浆	19 875		
	木糖醇	750		
	聚葡萄糖	3 000		
	琼脂	1 875		
	小计			
合 计				

硬糖和软糖生产领用聚葡萄糖 225 千克，请按照定额消耗量分配。

表 3-19　共同耗用材料费用分配表

2017 年 9 月

产品	实际产量/千克	单位产品消耗定额/千克	定额耗用量/千克	需分配的共耗材料数量/千克	分配率	应分配的共耗材料数量/千克	应分配的共耗材料费用/元
硬糖	2 500	0.04					
软糖	2 000	0.05					
小计				225			

答案：

加权平均单价：

异麦芽酮糖醇 20.31；麦芽糖醇浆 13.79；木糖醇 25；聚葡萄糖 22.24；琼脂 120。

借：基本生产成本——硬糖　　756 570

　　　　　　　　　——软糖　　981 570

　贷：原材料——异麦芽酮糖醇　789 043.50

　　　　　　——麦芽糖醇浆　　548 152.50

　　　　　　——木糖醇　　　　 37 500

　　　　　　——聚葡萄糖　　　138 444

　　　　　　——琼脂　　　　　225 000

完成工作任务评价

一、完成项目会计主体的工作任务

根据项目资讯资料完成项目材料费用归集与分配的工作任务。

二、分享完成工作任务的收获

根据完成工作任务情况，结合教师及同学的评价，与教师及同学们分享收获。

任务2 归集与分配外购动力费用

[工作程序]

第一，了解外购动力费用内容；
第二，归集外购动力费用；
第三，分配外购动力费用。

一、外购动力费用支出的核算

外购动力费用是指从外部购入的电力、热力等动力所支付的费用，自制动力费用不包含在内。企业支付外购动力费时，应按外购动力的用途，直接借记各成本、费用账户，贷记"银行存款"账户。但在实际工作中一般通过"应付账款"账户核算，如果企业是一般纳税人，收到增值税专用发票时，进行付款核算，即借记"应付账款"账户，借记"应交税费——应交增值税（进项税额）"账户，贷记"银行存款"账户；月末按外购动力的用途借记各成本、费用账户，贷记"应付账款"账户，冲销原来记入"应付账款"账户借方的暂付款。之所以通过"应付账款"账户进行核算，是因为外购动力费用一般不是在每月末支付，而是在每月下旬的某日支付。如果支付时就直接借记各成本、费用账户，贷记"银行存款"账户，那么计入成本、费用的动力费用就不完全是当月的动力费，而是上月付款日到本月付款日的动力费用。为了正确地计算当月动力费，要将上月付款日到上月末的已计入、分配的动力费从中扣除，这样核算工作量太大。通过"应付账款"账户核算，就可免去这些核算工作。每月只需在月末分配登记本月应付动力费用，两者往往不相等，即出现月末余额，借方余额表示本月所付动力费大于应付动力费，即多付的动力费用；贷方余额表示应付动力费大于所付动力费，即未付的动力费用。

如果每月支付动力费用的日期基本固定，每月应付动力费用相差不多，为了简化核算工作，可以不通过"应付账款"账户核算，而是直接借记各成本、费用账户，贷记"银行存款"账户。

二、外购动力费用分配的核算

外购动力有的直接用于产品生产，如生产工艺用电力；有的间接用于生产，如生产车间照明用电力；有的则用于经营管理，如行政管理部门照明用电力。动力费用的分配，在有仪表记录的情况下，直接根据仪表所示耗用动力数量和动力的单价计算；在没有仪表的情况下，可按一定的标准（如生产工时、机器功率时数、定额消耗量）在各种产品之间进行分配。各车间、部门的动力用电和照明用电一般都分别装有电表，外购电力费用在各车间、部门可按用电度数分配；车间中的动力用电，一般不按产品分别安装电表，因而车间动力用电费在各种产品之间一般按产品的生产工时比例、机器工时比例或定额耗电量比例等进行分配。

生产用动力一般与生产用燃料一样，记入"直接材料"成本项目。直接用于产品生产的动力费用，借记"基本生产成本"账户及所属产品成本明细账的"直接材料"成本项目；直接用于辅助生产的动力费用，借记"辅助生产成本"账户及所属明细账的"直接材料"成本项目；用于基本生产车间、辅助生产车间以及行政管理部门的动力费用，应分别借记"制造费用""辅助生产成本""管理费用"等账户及所属明细账的有关项目。

外购动力费用的分配是通过编制外购动力费用分配表进行的。根据分配表可编制相关的会计分录。外购动力费用分配表见表3-20。该企业外购动力费通过"应付账款"账户核算。

【案例3-8】 某企业本月共用电75 000千瓦·时,每千瓦·时电费为1.00元,共发生电费75 000元。该企业各部门均安装有电表,电表显示各部门的用电情况如下:基本生产车间生产产品用电60 000千瓦·时,照明等用电4 000千瓦·时,辅助生产车间用电6 000千瓦·时,企业管理部门用电5 000千瓦·时。基本生产车间生产甲、乙两种产品,本月甲产品的生产工时8 000小时,乙产品生产工时4 000小时。该企业采用生产工时比例分配法分配动力费用,现编制"外购动力费用分配表",见表3-20。

表3-20 外购动力费用分配表

201X年2月

用　　途		成本项目	分配计入			电费分配	
			生产工时/小时	分配率/(元/小时)	分配金额/元	用电量/(千瓦·时)	分配金额/元
基本生产车间	甲产品	燃料及动力	8 000	60 000÷12 000=5	40 000		
	乙产品	燃料及动力	4 000		20 000		
	合　计		12 000		60 000	60 000	60 000
辅助车间	一般消耗	燃料及动力				4 000	4 000
	修理车间	燃料及动力				6 000	6 000
管理部门		燃料及动力				5 000	5 000
合　计					60 000	75 000	75 000

生产产品发生的60 000元电费在甲、乙两种产品之间的分配如下:

电费分配率=60 000÷(8 000+4 000)=5(元/小时)

甲产品分摊电费:8 000×5=40 000(元)

乙产品分摊电费:4 000×5=20 000(元)

根据表3-20编制会计分录如下:

借:基本生产成本——甲产品　　40 000
　　　　　　　　　——乙产品　　20 000
　　辅助生产成本——修理车间　　6 000
　　制造费用——水电费　　4 000
　　管理费用——水电费　　5 000
　　贷:应付账款　　　　　　　75 000

如果实际的生产成本明细账没设"燃料及动力"成本项目,则直接用于产品生产的燃料及动力费用,可以分别记入"直接材料"和"制造费用"成本项目。

请思考

在什么情况下外购动力费用借记"应付账款"、贷记"银行存款"科目,而不是借记有关费用科目,贷记"银行存款"科目呢?

项目实战 2

资讯：

盘锦兴隆糖果有限责任公司 2017 年 9 月生产有关资料如下：

2017 年 9 月 20 日盘锦兴隆糖果有限责任公司购买企业用电 72000 千瓦·时，单价 1.00 元，收到增值税专用发票抵扣联和发票联，开出转账支票一张，支付电费（原始凭证略）。

2017 年 9 月 30 日外购电力耗用量分配表（企业每月为 25 天工作日）见表 3-21。

表 3-21 外购电力耗用量分配表

2017 年 9 月 30 日

部 门		单位	台数	功率 /[千瓦/(小时·台)]	用电量 /(千瓦·时/天)	用电总量 /(千瓦·时/月)
化糖车间	化糖锅	台	2	2.5		
	暂存锅	台	1	1		
	其他用电				3.84	
熬糖车间	连续真空薄膜熬糖机	台	1	18		
	混合器	台	1	4		
	浇注成型机	台	1	12		
	其他用电				7.68	
包装车间	枕式包装机	台	2	1.75		
	其他用电				7.68	
	小 计					
	管理部门、仓储部门、化验室				23.04	
	销售部门				1.92	
	机修车间				3.84	
	供汽车间				3.84	
	合 计					

任务：

根据资讯单资料完成本月外购动力费用的核算。外购动力费用分配表如表 3-22 所示。

表 3-22 外购动力费用分配表

2017 年 9 月

用 途		成本项目	分配计入			电费分配	
			生产工时 /小时	分配率 /(元/小时)	分配金额 /元	用电量 /(千瓦·时)	分配金额 /元
化糖车间	硬糖	燃料及动力	45 000				
	软糖	燃料及动力	45 000				
	小 计		90 000				
	一般消耗	燃料及动力					
熬糖车间	硬糖	燃料及动力	34 000				
	软糖	燃料及动力	34 000				
	小 计		68 000				
	一般消耗	燃料及动力					

续表

用 途		成本项目	分配计入			电费分配	
			生产工时/小时	分配率/(元/小时)	分配金额/元	用电量/(千瓦·时)	分配金额/元
包装车间	硬糖	燃料及动力	10 000				
	软糖	燃料及动力	10 000				
	小 计		20 000				
	一般消耗	燃料及动力					
管理部门、仓储部门、化验室		燃料及动力					
销售部门		燃料及动力					
机修车间		燃料及动力					
供汽车间		燃料及动力					
合 计							

答案：

企业日用电 1095.84 千瓦·时，月用电 27 396 千瓦·时；化糖车间费用分配率为 0.04，熬糖车间费用分配率为 0.30，包装车间费用分配率为 0.105。

完成工作任务评价

一、完成项目会计主体的工作任务

根据项目资讯资料完成项目外购动力费用归集与分配的工作任务。

二、分享完成工作任务的收获

根据完成工作任务情况，结合教师及同学的评价，与教师及同学们分享收获。

任务 3　归集与分配人工费用

工作程序

第一，熟悉职工薪酬基本知识；
第二，归集职工薪酬费用；
第三，分配职工薪酬费用。

一、职工薪酬内容

职工薪酬是企业因职工提供服务而支付或放弃的所有代价。企业在确定应当作为职工薪酬进行确认和计量的项目时，需要综合考虑，确保企业人工成本核算的完整性和准确性，职工薪酬主要包括以下内容：

（1）职工工资、奖金、津贴和补贴　是指按照构成工资总额的计时工资、计件工资、支付给职工的超额劳动报酬和增收节支的劳动报酬、为补偿职工特殊或额外的劳动消耗和因其他特殊原因支付给职工的津贴，以及为保证职工工资水平不受物价影响支付给职工的物价补贴等。

（2）职工福利费　主要包括职工因公负伤外地就医路费、职工生活困难补助、未实行医疗统筹企业的职工医疗费用，以及按规定发生的其他职工福利支出。

（3）医疗保险费、养老保险费等社会保险费　是指企业按照国家规定的基准和比例计算，向社会保险经办机构缴纳的医疗保险费、养老保险费、失业保险费、工伤保险费和生育保险费等。

（4）住房公积金　是指企业按国家规定的基准和比例计算，向住房公积金管理机构缴存的住房公积金。

（5）工会经费和职工教育经费　是指企业为了改善职工文化生活，为职工学习先进技术和提高文化水平和业务素质，用于开展工会活动和职工教育及职业技能培训等的相关支出。

（6）非货币性福利　非货币性福利是指企业以自产产品或外购商品发放给职工作为福利，或将自己拥有的资产无偿提供给职工使用，如为职工无偿提供医疗保健服务等。

（7）因解除与职工的劳动关系给予的补偿　是指企业由于实施主辅业分离、辅业改制、分流安置富余人员、重组或改组计划、职工不能胜任等原因，在职工劳动合同到期之前解除与职工的劳动关系，或者为鼓励职工自愿接受裁减而提出补偿建议的计划中给予职工的经济补偿。

（8）其他相关支出　其他相关支出是指其他与获得职工提供的服务相关的支出。

二、工资总额的组成

工资总额是指企业在一定时期内实际支付给职工的劳动报酬总数。企业的工资总额一般由计时工资、计件工资、奖金、津贴和补贴、加班加点工资、特殊情况下支付的工资等六个部分组成。

1. 计时工资

计时工资是按照职工的计时标准和工作时间支付给职工的劳动报酬。工资标准是指每一职工在单位时间（月、日或小时）内应得的工资额。不同职务、不同工种和不同等级的职工的工资标准不同。

2. 计件工资

计件工资是按照计件工资标准和职工完成工作的数量支付给职工的劳动报酬。计件工资分为个人计件工资和集体计件工资，其中集体计件工资还应在集体成员内部按照每一职工劳动的数量和质量进行分配。

3. 奖金

奖金是按照职工的超额劳动工作量和增收节支业绩支付给职工的劳动报酬，包括生产奖、节约奖、劳动竞赛奖、机关事业单位的奖励工资、企业支付的其他奖金。

4. 津贴和补贴

津贴是为了补偿职工特殊或额外的劳动消耗和由于其他特殊原因支付给职工的劳动报酬，如保健津贴等；补贴是为了保证职工的工资水平不受物价变动的影响支付给职工的劳动报酬，如物价补贴等。

5. 加班加点工资

加班加点工资是按照规定的标准和职工加班加点的时间支付给职工的劳动报酬，如节日加班工资等。

6. 特殊情况下支付的工资

特殊情况下支付的工资是按照国家法律、法规和政策规定支付给职工的非工作时间的劳动报酬，如病假、产假、探亲假工资等。

对于支付给职工但不属于工资性的支出，则不列入工资费用内容之中。如创新发明奖、自然科学奖、科学技术进步奖、合理化建议和技术改进奖，以及支付给运动员、教练员的奖金，有关劳动保险和职工福利方面的各项费用，有关离退休及退职人员待遇的各项支出，劳动保护的各项支出，出差伙食补助费等，就属于不应列入工资费用内容之中的支出。

三、工资费用的原始记录

进行工资费用核算，必须有一定的原始记录作为依据。不同的工资制度所依据的原始记录不同。计算计时工资费用，应以考勤记录中的工作时间记录为依据；计算计件工资费用，应以产量记录中的产品数量和质量记录为依据。因此，考勤记录和产量记录是工资费用核算的主要原始记录。

1. 考勤记录

考勤记录是登记职工出勤时间和缺勤时间的原始记录，可以采用考勤簿、考勤卡等形式。月末，考勤人员应将由车间、部门负责人检查签章后的考勤记录及时送交会计部门。经会计部门审核的考勤记录，即可作为计算计时工资的依据。考勤表的形式如表 3-23 所示。

表 3-23　考勤表的形式

单位：××车间　　　　　　　　201×年2月

编号	姓名	工资等级	出勤和缺勤记录					出勤分类				缺勤分类						迟到或早退	备注
			1	2	3	4	…	合计		计时工作	计件工资	加班工资	…	公假	工伤	病假	产假	探亲假	婚丧假	事假	旷工		
								出勤	缺勤														

2. 产量记录

产量记录是登记工人或生产小组在出勤时间内完成产品的数量、质量和生产工时数量的原始记录。产量记录通常有工作通知单、工序进程单和工作班产量记录等形式。经会计部门审核后的产量记录，即可作为计算计件工资的依据。产量记录的形式如表 3-24 所示。

表 3-24　工作班产量记录的形式

单位：××班组　　　　　　　　201×年2月

工人			工作任务				检查结果							工资		
工号	姓名	等级	加工进程单编号	产品型号	零件编号	工序	交发加工数量	工时定额	交验数量	合格数量	退修数量	工费数量	料废数量	短缺数量	专加工数	定额总工时	实际工时	检验员	计件单价	合格品工资	废品工资	工资合计

四、工资业务核算流程

人工成本计算业务流程见图 3-6。

项目三　产品成本计算的品种法

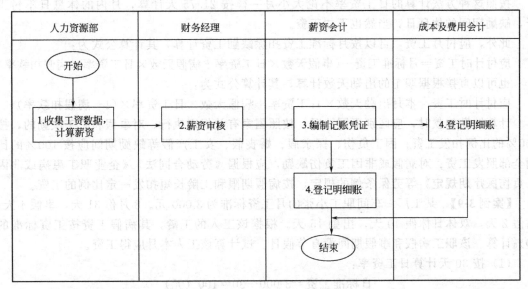

图 3-6　人工成本计算业务流程图

注：1. 人力资源部依据期初人员变动数据、当月考勤记录及工作班产量记录等各项数据，编制职工薪酬各种表格，由人力资源部经理加以审核，并签字盖章。
2. 财务经理审核员工总数的真实性，根据薪酬规则审核工资总额各组成项目的真实性、奖金津贴及补贴的发放范围和标准以及代扣代缴款项的正确性；审核完毕签字盖章。
3. 薪酬会计根据审核完毕的薪酬各种表格编制记账凭证，审核后交给各职能会计登记明细账。
4. 成本会计、费用会计及其他职能会计根据审核无误的记账凭证登记明细账。

五、工资的计算

根据工资费用的原始记录和工资标准、工资等级计算工资费用，并按其用途进行分配，是工资费用核算的主要内容。企业可根据具体情况采用各种不同的工资制度，其中，最基本的工资制度是计时工资制度和计件工资制度。

（一）计时工资的计算

计时工资是根据考勤记录登记的每位职工出勤或缺勤天数，按照规定的工资标准计算的工资。计时工资标准有月薪制和日薪制两种。

在日薪制下，应付给职工的计时工资按日薪标准乘以职工出勤天数计算。若某日出勤时间不足 8 小时，还应按日薪标准计算小时工资率。临时工的计时工资多采用日薪制。

月薪制是指按职工固定的月标准工资扣除缺勤工资计算工资的一种方法。不论各月日数多少，职工每月标准工资（全勤工资）相同。如果有缺勤，则需换算日工资率，再按出勤或缺勤天数计算计时工资。具体有两种计算方法：一是缺勤法，即按月标准工资扣减缺勤工资计算计时工资；二是出勤法，即按出勤天数换算的日工资率计算计时工资。

按照国家法定工作时间的规定，职工每月工作时间为：

$$(365-104-11) \div 12 = 20.83 \text{（天）}$$

按照《劳动法》的规定，法定节假日用人单位应当依法支付工资，即折算日工资、小时工资时不剔除国家规定的 11 天法定节假日。据此，月计薪天数为：

$$月计薪天数 = (365-104) \div 12 = 21.75 \text{（天）}$$

因此，日工资率的计算公式为：

$$日工资率 = 月标准工资 \div 21.75$$

57

按照这种方法计算的日工资率不论大小月一律按 21.75 天计算，月内的休息日不付工资，缺勤期间的休息日，当然也不扣工资。

此外，应付月工资，可以按月标准工资扣除缺勤工资计算，其计算公式为：

应付计时工资＝月标准工资－（事假天数×日工资率＋病假天数×日工资率×病假扣款率）

也可以直接根据职工的出勤天数计算，其计算公式为：

应付计时工资＝本月出勤天数×日工资率＋病假天数×日工资率×（1－病假扣款率）

计算缺勤扣款时，应区别不同情况，按照国家有关规定执行。对事假和旷工缺勤的，按 100％的比例扣发工资；因工负伤、探亲假、婚丧假、女工产假等缺勤期间应按 100％的比例全部照发工资；对病假或非因工负伤缺勤，应根据《劳动合同法》《企业职工患病或非因工负伤医疗期规定》等劳保条例的规定，按病假期限和工龄长短扣发一定比例的工资。

【案例 3-9】 某工厂一车间职工小张的月工资标准为 3 000 元。8 月份 31 天，事假 4 天，病假 2 天，双休日休假 10 天，出勤 15 天。根据该工人的工龄，其病假工资按工资标准的 90％计算。该职工病假和事假期间没有节假日。试计算该工人本月应得工资。

(1) 按 30 天计算日工资率：

$$日标准工资＝3\ 000÷30＝100（元）$$

① 月标准工资扣除缺勤天数应扣工资额计算（减法）：

$$该职工本月应得工资＝3\ 000－4×100－2×100×(1－90％)＝2\ 580（元）$$

② 出勤天数直接计算（加法）：

$$该职工本月应得工资＝(15＋10)×100＋2×100×90％＝2\ 680（元）$$

(2) 按 21.75 天计算日工资标准。

$$日工资标准＝3\ 000÷21.75＝137.93（元）$$

① 月标准工资扣除缺勤天数应扣工资额计算（减法）：

$$该职工本月应得工资＝3\ 000－4×137.93－2×137.93×10％＝2\ 420.69（元）$$

② 出勤天数直接计算（加法）：

$$该职工本月应得工资＝15×137.93＋2×137.93×90％＝2\ 317.22（元）$$

【特别提示】

按 30 天计算日工资标准时，减法计算的工资比加法计算的工资少 100 元，刚好为日标准工资，原因在于，本月为 31 天，按 30 天计算的情况下，多于计算依据（30 天）一天，因此，按加法计算下多出一日工资。按 21.75 天计算日工资标准时，减法计算的工资比加法计算的工资多 103.47 元，原因在于，本月法定工作日数为 21 天（31－10），比 21.75 天少 0.75 天，因此，按减法计算下的工资多。

计算计时工资的上述 4 种方法各有利弊，但按 21.75 天计算日工资，节假日不算工资，更能体现按劳分配的原则，而且职工缺勤日数总比出勤日数少，计算缺勤工资总比计算出勤工资简便。因此，按 21.75 天计算日工资率、按减法计算相对较好一些。

(二) 计件工资的计算

计件工资薪酬按照支付对象的不同，可分为个人计件工资薪酬和集体计件工资薪酬。在计算计件工资薪酬时，对由于材料缺陷等客观原因产生的废品，即料废品，应照付计件工资薪酬；对由于工人加工过失等原因而产生的废品，即工废品，则不应支付计件工资薪酬。计件工资薪酬一般只适用于生产工人工资薪酬的计算。其计算公式如下：

$$应付计件工资薪酬＝\sum[(合格品数量＋料废品数量)×计件单价]$$

1. 个人计件工资薪酬的计算

个人计件工资薪酬是以个人完成的产品数量和规定的计件单价计算的工资薪酬。

【案例3-10】某公司小王8月生产甲产品1 000件，乙产品800件，验收时发现甲产品料废5个，乙产品工废2个，其余合格，甲、乙产品的计件单价分别为1元和1.5元。小王本月应得计件工资薪酬计算过程如下：

8月应付小王的计件工资薪酬＝1000×1＋(800－2)×1.5＝2 197（元）

企业为了简化计算工作，也可以将每一工人完成的各种产品产量，按定额工时折算成定额总工时，再乘以规定的小时工薪率计算计件工资薪酬。其计算公式如下：

应付计件工资薪酬＝(合格品数量＋料废品数量)×定额工时×小时工薪率

【案例3-11】某公司小王8月生产甲产品1 000件，乙产品800件，验收时发现甲产品料废5个，乙产品工废2个，其余合格，甲、乙产品的定额工时分别为0.2小时和0.1小时，该职工的小时工薪率为10元。小王本月应得计件工资薪酬计算过程如下：

8月应付小王的计件工资薪酬＝[1 000×0.2＋(800－2)×0.1]×10＝2 798（元）

2. 集体计件工资薪酬的计算

在企业中，有的产品生产是按集体（班、组）进行的，则计件工资薪酬需以集体为对象进行计算。具体分两步：第一步，先按上述计算个人计件工资薪酬的方法，计算出集体计件工资薪酬总额；第二步，采用一定的方法，将集体计件工资薪酬总额在集体各成员之间进行分配。其计算公式如下：

个人应付计件工资薪酬＝个人应付计时工资薪酬×计件工薪分配率

个人应付计时工资薪酬＝个人工作小时数×小时工薪率

计件工薪分配率＝集体应付计件工资总额÷集体职工应付计时工薪之和

集体应付计件工薪总额＝集体完成工作量总和×计件单价

【案例3-12】某企业基本生产车间第一生产小组由4名职工组成，8月份生产甲产品516件，计件单价为25元，其余资料如表3-25所示。计算每名职工本月应得计件工资薪酬，过程如下：

(1) 计算计件工资薪酬总额及计时工资薪酬总额

计件工资薪酬总额＝25×516＝12 900（元）

计时工资薪酬总额＝10×130＋12×100＋15×110＋20×115＝6 450（元）

(2) 计算计件工薪分配率及每名职工应得计件工资薪酬

计件工薪分配率＝12 900÷6 450＝2（元/小时）

赵一应得计件工资薪酬＝1 300×2＝2 600（元）

钱二应得计件工资薪酬＝1 200×2＝2 400（元）

孙三应得计件工资薪酬＝1 650×2＝3 300（元）

李四应得计件工资薪酬＝2 300×2＝4 600（元）

(3) 编制该企业计件工资薪酬分配表。

表3-25 小组计件工资分配表

姓名	小时工资率/元	实际工作小时/小时	分配标准/元	分配率/(元/小时)	应得计件工资/元
赵平	10	130	1 300		2 600
钱安	12	100	1 200		2 400
孙中	15	110	1 650	2	3 300
李国	20	115	2 300		4 600
合计	—	455	6 450		12 900

从以上两种分配方法能明显看出，以计时工资作为分配标准进行分配，能够体现技术因素，在生产人员技术等级相差悬殊，以及计件工作本身科技含量水平比较高的情况下，用这种分配比较合理；而按实际工作小时作为分配标准进行分配，技术因素不能体现，在生产人员技术等级差别不大，或者计件工作本身技术性不强的情况下，可以采用此方法。

3. 奖金、津贴和补贴以及加班加点工资的计算

奖金分为单项奖和综合奖两种。单项奖按规定的奖励条件和奖金标准及有关原始记录计算；综合奖由班组、车间或部门评定分配。

各种津贴、补贴应根据国家规定的享受范围和标准进行计算。加班加点工资，应根据加班天数和加点时数，以及职工个人的日工资率和小时工资率计算。

计算出计时工资、计件工资及其他奖金、津贴、加班加点工资以后，就可以计算职工的应付工资和实发工资。其计算公式为：

应付工资＝应付计时工资＋应付计件工资＋奖金＋津贴补贴＋加班加点工资＋特殊情况下支付的工资

在实际工作中，为了减少现金收付工作，便于职工收付有关款项，企业向职工支付工资时，一般可同时支付某些福利费用和交通补贴等代发款项，并且扣除职工应付的房租费、托儿费、个人所得税等代扣款项。实发工资计算公式为：

实发工资＝应付工资＋代发款项－代扣款项

岗位训练

1. 资料

（1）大华公司小张的月标准工资为 2 460 元。8 月 31 天，事假 4 天，病假 2 天，双休日 10 天，出勤 15 天，根据该工人的工龄，其病假工资按工资标准的 90% 计算。各种津贴、补贴、奖金 400 元，个人负担的"三险一金"共计 230 元。该工人病假和事假期间没有节假日。

要求：分别按照 30 天和 21.75 天、按出勤和缺勤计算小张本月的应付标准工资、实发工资。

（2）某生产小组集体完成某项生产任务，取得集体工资 50 000 元。该小组由 3 人组成，相关资料如表 3-26 所示：

表 3-26 某生产小组成员工资分配表

姓名	等级	日工资率/元	出勤天数	分配标准	分配率	个人应得工资/元
小张	6	20	25			
小王	5	18	23			
小李	4	16	22			
合计	—	—	70			

要求：填表分配小组成员工资。

2. 答案

（1）按 30 天计算：

按出勤天数计算应付标准工资为 2 197.60 元，实发工资为 2 367.60 元。

按扣除缺勤工资计算应付标准工资为 2 115.60 元，实发工资为 2 285.60 元。

按 21.75 天计算：

按出勤天数计算应付标准工资为 1 900.08 元，实发工资为 2 070.08 元。
按扣除缺勤工资计算应付标准工资为 1 984.98 元，实发工资为 2 154.98 元。
（2）小张应分配工资 19 745 元，小王应分配工资 16 348.86 元，小李应分配工资 13 906.14 元。

（三）其他职工薪酬的计算

其他职工薪酬由于各自的用途不同，其计算方法不同。具体计算方法如下：

企业为职工支付养老、医疗、失业、工伤等社会保险费，所需费用直接作为成本（费用）列支。对已参加基本养老保险、基本医疗保险的企业，具有持续盈利能力和支付能力的企业，可以为职工建立补充医疗保险和补充养老保险，所需费用按照省级以上人民政府规定的比例从成本（费用）中提取。超出规定比例的部分，由职工个人负担。

企业为职工缴纳住房公积金是按照国家有关规定的基准和比例计算的。职工教育经费按照国家规定的比例提取，专项用于企业职工后续职业教育和职业培训。工会经费按照国家规定比例提取并拨缴工会。其具体计算公式为：

应付职工薪酬数额＝计算基础×计提比例

六、人工费用分配的核算

企业的会计部门应该根据前述计算出来的职工工资，按照车间、部门分别编制工资结算单，按照职工类别和姓名分行填列应付每一职工的各种工资、代发款项、代扣款项和应发金额，作为与职工进行工资结算的依据。为了掌握整个企业工资结算和支付情况，还应根据各车间、部门的工资结算单等资料，编制全厂工资结算单（也称工资结算汇总表），同时据以编制工资费用分配表。

（一）直接工资的分配

根据工资费用分配表进行工资的分配时，其中直接进行产品生产和辅助生产的生产工人工资，分别记入"基本生产成本"和"辅助生产成本"科目；生产车间的组织和管理人员的工资应记入"制造费用"科目；企业管理人员的工资、销售人员的工资、基本建设人员的工资等，应分别记入"管理费用""销售费用""在建工程"等科目；已分配的工资总额，应记入"应付职工薪酬"科目的贷方。

应由生产产品、提供劳务负担的职工薪酬，因工资薪酬的计算形式不同，计入产品成本的方法也就有所不同。如在计件工资形式下，计入产品成本的生产工人薪酬是直接根据完工计件工资的数量和计件单价计算并计入的，不需要在各成本对象之间进行分配。在计时工资形式下，如果该生产部门只生产一种产品，则直接计入该种产品的生产成本，也不需要在各成本对象之间进行分配。如果生产多种产品，则需要采用合理的分配方法，在各成本对象之间进行分配。

直接人工费用的分配方法有很多，一般采用生产工时比例分配法。因为实际工时能较客观地反映各产品工资费用的耗费，同时也能体现劳动生产率水平的高低，所以原则上应选择生产工人实际发生的实际工时作为分配标准。但如果企业产品生产的实际工时资料统计困难，也可以产品生产的定额工时为分配标准进行分配。其计算公式如下：

$$直接人工费用分配率＝\frac{本期发生的直接人工费用}{本期待分配人工费用}$$

某产品应分配的直接人工费用＝该产品实际（定额）生产工时×直接人工费用分配率

【案例 3-13】 大地公司生产甲、乙两种产品，生产工人计件工资分别为：甲产品 30 000

元，乙产品20 000元；甲、乙产品计时工资共计32 000元。甲、乙产品生产工时分别为2 500小时和1 500小时。按生产工时比例分配计算如下：

  工资费用分配率＝32 000/(2 500＋1 500)＝8（元/小时）
  甲产品分配工资费用＝2 500×8＝20 000（元）
  乙产品分配工资费用＝1 500×8＝12 000（元）

  生产车间管理人员和技术人员的工资，应记入"制造费用"科目；其他各部门人员的工资，不计入产品成本，则分别记入"销售费用""管理费用"等相关会计科目。

  工资费用分配是通过编制工资费用分配表进行的，根据工资费用分配表编制会计分录，登记有关总账和明细账。

  【案例3-14】 大地公司201×年2月工资费用分配表如表3-27所示。

表3-27 工资费用分配表
201×年2月

应借科目		成本项目	直接人工费用	分配计入			合计/元
				生产工时/小时	分配率/(元/小时)	分配金额/元	
基本生产成本	甲产品	直接人工	80 000	2 500		20 000	100 000
	乙产品	直接人工	60 000	1 500		12 000	72 000
	合计		140 000	4 000	8	32 000	172 000
辅助生产成本	供水车间	直接人工	6 000				6 000
	供电车间	直接人工	4 000				4 000
	合计		10 000				10 000
制造费用		职工薪酬	5 000				5 000
管理费用		职工薪酬	10 000				10 000
销售费用		职工薪酬	3 000				3 000
合计			168 000				200 000

  根据工资费用分配表编制的会计分录如下：
  借：基本生产成本——甲产品 100 000
        ——乙产品 72 000
    辅助生产成本——供水车间 6 000
        ——供电车间 4 000
    制造费用 5 000
    管理费用 10 000
    销售费用 3 000
    贷：应付职工薪酬——工资 200 000

（二）其他职工薪酬分配的核算

  其他职工薪酬包括的内容较多，主要包括各种保险费、住房公积金、工会经费、职工教育经费等项目。企业应当按照规定的计提标准，计量企业承担的职工薪酬义务和计入成本费用的职工薪酬。

1. 五险一金

  "五险一金"，即医疗保险费、养老保险费、失业保险费、工伤保险费、生育保险费和住房公积金。企业应当按照国务院、所在地政府或企业年金计划规定的标准，计量应付职工薪酬义务和应相应计入成本费用的薪酬金额。

2. 工会经费和职工教育经费

企业应当按照财务规则等相关规定，分别按照职工工资总额的2%和1.5%的计提标准，计量应付职工薪酬（工会经费、职工教育经费）义务金额和应相应计入成本费用的薪酬金额；从业人员技术要求高、培训任务重、经济效益好的企业，可根据国家相关规定，按照职工工资总额的2.5%计量应计入成本费用的职工教育经费。按照明确标准计算确定应承担的职工薪酬义务后，再根据受益对象计入相关资产的成本或当期费用。

【案例3-15】 大地公司201×年2月其他职工薪酬分配表如表3-28所示。

表3-28 其他职工薪酬分配表

201×年2月　　　　　　　　　　　　　　　　　　　　　　　单位：元

应借科目		工资总额	养老保险费（20%）	医疗保险费（8%）	失业保险费（2%）	工伤保险费（0.8%）	生育保险费（0.8%）	住房公积金（8%）	工会经费（2%）	职工教育经费（1.5%）	应付职工薪酬合计
基本生产成本	甲产品	100 000	20 000	8 000	2 000	800	800	8 000	2 000	1 500	43 100
	乙产品	72 000	14 400	5 760	1 440	576	576	5 760	1 440	1 080	31 032
	合计	172 000	34 400	13 760	3 440	1 376	1 376	13 760	3 440	2 580	74 132
辅助生产成本	供水车间	6 000	1 200	480	120	48	48	480	120	90	2 586
	供电车间	4 000	800	320	80	32	32	320	80	60	1 724
	合计	10 000	2 000	800	200	80	80	800	200	150	4 310
制造费用		5 000	1 000	400	100	40	40	400	100	75	2 155
管理费用		10 000	2 000	800	200	80	80	800	200	150	4 310
销售费用		3 000	600	240	60	24	24	240	60	45	1 293
合计		200 000	40 000	16 000	4 000	1 600	1 600	16 000	4 000	3 000	86 200

根据表3-28应编制的会计分录如下：

借：基本生产成本——甲产品　　　　43 100
　　　　　　　　　——乙产品　　　　31 032
　　辅助生产成本——供水车间　　　　2 586
　　　　　　　　　——供电车间　　　　1 724
　　制造费用　　　　　　　　　　　　2 155
　　管理费用　　　　　　　　　　　　4 310
　　销售费用　　　　　　　　　　　　1 293
　贷：应付职工薪酬——社会保险　　　63 200
　　　　　　　　　——住房公积金　　16 000
　　　　　　　　　——工会经费　　　　4 000
　　　　　　　　　——职工教育经费　　3 000

岗位训练

1. 资料

大地公司2月份工资总额98 000元，基本生产车间生产A、B两种产品，其计件工资为35 000元，其中：用于A产品20 000元，用于B产品15 000元，其余部分生产工人工资属于间接计入工资费用,按产品的实际生产工时分配,A产品耗用7 500工时,B产品耗用5 000工时。辅助生产车间工资3 600元,基本生产车间管理人员工资3 000元,销售人员工资3 200元,管理部门工作人员工资8 200元。(养老保险计提比例20%,医疗保险计提比例8%,住房公积金计提比例8%,职工教育经费计提比例1.5%,工会经费计提比例2%。)

要求:(1)完成工资费用分配表(表3-29);

(2)根据上述资料编制分配工资、计提保险、公积金、工会经费和职工教育经费的会计分录。

表3-29 工资费用分配表

201×年2月   金额单位:元

应借账户		直接计入工资费用	间接计入费用			工资费用合计	养老保险20%	医疗保险8%	住房公积金8%	工会经费2%	职工教育经费1.5%
			生产工时	分配率	分配金额						
基本生产成本	A产品										
	B产品										
	合计										
辅助生产成本	供电车间										
制造费用											
销售费用											
管理费用											
合 计											

2. 答案

应付工资总额为98 000元,养老保险总额19 600元,医疗保险总额7 840元,住房公积金总额7 840元,工会经费总额1 960元,职工教育经费总额1 470元。

项目实战3

资讯:

员工的素质是公司产品质量的保证,为了保证公司员工的素质,在经劳动部门批准后,盘锦兴隆糖果有限责任公司面向社会公开招聘各类员工,择优录用,用工及工资水平按照有关规定办理。公司2017年9月职工薪酬资料如表3-30所示。

表3-30 盘锦兴隆糖果有限责任公司职工薪酬分配表

编制单位:盘锦兴隆糖果有限责任公司   2017年9月   单位:元

部门	部门人员		人数	基本工资	岗位津贴	奖金	房补	应付职工薪酬	代扣款项					应扣工资		实付职工薪酬
	人员								住房公积金(12%)	医疗保险(2%)	失业保险(0.5%)	养老保险(8%)	个人所得税	病假	事假	
化糖车间	硬糖生产工人		7	21 000	2 400	700	1 428							15	20	
	软糖生产工人		8	26 000	2 600	800	1 530								120	
	管理人员		1	3 000	420	200	220									

续表

部门	部门人员 人员	人数	基本工资	岗位津贴	奖金	房补	应付职工薪酬	代扣款项 住房公积金(12%)	医疗保险(2%)	失业保险(0.5%)	养老保险(8%)	个人所得税	应扣工资 病假	事假	实付职工薪酬
熬糖车间	硬糖生产工人	12	36 200	3 800	1 200	2 100									
	软糖生产工人	12	38 800	3 600	1 200	1 870							110		
	管理人员	1	3 000	420	200	220									
包装车间	硬糖生产工人	18	54 000	5 400	1 800	3 600									
	软糖生产工人														
	管理人员	1	2 900	420	200	220									
管理部门		10	45 000	3 000	1 000	2 850						320			
销售部门		5	25 000	1 500	500	1 900						135		100	
化验室		3	9 000	780	300	540									
仓储部门		2	6 000	520	200	360									
供汽车间		2	7 800	600	200	360							15		
机修车间		4	11 000	800	400	720									
合计			288 700	26 260	8 900	17 918									

任务：

根据资讯单，完成盘锦兴隆糖果有限责任公司2017年9月人工费用的归集与分配工作（计算结果保留两位小数）。包装车间生产工人人工费分配表见表3-31。其他薪酬分配表见表3-32。

表3-31 包装车间生产工人人工费分配表

2017年9月

产品名称	待分配的工资总额/元	生产工时/小时	人工费用分配率	人工费分配
硬糖		10 000		
软糖		10 000		
合计	64 800			

表3-32 盘锦兴隆糖果有限责任公司其他薪酬分配表

编制单位：盘锦兴隆糖果有限责任公司　　2017年9月30日　　　　单位：元

部门	部门人员 人员	人数	应付职工薪酬	养老保险(20%)	医疗保险(2%)	失业保险(0.5%)	工伤保险(0.8%)	生育保险(0.8%)	住房公积金(12%)	工会经费(2%)	职工教育经费(1.5%)	合计
化糖车间	硬糖生产工人	7										
	软糖生产工人	8										
	管理人员	1										
熬糖车间	硬糖生产工人	12										
	软糖生产工人	12										
	管理人员	1										

续表

部门	人员	人数	应付职工薪酬	养老保险(20%)	医疗保险(2%)	失业保险(0.5%)	工伤保险(0.8%)	生育保险(0.8%)	住房公积金(12%)	工会经费(2%)	职工教育经费(1.5%)	合计
包装车间	硬糖生产工人	18										
	软糖生产工人											
	管理人员	1										
	管理部门	10										
	销售部门	5										
	化验室	3										
	仓储部门	2										
	供汽车间	2										
	机修车间	4										
	合　计											

答案：

应付职工薪酬合计 341 778 元，实付职工薪酬合计 264 042.95 元。

借：基本生产成本——硬糖　　　　　　　141 314.28
　　　　　　　　——软糖　　　　　　　151 884.80
　　辅助生产成本——供汽车间（人工费）　12 508.16
　　　　　　　　——机修车间（人工费）　18 036.32
　　制造费用——化糖车间（人工费）　　　5 360.64
　　　　　　——熬糖车间（人工费）　　　5 360.64
　　　　　　——包装车间（人工费）　　　5 221.04
　　管理费用——人工费　　　　　　　　97 091.80
　　销售费用——人工费　　　　　　　　40 344.40
　贷：应付职工薪酬——工资　　　　　　　　　　341 778
　　　　　　　　——养老保险　　　　　　　　68 355.60
　　　　　　　　——医疗保险　　　　　　　　6 835.56
　　　　　　　　——失业保险　　　　　　　　1 708.89
　　　　　　　　——工伤保险　　　　　　　　2 734.22
　　　　　　　　——生育保险　　　　　　　　2 734.22
　　　　　　　　——住房公积金　　　　　　　41 013.36
　　　　　　　　——工会经费　　　　　　　　6 835.56
　　　　　　　　——职工教育经费　　　　　　5 126.67

完成工作任务评价

一、完成项目会计主体的工作任务

根据项目资讯资料完成项目人工费用的归集与分配的工作任务。

二、分享完成工作任务的收获

根据完成工作任务情况,结合教师及同学的评价,与教师及同学们分享收获。

任务4 归集与分配其他各项费用

工作程序

第一,了解企业的其他费用内容;
第二,归集职工薪酬费用;
第三,分配职工薪酬费用。

知识应用

一、固定资产折旧费用的归集与分配

1. 固定资产折旧业务处理流程

固定资产在长期使用的过程中保持实物形态不变,但其价值随着固定资产的损耗而逐渐减少,这些损耗有些是有形的,有些是无形的。固定资产由于使用和自然力的作用所发生的损耗,称为有形损耗;固定资产由于社会生产力水平和劳动效率的提高使同种固定资产发生贬值或由于科学技术进步迫使旧固定资产降级使用或提前报废所发生的损耗,称为无形损耗。这部分由于损耗而减少的价值就是固定资产折旧。

了解固定资产折旧的范围,即分清哪些固定资产应计提折旧,哪些固定资产不应计提折旧。根据《企业会计准则——固定资产》的规定,企业应对所有的固定资产计提折旧,但已提足折旧仍继续使用的固定资产和单独计价作为固定资产入账的土地除外。

在确定固定资产折旧范围时,还应注意以下几点:

① 按月计提折旧,即以固定资产月初数为基础计提。当月增加的固定资产,当月不计提折旧,从下月起计提折旧;当月减少的固定资产,当月仍计提折旧,从下月起不计提折旧。

② 固定资产提足折旧后,不论能否继续使用,均不再提取折旧;提前报废的固定资产,也不再补提折旧。所谓提足折旧,是指已经提足该项固定资产的应计折旧额。

③ 已达到预定可使用状态的固定资产但尚未办理竣工结算的,应当按照估计价值确定其成本,并计提折旧;待办理竣工结算后,再按照实际成本调整原来的暂估价值,但不需要调整原已计提的折旧额。

④ 固定资产在定期大修理间断期间,照提折旧。

固定资产计提折旧业务流程如图3-7所示。

2. 固定资产折旧费用归集的核算

企业应当根据与固定资产有关的经济利益的预期实现方式合理选择折旧方法。可选用的折旧方法包括年限平均法、工作量法、双倍余额递减法和年数总和法。为了保证不同时期的成本费用数据具有可对比性,企业选择的折旧方法、折旧率和预计净残值一经确定,不得随便变动,避免人为调节各月成本费用。固定资产折旧计算明细表见表3-33。

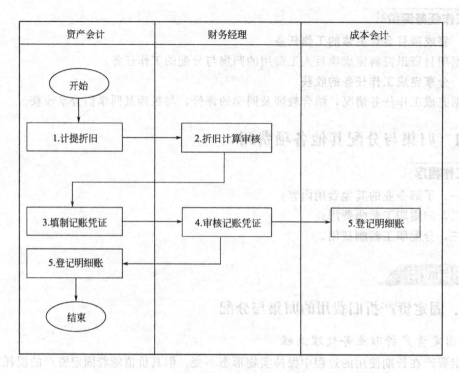

图 3-7 固定资产计提折旧业务流程图

注：1. 资产会计依据固定资产折旧政策计提固定资产折旧，并编制固定资产折旧计算表。
2. 财务经理审核折旧计算是否符合固定资产政策和会计准则的相关规定；审核折旧项目是否全面，计算结果是否正确；审核正确后签字盖章。
3. 资产会计根据审核无误的固定资产折旧计算表编制记账凭证。
4. 财务经理审核记账凭证内容是否正确，项目是否齐全，审核无误后签字盖章。
5. 各岗位会计根据审核无误的会计凭证登记明细账。

表 3-33　固定资产折旧计算明细表
201×年 2 月

固定资产类别	月折旧率（年限平均法）/‰	上月折旧额/元	上月增加固定资产原值/元	上月减少固定资产原值/元	本月折旧额/元
房屋建筑物	2	78 000	800 000		79 600
机器设备	4	12 000		200 000	11 200
运输设备	4	9 000			9 000
其他	5	8 000			8 000
合　计	—	107 000	800 000	200 000	107 800

3. 固定资产折旧费用分配的核算

企业的固定资产种类多，分配工作比较复杂。为了简化成本计算工作，企业按照固定资产的使用车间和使用部门进行汇总，计入"制造费用""管理费用""销售费用"等账户的借方，折旧总额计入"累计折旧"账户的贷方。折旧费用分配表是通过编制"固定资产折旧费用分配表"（表 3-34）进行的，根据分配表编制会计分录。

表 3-34　固定资产折旧费用分配表

201×年 2 月

部门	应借科目	本月计提折旧额/元
基本生产车间	制造费用	54 000
辅助生产车间	辅助生产成本	20 000
行政管理部门	管理费用	25 000
销售部门	销售费用	8 800
合　计	—	107 800

借：辅助生产成本　　20 000
　　制造费用　　　　54 000
　　管理费用　　　　25 000
　　销售费用　　　　 8 000
　　贷：累计折旧　　　　　107 800

二、固定资产修理费用的核算

与固定资产有关的修理费用等后续支出，不符合固定资产确认条件的，应当根据不同情况分别在发生时计入当期管理费用或销售费用。一般情况下，固定资产投入使用之后，由于固定资产各组成部分磨损状况、耐用程度不同，可能导致固定资产的局部损坏。为了维护固定资产的正常运转，充分发挥其使用效能，企业会对固定资产进行必要的维护。固定资产的日常维修费用支出只是确保固定资产的正常工作，一般不产生未来的经济利益。因此，通常不符合固定资产的确认条件，在发生时直接计入当期损益。企业生产车间（部门）和行政管理部门等发生的固定资产修理费用等后续支出，记入"管理费用"；企业专设销售机构的，其发生的与专设销售机构相关的固定资产修理费用等后续支出，记入"销售费用"。

【案例 3-16】　某企业以银行存款支付本月发生的固定资产日常修理费共计 4 600 元，其中：生产车间 3 000 元，行政管理部门 1 000 元，专设销售机构 600 元。编制如下会计分录：

借：管理费用　　4 000
　　销售费用　　　 600
　　贷：银行存款　　4 600

三、利息费用、税金和其他费用的核算

1. 利息费用的核算

企业要素费用中的利息费用，不属于产品成本的组成部分，而属于期间费用中的财务费用。每月计算利息费用时，借记"财务费用"账户，贷记"应付利息"账户；季末实际支付利息费用时，借记"应付利息"账户，贷记"银行存款"账户。

2. 税金的核算

企业要素费用中的税金，不属于产品成本的组成部分，而属于当期损益的"税金及附加"，如印花税、房产税、车船税、土地使用税等。

对于需要预先计提应交金额，然后交纳的税金，如印花税、房产税、车船税、土地使用税等，在计提应交税金时，借记"税金及附加"账户，贷记"应交税费"账户；在交纳税金时，借记"应交税费"账户，贷记"银行存款"等账户。

3. 其他费用的核算

企业要素费用中的其他费用，是指上述各项要素费用以外的其他费用支出，包括修理费、差旅费、邮电费、保险费、劳动保护费、运输费、办公费、水电费、技术转让费、租赁费、排污费、业务招待费、午餐补助费等。这些费用在发生时，按照发生的车间、部门和用途，分别借记"辅助生产成本""制造费用""管理费用""销售费用"等账户，贷记"银行存款"或"库存现金"账户。

【案例3-17】 某企业以银行存款支付本月发生的办公费、运输费、邮电费、业务招待费等共计20 000元，其中：基本生产车间16 000元，辅助生产车间2 000元，管理部门1 400元，销售部门600元。为了简化核算，根据付款凭证汇总数，编制如下会计分录（不考虑相关税费）：

借：制造费用　　　　　　　16 000
　　辅助生产成本　　　　　 2 000
　　管理费用　　　　　　　 1 400
　　销售费用　　　　　　　　 600
贷：银行存款　　　　　　　200 000

项目实战 4

资讯：

盘锦兴隆糖果有限责任公司2017年9月其他费用资料如下：

① 盘锦兴隆糖果有限责任公司主要生产设备如下，化糖车间有化糖锅2台，用于异麦芽糖醇、木糖醇、聚葡萄糖等原料的溶解；暂存锅2台，用于存放糖浆；熬糖车间有连续真空薄膜熬糖机1台、浇注成型机1台，用于真空熬糖、浇注，有混合器一台，用于原料混合搅拌；包装车间有枕式包装机2台，用于糖果的包装。企业固定资产分类计提折旧采用年限平均法计提折旧。2017年9月固定资产折旧计算表如表3-35所示。

表3-35　固定资产折旧计算表
2017年9月

项　目		固定资产原值/万元	折旧率	折旧额/元
化糖车间	房屋及建筑物	25	0.3%	
	经营用设备	11	0.4%	
	小计	36	—	
熬糖浇注成型车间	房屋及建筑物	25	0.3%	
	经营用设备	24	0.4%	
	小计	49	—	
包装车间	房屋及建筑物	25	0.3%	
	经营用设备	5	0.4%	
	小计	30	—	
供汽车间	房屋及建筑物	10	0.3%	
	经营用设备	7	0.4%	
	小计	17	—	

续表

项目		固定资产原值/万元	折旧率	折旧额/元
机修车间	房屋及建筑物	12	0.3%	
	经营用设备	6	0.4%	
	小计	18	—	
管理部门	房屋及建筑物	20	0.3%	
	经营用设备	15	0.4%	
	小计	35	—	
销售部门	房屋及建筑物	10	0.3%	
	经营用设备	4	0.4%	
	小计	14	—	
合计		199		

会计主管：　　　复核：　　　记账：　　　制单：

② 企业 9 月份用水 5 583 吨，每吨 2.80 元，收到增值税专用发票抵扣联和发票联，增值税率为 11%，开出转账支票一张。本月各部门用水情况如表 3-36 所示。

表 3-36　企业用水汇总表

2017 年 9 月

部门		生产用水/吨	其他用水/吨
化糖车间	硬糖	270	225
	软糖	270	
熬糖车间	硬糖	244	230
	软糖	244	
包装车间			220
供汽车间			3 180
机修车间			200
销售部门			150
管理等部门			350
合计		1 028	4 555

③ 本月各受益部门摊销企业年初支付的财产保险费 19 440 元，报刊费 3 240 元。见表 3-37。

表 3-37　保险、报刊费用分配表

2017 年 9 月

单位：元

项目	财产保险费	报刊费	合计
化糖车间	180	30	210
熬糖车间	180	30	210
包装车间	180	30	210
供汽车间	180	30	210
机修车间	180	30	210

续表

项目	财产保险费	报刊费	合计
管理部门	180	30	210
化验室	180	30	210
销售部门	180	30	210
仓储部门	180	30	210

④ 化糖车间、熬糖车间、包装车间、供汽车间、机修车间本月领用周转材料如表3-38～表3-45所示。

表3-38 领料单（一）

领料部门：化糖车间　　　开票日期：2017年9月2日　　　字第001

材料编号	材料名称	规格	单位	请领数量	实发数量	单价/元	金额/元
010101	劳保服		套	16	16	300.00	4 800.00

用途	一般消耗	领料部门		发料部门	
		负责人	领料人	核准人	发料人
		张玉	佟强	毛鑫	朱海

表3-39 领料单（二）

领料部门：熬糖车间　　　开票日期：2017年9月2日　　　字第002

材料编号	材料名称	规格	单位	请领数量	实发数量	单价/元	金额/元
010101	劳保服		套	25	25	300.00	7 500.00

用途	一般消耗	领料部门		发料部门	
		负责人	领料人	核准人	发料人
		李强	陈诚	毛鑫	朱海

表3-40 领料单（三）

领料部门：包装车间　　　开票日期：2017年9月2日　　　字第003

材料编号	材料名称	规格	单位	请领数量	实发数量	单价/元	金额/元
010101	劳保服		套	18	18	300.00	5 400.00

用途	一般消耗	领料部门		发料部门	
		负责人	领料人	核准人	发料人
		杨倩	王东	毛鑫	朱海

表3-41 领料单（四）

领料部门：化糖车间　　　开票日期：2017年9月14日　　　字第007

材料编号	材料名称	规格	单位	请领数量	实发数量	单价/元	金额/元
010102	专用工具		把	5	5	150.00	750.00

用途	一般消耗	领料部门		发料部门	
		负责人	领料人	核准人	发料人
		张玉	佟强	毛鑫	朱海

表 3-42 领料单（五）

领料部门：熬糖车间　　开票日期：2017 年 9 月 14 日　　字第 008

材料编号	材料名称	规格	单位	请领数量	实发数量	单价/元	金额/元
010102	专用工具		把	5	5	150.00	750.00

用途	一般消耗	领料部门		发料部门	
		负责人	领料人	核准人	发料人
		李强	陈诚	毛鑫	朱海

表 3-43 领料单（六）

领料部门：包装车间　　开票日期：2017 年 9 月 14 日　　字第 009

材料编号	材料名称	规格	单位	请领数量	实发数量	单价/元	金额/元
010102	专用工具		把	5	5	150.00	750.00

用途	一般消耗	领料部门		发料部门	
		负责人	领料人	核准人	发料人
		杨倩	王东	毛鑫	朱海

表 3-44 领料单（七）

领料部门：供汽车间　　开票日期：2017 年 9 月 16 日　　字第 012

材料编号	材料名称	规格	单位	请领数量	实发数量	单价/元	金额/元
010101	劳保服		套	2	2	300.00	600.00
010102	专用工具		把	5	5	150.00	750.00

用途	一般消耗	领料部门		发料部门	
		负责人	领料人	核准人	发料人
		吴磊	胡东	毛鑫	朱海

表 3-45 领料单（八）

领料部门：机修车间　　开票日期：2017 年 9 月 16 日　　字第 013

材料编号	材料名称	规格	单位	请领数量	实发数量	单价/元	金额/元
010101	劳保服		套	4	4	300.00	1 200.00
010102	专用工具		把	6	6	150.00	900.00

用途	一般消耗	领料部门		发料部门	
		负责人	领料人	核准人	发料人
		于伟	姚齐	毛鑫	朱海

⑤ 厂部购买办公用品，公司分配如表 3-46 所示。

表 3-46 办公费用分配表
2017 年 9 月

部门	办公用品名称	金额/元
化糖车间	打印纸、墨、笔	200
熬糖车间	打印纸、墨、笔	200
包装车间	打印纸、墨、笔	200
供汽车间	打印纸、墨、笔	200
机修车间	打印纸、墨、笔	200
管理部门	打印纸、墨、笔	200
化验室	打印纸、墨、笔	200
销售部门	打印纸、墨、笔	200
仓储部门	打印纸、墨、笔	200
合计		1 800

任务：
根据资讯资料，完成盘锦兴隆糖果有限责任公司2017年9月相关业务的处理。
答案：本月企业房屋建筑物计提折旧 3 810 元，经营设备计提折旧 2 880 元。

完成工作任务评价

一、完成项目会计主体的工作任务

根据项目资讯资料完成项目其他费用归集与分配的工作任务。

二、分享完成工作任务的收获

根据完成工作任务情况，结合教师及同学的评价，与教师及同学们分享收获。

◆ 要素费用小结 ◆

生产费用按照经济内容分类，可划分为若干要素费用，每一项要素费用发生后，应采用一定的方法按经济用途分别归属到相应的成本、费用项目中去。

企业在生产过程中耗用的各项材料，应按照耗用材料的不同用途进行归类，并据以记入"基本生产成本""辅助生产成本""制造费用"或期间费用类账户。生产中耗用的材料费用，按照产品耗用材料的具体方式不同，又分为直接耗用材料和共同耗用材料两种。直接耗用材料可以直接汇总并记入有关成本费用账户；共同耗用材料，则应按照产品的重量、体积等标准分配记入有关成本费用账户。在材料消耗定额比较准确的情况下，通常采用的是材料定额消耗量比例法和材料定额费用比例法。

外购动力费用的分配，是指根据外购动力的用途，归入不同账户的过程。在有仪表记录的情况下，应根据仪表所显示的耗用量，以及动力的单价计算；在没有仪表记录的情况下，可以按照生产工时比例、机器工时比例或定额耗用量等标准进行分配。

企业可根据具体情况采用各种不同的工资制度，其中，最基本的工资制度是计时工资制度和计件工资制度。会计部门根据计算出的职工工资，按用途和发生部门进行归集和分配。同时，企业还应按全部职工工资总额的一定比例计提职工福利费、社会保险、住房公积金、工会经费和职工教育经费。

其他要素费用，是指除上述外购材料、燃料、动力、职工薪酬等要素费用之外的其他要素费用，包括折旧费、修理费用、利息费用、税金及其他费用。

企业的各种要素费用经过分配，按照费用的用途分别记入"基本生产成本""辅助生产成本""制造费用""销售费用""管理费用""财务费用"和"在建工程"等账户的借方。

岗位技能拓展训练 1（要素费用实训）

一、单项选择题

1. 下列关于生产成本和要素费用的说法中，正确的是（　　）。
   A. 要素费用全部费用记入当期损益　　B. 生产成本全部费用记入当期损益
   C. 要素费用包括生产成本和期间费用　D. 生产成本包括要素费用和期间费用
2. 关于材料费用的分配，下列说法不正确的是（　　）。
   A. 生产车间发生的材料费用记入"基本生产成本"科目
   B. 生产车间一般耗用的材料费用记入"制造费用"科目
   C. 企业行政管理部门发生的材料费用记入"制造费用"科目
   D. 企业专设销售机构耗用的材料费用记入"销售费用"科目
3. 间接材料费用的分配方法不包括（　　）。
   A. 定额耗用量分配法　　　　　　　B. 材料定额成本分配法
   C. 产品产量比例分配法　　　　　　D. 生产工时比例分配法
4. 甲、乙两种产品共同耗费的燃料费用为 6 000 元，按燃料定额消耗量比例分配。甲、乙产品的定额消耗量分别为 200 千克和 300 千克。据此计算的燃料费用分配率为（　　）。
   A. 12　　　　B. 20　　　　C. 30　　　　D. 60
5. 下列项目不应列入工资总额的项目是（　　）。
   A. 计时工资　　　　　　　　　　　B. 计件工资
   C. 医疗保险和劳动保险　　　　　　D. 病假期间支付的工资
6. 为了既正确又简便地分配外购动力费用，在支付动力费用时，应借记（　　）科目，贷记"银行存款"等科目。
   A. 成本、费用等　B. 应收账款　　C. 应付账款　　　D. 其他应付款
7. 下列单据中，不应作为记录材料消耗定额数量原始凭据的有（　　）。
   A. 领料单　　　B. 限额领料单　C. 退料单　　　　D. 账存实存对比单
8. 不得计入生产成本的费用是（　　）。
   A. 车间厂房折旧费　　　　　　　　B. 车间机物料消耗
   C. 营业税金及附加　　　　　　　　D. 有助于产品形成的辅助材料
9. 企业分配薪酬费用时，基本生产车间管理人员的薪酬，应借记（　　）。
   A. 基本生产成本　B. 制造费用　　C. 辅助生产成本　D. 管理费用
10. 生产费用要素中的职工薪酬费用支付时应借记（　　）。
    A. 基本生产成本　　　　　　　　　B. 应付职工薪酬
    C. 制造费用　　　　　　　　　　　D. 银行存款

二、多项选择题

1. 计入产品成本的各种材料费用，按其用途分配，应计入（　　）科目的借方。
   A. 辅助生产成本　B. 在建工程　　C. 制造费用　　　D. 基本生产成本
2. 原料及主要材料的费用可以按（　　）比例进行分配。
   A. 产品生产工时比例　　　　　　　B. 产品体积比例
   C. 定额消耗量比例　　　　　　　　D. 定额费用比例
3. 在按 21.75 天计算日工资率的企业中，节假日工资的计算方法是（　　）。
   A. 节假日作为出勤日计发工资　　　B. 节假日不计发工资

C. 缺勤期间的节假日不扣发工资　　　D. 缺勤期间的节假日扣发工资
4. 采用实际成本计价组织材料核算时，消耗材料价格确定的方法有（　　）
  A. 先进先出法　　B. 加权平均法　　C. 移动加权平均法　　D. 个别认定法
5. "直接人工费用"成本项目包括的内容主要有（　　）
  A. 产品生产工人的计时工资和计件工资　　B. 产品生产工人的奖金、津贴和补贴
  C. 产品生产工人的加班工资　　D. 产品生产工人的非工作时间的工资
6. 下列关于生产成本与要素费用的说法中，正确的有（　　）。
  A. 二者包括的内容完全一致　　B. 要素费用的范围比生产成本大
  C. 二者均与一定数量、种类的产品相关　　D. 要素费用既包括生产成本，也包括期间费用
7. 下列项目应列入工资总额的有（　　）。
  A. 补贴和津贴　　B. 经常性的奖金　　C. 创造发明奖金　　D. 离退休人员的工资
8. 下列关于集体计件工资的说法中，正确的是（　　）。
  A. 如果集体内部工人技术等级相差较大，就按照集体内工人计时工资比例来分配
  B. 如果集体内部工人技术等级相差较小，就按照集体内工人计时工资比例来分配
  C. 如果集体内部工人技术等级相差较大，就按照集体内工人工作天数比例来分配
  D. 如果集体内部工人技术等级相差较小，就按照集体内工人工作天数比例来分配
9. 关于工人工资费用的分配，下列说法错误的有（　　）。
  A. 工程人员的工资记入"在建工程"科目
  B. 销售机构人员的工资记入已销售商品的成本中
  C. 生产车间人员的工资全部记入"基本生产成本"科目
  D. 企业行政管理人员的工资记入"管理费用"科目
10. 下列各项中应计入产品成本的费用有（　　）。
  A. 车间生产工人的工资　　B. 车间管理人员的工资
  C. 专设销售机构人员的工资　　D. 企业管理部门人员的工资

三、判断题

1. 在计算计件工资时，只考虑工人生产的合格品数量，不考虑废品数量。（　　）
2. 在任何情况下，本月实发工资都等于本月应发工资。（　　）
3. 采用实地盘存制，能够准确地确定消耗材料的数量。（　　）
4. 采用计划成本计价组织材料的核算时，消耗材料也应按计划成本计价。（　　）
5. 原材料和燃料费用的分配，较多地采用生产工时分配法或机器工时分配法。（　　）
6. 定额耗用量比例分配法的分配标准是单位产品的消耗定额。（　　）
7. 产品生产工人的工资和其他薪酬，可以合并计入"直接人工"成本项目。（　　）
8. 职工薪酬费用并不都是计入产品成本或管理费用的。（　　）
9. 每月按照30天计算日工资率时缺勤期间的节假日、星期天不算缺勤，不扣工资。
（　　）
10. 无论是计时工资形式还是计件工资形式，人工费用的分配处理相同。（　　）

四、岗位实训

1. 资料

（1）某企业2月份基本生产车间生产甲、乙两种产品，共同耗用某种材料的计划成本为10 500元，本月材料成本差异率为-1%，单件产品原材料消耗定额为甲产品每件15千克，乙产品每件12千克，本月产品产量为甲产品100件，乙产品50件。

要求：按定额耗用量比例分配计算甲、乙产品耗用的原材料费用；编制分配原材料费用

的会计分录。

(2) 某企业 3 月份生产甲、乙两种产品，共同领用 A、B 两种材料，合计 34 464 元。本月生产甲产品 60 件，乙产品 50 件。甲产品材料消耗定额为：A 材料 8 千克，B 材料 6 千克；乙产品材料消耗定额为：A 材料 5 千克，B 材料 4 千克。A 材料单价 12 元，B 材料单价 10 元。用定额费用比例分配法计算甲、乙两种产品应分配的材料费用。

要求：按定额费用比例分配计算甲、乙产品耗用的原材料费用；编制分配原材料费用的会计分录。

(3) 某公司每月 20 日支付电费。4 月份耗用外购电力共 60 000 千瓦·时，每千瓦·时电成本为 1 元。其中基本生产车间生产甲、乙两种产品耗电 40 000 千瓦·时，锅炉车间耗电 9 000 千瓦·时，机修车间耗电 6 000 千瓦·时，基本生产车间照明用电 3 000 千瓦·时，公司管理部门用电 2 000 千瓦·时。该公司对产品生产用电按机器功率时数在两产品之间进行分配，甲、乙两种产品的机器功率时数分别为 4 000 小时和 6 000 小时。

要求：根据上述资料分配外购电力费用，并编制支付电费及外购电力分配的会计分录。

(4) 某工厂工人小张的月工资标准为 2 400 元，5 月份 31 天，事假 5 天，病假 3 天，双休 8 天，出勤 15 天。根据该工人的工龄，其病假工资按工资标准的 80% 计算。其病假和事假期间没有节假日。

要求：分别按 30 天和 21.75 天按出勤日计算该工人 5 月份的标准工资。

(5) 某企业有一生产小组，7 月份生产甲产品 400 件，每件计件单价为 20 元。该小组共有职工 4 人，每位职工的小时工资率分别为：甲 6 元、乙 7 元、丙 8 元、丁 9 元。本月每位职工的工作时间分别为：甲 100 小时、乙 90 小时、丙 80 小时、丁 70 小时。

要求：根据上述资料，计算该生产小组本月应得计件工资，并按照计时工资的比例分配该生产小组每位职工本月计件工资，编制该小组本月计件工资分配表。

工资分配表　　　　　　　　　　　　　　　　　　　　　　金额单位：元

职工姓名	小时工资率	实际工时	计时工资	分配率	计件工资
甲					
乙					
丙					
丁					
合　计					

2. 答案

(1) 甲产品分配材料费用 7 425 元，乙产品分配材料费用 2 970 元。

(2) 甲产品分配材料费用 22 464 元，乙产品分配材料费用 12 000 元。

(3) 甲产品分配电费 16 000 元，乙产品分配电费 24 000 元。

(4) 按 30 天计算小张的工资为 2 032 元；按 21.75 天计算小张的工资为 1 919.92 元。

(5) 甲工资 1 920 元；乙工资 2 016 元；丙工资 2 048 元，丁工资 2 016 元。

工作任务三　归集与分配综合费用

情境

盘锦兴隆糖果有限责任公司为了加强成本核算，财务部门专门设置了成本会计岗位，除了核算生产经营过程中所发生的直接材料费用、直接人工费用以外，还要尽快解决各车间、各部门所发生的综合费用的分配问题：辅助生产车间的成本费用如何归集和分配？各车间的间接费用如何归集和分配？各车间发生的废品损失、停工损失等损失性费用如何处理？

任务1　归集与分配辅助生产费用；
任务2　归集与分配制造费费用；
任务3　归集与分配损失性费用。

任务1　归集与分配辅助生产费用

工作程序

第一，熟悉辅助生产费用的基本知识；
第二，归集辅助生产费用；
第三，分配辅助生产费用。

知识应用

辅助生产是指为基本生产车间、企业行政管理部门等单位服务而进行的产品生产和劳务供应。其中有的只生产一种产品或提供一种劳务，如供电、供水、供汽、供风、运输等辅助生产；有的则生产多种产品或提供多种劳务，如从事工具、模具、修理用备件的制造，以及机器设备的修理等辅助生产。辅助生产提供的产品和劳务，有时也对外销售，但主要是为本企业服务。辅助生产产品和劳务成本的高低，会影响企业产品成本和期间费用的水平，因此，正确、及时地组织辅助生产费用的核算，加强对辅助生产费用的监督，对于正确计算产品成本和各项期间费用，以及节约支出、降低成本有着重要的意义。辅助生产费用业务核算流程如图3-8所示。

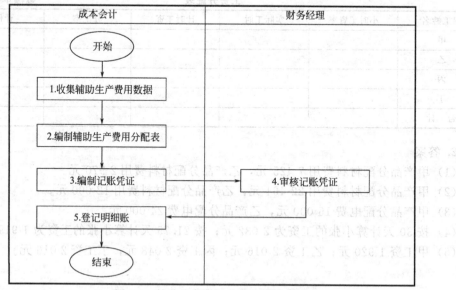

图3-8　辅助生产费用业务核算流程图

注：1. 成本会计依据生产车间、仓库等业务部门传递过来的审核无误的原始凭证，归集辅助生产费用。
2. 按照各受益部门接受的劳务数量，选择正确的辅助生产费用分配方法，编制辅助生产费用分配表。
3. 成本会计根据辅助生产费用分配表编制记账凭证。
4. 财务经理审核记账凭证的内容是否正确、项目是否齐全，并签字盖章。
5. 成本会计登记辅助生产费用、基本生产成本、制造费用等账户明细账。

一、辅助生产费用归集的核算

辅助生产费用的归集和分配是通过"辅助生产成本"科目进行的。"辅助生产成本"科目一般应按车间以及产品或劳务的种类设置明细账,账内按照成本项目设置专栏,进行明细核算。对于直接用于辅助生产产品或提供劳务的费用,应记入"辅助生产成本"科目的借方;辅助生产车间发生的制造费用,则先记入"制造费用——辅助生产车间"科目的借方,然后从"制造费用——辅助生产车间"科目的贷方直接转入或分配转入"辅助生产成本"科目及其明细账的借方。辅助生产完工产品或劳务的成本,经过分配以后从"辅助生产成本"科目的贷方转出,期末如有借方余额则为辅助生产的在产品成本。

有的企业辅助生产车间规模较小,发生的辅助生产费用较少,辅助生产也不对外销售产品或提供劳务,不需要按照规定的成本项目计算辅助生产的成本。为了简化核算工作,辅助生产车间的制造费用可以不单独设置"制造费用"明细账,即不通过"制造费用"科目进行核算,而直接记入"辅助生产成本"科目及其明细账的借方。这时,"辅助生产成本"明细账就是按照成本项目与费用项目相结合设置专栏,而不是按成本项目设置专栏。

二、辅助生产费用分配的核算

在辅助生产费用的分配中,由于辅助生产车间所生产的产品和劳务的种类不同,费用转出、分配的程序也有所不同。所提供的产品,如工具、模具和修理用备件等产品成本,应在产品完工时,从"辅助生产成本"科目的贷方分别转入"周转材料——低值易耗品"和"原材料"科目借方;而提供的劳务作业,如供水、供电、供汽、修理和运输等所发生的费用,则要在各受益单位之间按照所耗数量或其他比例进行分配后,从"辅助生产成本"科目的贷方转入"基本生产成本""制造费用""管理费用""销售费用"等科目的借方。辅助生产费用的分配是通过编制辅助生产费用分配表进行的。

如果企业设有两个或两个以上辅助生产车间,除了对基本生产车间、行政管理等部门提供产品或劳务外,各辅助生产车间之间也会互相提供产品和劳务,比如供电车间向供水车间提供电,供水车间向供电车间提供水。从而产生了辅助生产费用如何在辅助生产车间内部分配(对内分配),以及如何在辅助生产车间之外进行分配(对外分配)的问题。

辅助生产费用的分配,通常采用直接分配法、交互分配法、代数分配法和计划成本分配法、顺序分配法。

(一)直接分配法

直接分配法,是指将各辅助生产车间本月发生的费用,只在辅助生产车间之外的企业各个受益部门进行分配,而不考虑辅助生产车间之间相互提供产品或劳务的情况。简而言之,辅助生产费用只对外分配,不对内分配。具体计算公式如下:

$$辅助生产费用分配率 = \frac{待分配的辅助生产费用}{辅助生产车间以外各受益单位耗用的产品或劳务总量}$$

$$各受益单位应分配辅助生产费用 = 该受益单位耗用的产品或劳务数量 \times 辅助生产费用分配率$$

【案例 3-18】 长安工厂设有供电和修理两个辅助生产车间。201×年3月,供电车间发生的待分配费用为 56 100 元,修理车间发生的待分配费用为 40 000 元,两个车间本月提供的劳务量见表 3-47。

表3-47 供电、修理车间本月提供劳务汇总表
201×年3月

受益对象	供电数量/千瓦·时	修理工时/小时
供电车间		600
修理车间	3 000	
甲产品	20 000	
乙产品	25 000	
基本生产车间一般消耗	4 000	3 400
行政管理部门	2 000	600
合　计	54 000	4 600

供电车间电力费用分配率＝56 100÷(54 000－3 000)＝1.10［元/(千瓦·时)］
修理车间工时费用分配率＝40 000÷(4 600－600)＝10（元/小时）
采用直接分配法分配辅助生产费用如表3-48所示。

表3-48 辅助生产费用分配表
（直接分配法）

项　目			供电车间	修理车间	合　计
待分配辅助生产费用/元			56 100	40 000	96 100
对外提供劳务数量			51 000千瓦·时	4 000小时	—
费用分配率（单位成本）			1.10元/(千瓦·时)	10元/小时	—
基本生产车间	甲产品	耗用数量	20 000千瓦·时	—	—
		分配金额/元	22 000		22 000
	乙产品	耗用数量	25 000千瓦·时	—	—
		分配金额/元	27 500		27 500
	金额合计/元		49 500		49 500
基本生产车间一般消耗		耗用数量	4 000千瓦·时	3 400小时	—
		分配金额/元	4 400	34 000	38 400
行政管理部门		耗用数量	2 000千瓦·时	600小时	—
		分配金额/元	2 200	6 000	8 200
合计/元			56 100	40 000	96 100

根据辅助生产费用分配表，作会计分录如下：
借：基本生产成本——甲产品　　22 000
　　　　　　　　　——乙产品　　27 500
　　制造费用　　　　　　　　　38 400
　　管理费用　　　　　　　　　 8 200
　贷：辅助生产成本——供电车间　56 100
　　　　　　　　　 ——修理车间　40 000

采用直接分配法，由于各辅助生产车间只对辅助生产以外受益部门分配，计算工作简便，但分配结果不够准确，具有较大差误。因此直接分配法一般只适宜在辅助生产车间内部相互提供劳务不多、对辅助生产成本和企业产品影响不大的情况下采用。

（二）交互分配法

交互分配法，是对各辅助生产车间的成本费用进行两次分配。首先，根据各辅助生产车

间、部门相互提供的产品或劳务的数量和交互分配前的单位成本（费用分配率），在各辅助生产车间之间进行一次交互分配；然后，将各辅助生产车间、部门交互分配后的实际费用（交互分配前的费用加上交互分配转入的费用，减去交互分配转出的费用），再按提供产品或劳务的数量和交互分配后的单位成本（费用分配率），在辅助生产车间、部门以外的各受益单位之间进行分配。具体计算公式如下：

1. 交互分配（对内分配）

$$辅助生产车间交互分配率 = \frac{待分配费用总额}{提供劳务总量}$$

$$某辅助生产车间应负担其他辅助生产费用 = 该辅助生产车间耗用其他辅助生产车间劳务量 \times 交互分配率$$

2. 直接分配（对外分配）

$$辅助生产车间对外分配率 = \frac{待分配费用 + 交互分配转入的费用 - 交互分配转出的费用}{对外提供劳务总量}$$

$$某受益对象应负担辅助生产费用 = 该受益对象耗用劳务数量 \times 对外分配率$$

【案例 3-19】 沿用【案例 3-18】资料，编制交互分配法的"辅助生产费用分配表"，如表 3-49 所示。

表 3-49 辅助生产费用分配表
（交互分配法）

项目		交互分配			对外分配		
辅助生产车间		供电车间	修理车间	合计	供电车间	修理车间	合计
待分配费用/元		56 100	40 000	96 100	58 200.72	37 899.28	96 100
劳务数量		54 000 千瓦·时	4 600 小时	—	51 000 千瓦·时	4 000 小时	—
费用分配率（单位成本）		1.038 9 元/（千瓦·时）	8.695 7 元/小时	—	1.141 2 元/（千瓦·时）	9.474 8 元/小时	—
辅助生产车间	供电车间 耗用数量/小时		600	600			
	供电车间 分配金额/元		5 217.42	5 217.42			
	修理车间 耗用数量	3 000 千瓦·时		3 000 千瓦·时			
	修理车间 分配金额/元	3 116.70		3 116.70			
	金额小计/元	3 116.70	5 217.42	8 334.12			
基本生产车间	甲产品 耗用数量/千瓦·时				20 000		20 000
	甲产品 分配金额/元				22 824		22 824
	乙产品 耗用数量/千瓦·时				25 000		25 000
	乙产品 分配金额/元				28 530		28 530
	金额小计/元				51 354		51 354
基本生产车间一般消耗	耗用数量				4 000 千瓦·时	3 400 小时	—
	分配金额/元				4 564.8	32 214.32	36 779.12
行政管理部门	耗用数量				2 000 千瓦·时	600 小时	—
	分配金额/元				2 281.92	5 684.96	7 966.88
分配金额合计/元					58 200.72	37 899.28	96 100

注：费用分配率计算到小数点后四位数，尾差计入末项"管理费用"。

表中对外分配金额计算过程为：
供电车间：56 100＋5 217.42－3 116.70＝58 200.72（元）
修理车间：40 000＋3 116.70－5 217.42＝37 899.28（元）
对外分配的劳务数量计算过程为：
供电车间：54 000－3 000＝51 000（千瓦·时）
修理车间：4 600－600＝4 000（小时）
根据表 3-49 编制会计分录：
（1）交互分配会计分录
借：辅助生产成本——供电车间　5 217.42
　　　　　　　　——修理车间　3 116.70
　贷：辅助生产成本——修理车间　3 116.70
　　　　　　　　——供电车间　5 217.42
（2）对外分配会计分录
借：基本生产成本——甲产品　22 824
　　　　　　　　——乙产品　28 530
　　制造费用　　　　　　　36 779.12
　　管理费用　　　　　　　7 966.88
　贷：辅助生产成本——供电车间　58 200.72
　　　　　　　　——修理车间　37 899.28

交互分配法在辅助生产车间内部将其相互提供的产品或劳务全面地进行了一次相互分配，基本上反映了辅助生产车间之间相互提供产品或劳务的关系，从而提高了分配结果的正确性。但该方法要经过两次分配，增加了计算的工作量。况且，由于这种方法采用实际分配率，即以实际单位成本进行分配，就会将辅助生产费用的节约或超支的差异一并转入基本生产费用中去，从而不利于对基本生产车间的业绩进行评价和考核。该方法适用于各辅助生产车间之间相互提供产品或劳务较多，而提供的数量却不平衡的企业。

岗位训练

1．资料
某企业设有供水、供电两个辅助生产车间，采用交互分配法分配辅助生产费用，相关数据如下：

辅助生产成本——供水车间		辅助生产成本——供电车间	
6 500	500（转给供电车间）	11 700	700（转给供水车间）

要求：根据账户数据计算两个辅助车间的对外分配费用。

2．答案
供水车间对外分配费用＝6 500－500＋700＝6 700（元）
供电车间对外分配费用＝11 700－700＋500＝11 500（元）

（三）代数分配法

代数分配法，是指运用代数中解联立方程的原理，计算辅助生产产品或劳务的单位成本，再根据各受益对象耗用产品或劳务的数量和单位成本分配辅助生产费用的一种方法。这种方法的计算程序是：

第一,设未知数,并根据辅助生产车间之间交互服务关系建立方程组。

第二,解方程组,算出各种产品或劳务的单位成本。

第三,用各辅助生产的单位成本乘以各受益对象的耗用量,求出各受益对象应分配计入的辅助生产费用。

【案例 3-20】 现仍沿用【案例 3-18】资料,采用代数分配法分配辅助生产费用。

(1) 假设单位电力成本为 x 元,单位修理工时为 y 元。设联立方程组如下:

$$\begin{cases} 56\,100 + 600y = 54\,000x \\ 40\,000 + 3\,000x = 4\,600y \end{cases}$$

(2) 通过解方程组得:

$$\begin{cases} x = 1.143\,8 \\ y = 9.441\,6 \end{cases}$$

(3) 根据计算得出的单位成本编制"辅助生产费用分配表",见表 3-50。

表 3-50 辅助生产费用分配表
(代数分配法)

项目			供电车间	修理车间	合计
待分配辅助生产费用/元			56 100	40 000	96 100
提供劳务数量			54 000 千瓦·时	4 600 小时	—
费用分配率(单位成本)			1.143 8 元/(千瓦·时)	9.441 6 元/小时	—
辅助生产车间	供电车间	耗用数量/小时		600	—
		分配金额/元		5 664.96	5 664.96
	修理车间	耗用数量/千瓦·时	3 000		—
		分配金额/元	3 431.40		3 431.40
	金额合计/元		3 431.40		3 431.40
基本生产车间	甲产品	耗用数量/千瓦·时	20 000		—
		分配金额/元	22 876.00		22 876.00
	乙产品	耗用数量/千瓦·时	25 000		—
		分配金额/元	28 595.00		28 595.00
	金额合计/元		51 471.00		51 471.00
基本生产车间一般消耗		耗用数量	4 000 千瓦·时	3 400 小时	—
		分配金额/元	4 575.20	32 101.44	36 676.64
行政管理部门		耗用数量	2 000 千瓦·时	600 小时	—
		分配金额/元	2 287.60	5 664.96	7 952.56
合计/元			61 765.20	43 431.36	105 196.56

根据表 3-50 编制会计分录:

```
借:辅助生产成本——供电车间      5 664.96
           ——修理车间          3 431.40
   基本生产成本——甲产品         22 876.00
           ——乙产品            28 595.00
   制造费用                     36 676.64
   管理费用                      7 952.56
```

贷：辅助生产成本——供电车间　　　　61 765.20
　　　　　　　　　　　——修理车间　　　　43 431.36
　　采用代数分配法分配辅助生产费用，分配结果最为准确。但当企业生产单位较多时，设置的联立方程未知数较多，计算工作会比较复杂，因而这种方法在计算工作已经实现电算化的企业中采用比较适宜。

（四）计划成本分配法

　　计划成本分配法，是指按辅助生产提供产品或劳务的计划单位成本和各受益部门的受益数量进行分配，然后再将计划分配额与实际费用的差额进行调整的一种辅助生产费用分配方法。计划成本分配法分两步进行分配：

　　第一步：计划成本分配阶段。根据各受益部门的受益数量和各种产品或劳务的计划单位成本进行分配。

　　第二步：调整分配阶段。将各辅助生产车间实际发生的费用（即在计划成本分配前已归集的费用加上计划成本分配时转入的费用）与按计划单位成本分配转出的费用之间的差额，即辅助生产产品或劳务的成本差异，追加分配给辅助生产车间以外的各受益单位。为了简化核算工作，一般可以全部计入"管理费用"账户。

　　【案例 3-21】　仍沿用【案例 3-18】资料，采用计划成本分配法编制"辅助生产费用分配表"分配辅助生产费用。见表 3-51。

表 3-51　辅助生产费用分配表

（计划成本分配法）

项　　目			供电车间	修理车间	合　计
待分配辅助生产费用/元			56 100	40 000	96 100
提供劳务数量			54 000 千瓦·时	4 600	
计划单位成本			1.20 元/(千瓦·时)	9.20 元/小时	—
辅助生产车间	供电车间	耗用数量/小时		600	
		分配金额/元		5 520	5 520
	修理车间	耗用数量/千瓦·时	3 000		
		分配金额/元	3 600		3 600
	金额合计/元		3 600		3 600
基本生产车间	甲产品	耗用数量/千瓦·时	20 000		
		分配金额/元	24 000		24 000
	乙产品	耗用数量/千瓦·时	25 000		
		分配金额/元	30 000		30 000
	金额合计/元		54 000		54 000
基本生产车间一般消耗	耗用数量		4 000 千瓦·时	3 400 小时	—
	分配金额/元		4 800	31 280	36 080
行政管理部门	耗用数量		2 000 千瓦·时	600 小时	—
	分配金额/元		2 400	5 520	7 920
按计划成本分配合计/元			64 800	42 320	107 120
辅助生产实际成本/元			61 620	43 600	105 220
辅助生产成本差异/元			－3 180	＋1 280	－1 900

表中辅助生产实际成本计算过程为:

供电车间实际成本＝56 100＋5 520＝61 620（元）

修理车间实际成本＝40 000＋3 600＝43 600（元）

根据表3-51编制会计分录：

借：辅助生产成本——供电车间　　5 520
　　　　　　　　——修理车间　　3 600
　　基本生产成本——甲产品　　　24 000
　　　　　　　　——乙产品　　　30 000
　　制造费用　　　　　　　　　　36 080
　　管理费用　　　　　　　　　　7 920
　贷：辅助生产成本——供电车间　　　　64 800
　　　　　　　　——修理车间　　　　42 320

将辅助生产成本差异计入管理费用：

借：管理费用　1 900
　贷：辅助生产成本——供电车间　3 180
　　　　　　　　——修理车间　1 280

采用计划成本分配法，由于已经制定了计划单位成本，因此简化了和加速了分配的计算工作；同时便于考核和分析各受益单位的经济责任。但是采用这种方法分配辅助费用，计划单位成本应该比较准确，所以这种方法适用于成本资料比较健全准确的企业。

（五）顺序分配法

顺序分配法，是按照受益多少的顺序将辅助生产车间依次排列，受益少的排在前面，受益多的排在后面。分配费用时，排在前面的辅助生产费用分配给后边的辅助车间和其他受益单位；后者的分配额等于其归集的直接费用加上前者分配进来的费用之和，只分配给排在后面的辅助车间，排在前面的辅助车间由于受益较少，可以忽略不计，所以不再分配给排在前面的辅助生产车间。其计算公式如下：

$$\text{某辅助生产车间费用分配率} = \frac{\text{该辅助生产车间直接发生的费用} + \text{该辅助生产车间分配转入费用}}{\text{该辅助生产车间向本车间以后的各受益单位提供的劳务数量}}$$

【案例3-22】 仍沿用【案例3-18】资料，采用顺序分配法编制"辅助生产费用分配表"分配辅助生产费用。见表3-52。

表3-52　辅助生产费用分配表

（顺序分配法）

项　目			修理车间	供电车间	合　计
待分配辅助生产费用/元			40 000	61 317.42	101 317.42
提供劳务数量			4 600 千瓦·时	51 000 小时	—
费用分配率(单位成本)/元			8.695 7	1.202 3	—
辅助生产车间	修理车间	耗用数量			—
		分配金额			
	供电车间	耗用数量/千瓦·时	600		—
		分配金额/元	5 217.42		5 217.42
	金额合计/元		5 217.42		5 217.42

续表

项　目			修理车间	供电车间	合　计
基本生产车间	甲产品	耗用数量/小时		20 000	—
		分配金额/元		24 046.00	24 046.00
	乙产品	耗用数量/小时		25 000	—
		分配金额/元		30 057.50	30 057.50
	金额合计			54 103.50	54 103.50
基本生产车间一般消耗		耗用数量	3 400 千瓦·时	4 000 小时	—
		分配金额/元	29 565.38	4 809.20	34 374.58
行政管理部门		耗用数量	600 千瓦·时	2 000 小时	—
		分配金额/元	5 217.20	2 404.72	7 621.92
合　计			40 000	61 317.42	101 317.42

从已知资料中得知，修理车间受益少，要先分配，供电车间受益多，要后分配。

供电车间待分配费用＝56 100＋5 217.42＝61 317.42（元）

供电车间提供劳务数量＝54 000－3 000＝51 000（千瓦·时）

供电车间费用分配率＝61 317.42÷51 000＝1.2023 [元/(千瓦·时)]

根据辅助生产费用分配表 3-52，编制会计分录如下：

借：辅助生产成本——供电车间　　　5 217.42
　　基本生产成本——甲产品　　　24 046.00
　　　　　　　　——乙产品　　　30 057.50
　　制造费用　　　34 374.58
　　管理费用　　　　7 621.92
　　贷：辅助生产成本——供电车间　　　61 317.42
　　　　　　　　　　——修理车间　　　40 000.00

顺序分配法有重点地反映了辅助生产车间交互服务的关系，并且分配方法简便。只是此种方法没有全面考虑各部门之间的交互服务关系，分配结果不够准确。这种方法只适用于各辅助生产车间之间相互受益程度有明显顺序的企业。

项目实战 5

资讯：

盘锦兴隆糖果有限责任公司 2017 年 9 月生产有关资料如下：

1. 盘锦兴隆糖果有限责任公司有供汽车间和机修车间两个辅助生产车间，双方相互提供劳务不多。

2. 2017 年 9 月，辅助生产车间提供劳务情况如表 3-53 所示。

表 3-53　供汽、机修车间提供劳务汇总表

2017 年 9 月

项　目	供汽车间/米³	机修车间(工时)/小时
供汽车间		220
机修车间	350	

续表

项　　目		供汽车间/米³	机修车间(工时)/小时
化糖车间	硬糖	1 896	
	软糖	1 899	
	一般消耗	420	260
熬糖车间	硬糖	7 611	
	软糖	7 611	
	一般消耗	550	800
包装车间	一般消耗	325	300
销售部门		180	220
管理部门、化验室、仓储部门等		540	1 200
合　　计		21 382	3 000

任务：

1. 根据企业的具体特点，采用直接分配法分配辅助生产费用。
2. 根据项目实战 1～项目实战 4 资料，归集供汽车间和机修车间辅助生产费用。
3. 分配供汽车间和机修车间辅助生产费用，并进行账务处理（分配率保留四位小数），见表 3-54～表 3-56。

表 3-54　辅助生产成本明细账（一）

车间：供汽车间　　　　2017 年 9 月

摘　要	电费	职工薪酬	折旧费	水费	财产保险费	报刊费	低值易耗品	办公费	其他	合计
外购动力费用分配表										
职工薪酬分配表										
固定资产折旧计算表										
企业用水汇总表										
财产保险费分配表										
报刊费分配表										
低值易耗品领料单										
办公费分配表										
合　计										

表 3-55　辅助生产成本明细账（二）

车间：机修车间　　　　2017 年 9 月

摘　要	电费	职工薪酬	折旧费	水费	财产保险费	报刊费	低值易耗品	办公费	其他	合计
外购动力费用分配表										
职工薪酬分配表										
固定资产折旧计算表										
企业用水汇总表										
财产保险费分配表										

续表

摘要	电费	职工薪酬	折旧费	水费	财产保险费	报刊费	低值易耗品	办公费	其他	合计
报刊费分配表										
低值易耗品领料单										
办公费分配表										
合计										

表 3-56 辅助生产费用分配表

2017 年 9 月

项目			供汽车间	机修车间	合计
待分配辅助生产费用					
对外提供劳务数量					
费用分配率(单位成本)					
化糖车间	硬糖	耗用数量			
		分配金额			
	软糖	耗用数量			
		分配金额			
	一般消耗	耗用数量			
		分配金额			
熬糖车间	硬糖	耗用数量			
		分配金额			
	软糖	耗用数量			
		分配金额			
	一般消耗	耗用数量			
		分配金额			
包装车间		耗用数量			
		分配金额			
销售部门		耗用数量			
		分配金额			
管理部门、化验室、仓储部门等		耗用数量			
		分配金额			
合计					

答案：

1. 供汽车间费用合计为 23 848.16 元，机修车间费用合计为 21 802.32 元。
2. 供汽车间费用分配率为 1.133 9，机修车间费用分配率为 7.842 6。

> **完成工作任务评价**

一、完成项目会计主体的工作任务

根据项目资讯单完成项目辅助生产费用归集与分配的工作任务。

二、分享完成工作任务的收获

根据完成工作任务情况，结合教师及同学的评价，与教师及同学们分享收获。

任务2 归集与分配制造费用

工作程序

第一，熟悉制造费用的基本知识；
第二，归集制造费用；
第三，分配制造费用。

知识应用

制造费用是企业为生产产品和提供劳务而发生的各项间接成本。企业应当根据制造费用的性质，合理地选择制造费用分配方法，对企业各个生产单位如生产车间组织和管理生产活动而发生的各项间接费用进行分配，月终按照一定的标准在各该生产单位所生产的产品或劳务成本间进行分配。制造费用业务流程图如图3-9所示。

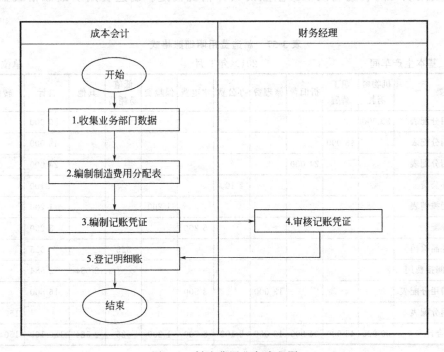

图3-9 制造费用业务流程图

注：1. 成本会计依据生产车间、仓库等业务部门传递过来的审核无误的原始凭证，归集制造费用。
2. 按照确定的分配标准，选择正确的分配方法，编制制造费用分配表。
3. 成本会计根据制造费用分配表编制记账凭证。
4. 财务经理审核记账凭证的内容是否正确，项目是否齐全，并签字盖章。
5. 成本会计登记基本生产成本、制造费用等账户明细账。

一、制造费用归集的核算

制造费用大部分是间接用于产品生产的费用，例如机物料消耗、车间辅助人员的职工薪酬、车间厂房的折旧费等。也有一部分直接用于产品生产，但管理上不要求单独核算，也不专设成本项目的费用，例如机器设备的折旧费、保险费等。制造费用还包括车间用于组织和管理生产的费用，例如车间管理人员职工薪酬，车间管理用房屋和设备的折旧费、租赁费和保险费、车间管理用照明费、水费、取暖费、差旅费和办公费等。如果企业的组织机构分为总厂、分厂和车间等若干层次，则分厂与车间相似，也是企业的生产单位。因而分厂用于组织和管理生产的费用，也作为制造费用核算。

制造费用是通过"制造费用"账户进行核算的。该账户应按车间（基本生产车间、辅助生产车间）、部门设置明细账。账内按照费用项目设专栏或专行，分别反映各车间、部门各项制造费用的发生情况。制造费用发生时，借记"制造费用"账户，贷记"原材料""应付职工薪酬""累计折旧""银行存款"等账户。期末按照一定的标准分配时，从该账户的贷方转出，转入"基本生产成本"账户的借方。除季节性生产的车间、分厂外，"制造费用"账户期末应无余额。应该注意，如果辅助生产车间的制造费用是通过"制造费用"账户单独核算的，则应比照基本生产车间发生的费用进行核算；如果辅助生产车间的制造费用不通过"制造费用"账户核算，则应全部借记"辅助生产成本"账户，并记入有关的辅助生产成本明细账相应的成本或费用项目。

制造费用项目的设置应该根据企业的具体情况而定。制造费用明细账格式如表3-57所示。

表3-57 制造费用明细账格式

单位：基本生产车间　　　　　　　　201×年9月　　　　　　　　　　　　　　单位：元

摘要	机物料消耗	职工薪酬	折旧费	修理费	办公费	水电费	保险费	低值易耗品	其他	合计	转出	余额
材料费用分配表	50 000									50 000		
人工费用分配表		48 000								48 000		
折旧费用分配表			24 000							24 000		
支付办公费					2 100					2100		
保险费用摊销表							1 200			1 200		
水费分配表						5 200				5 200		
低值易耗品摊销								525		525		
支付其他间接费用									2 584	2 584		
辅助生产费用分配表				13 000		3 500				16 500		
制造费用分配表											150 109	0
本月合计	50 000	48 000	24 000	13 000	2 100	8 700	1 200	525	2 584	150 109	150 109	0

二、制造费用分配的核算

为了正确计算产品成本，在归集汇总了制造费用后，还必须于期末将其分配给各受益对象。如果车间只生产一种产品，则归集的制造费用属于直接费用，可以直接计入该种产品的成本，不存在制造费用的分配问题。如果车间生产多种产品，则归集的制造费用属间接费用，应该采用适当的分配方法对制造费用进行分配，分别计入各种产品成本。

制造费用的分配方法很多，通常有生产工时比例法、生产工人工资比例法、机器工时比例法、按年度计划分配率分配法等。分配方法一经确定，不得随意变更。

1. 生产工时比例法

生产工时比例法，是按照各种产品所用生产工人实际工时的比例分配制造费用的一种方法。计算公式如下：

制造费用分配率＝待分配的制造费用总额÷各产品生产工时总和

某种产品应分配的制造费用＝该产品生产工时×制造费用分配率

如果产品的工时定额比较准确，制造费用也可以按定额工时的比例分配。

【案例 3-23】 某企业基本生产车间 12 月份制造费用总额 70 800 元，甲产品实际生产工时为 7 000 小时，乙产品实际生产工时为 4 800 小时，分配制造费用的有关计算如下：

制造费用分配率＝70 800÷(7 000＋4 800)＝6（元/小时）

甲产品应分配制造费用＝7 000×6＝42 000（元）

乙产品应分配制造费用＝4 800×6＝28 800（元）（或 70 800－42 000＝28 800）

按生产工人工资比例分配法编制制造费用分配表如表 3-58 所示。

表 3-58　制造费用分配表

部门：基本生产车间　　　　　　　　　　201×年 12 月

应借科目		分配标准/小时	分配率/(元/工时)	分配金额/元
基本生产成本	甲产品	7 000		42 000
	乙产品	4 800		28 800
合　　计		11 800	6	70 800

根据制造费用分配表 3-58，编制会计分录如下：

借：基本生产成本——甲产品　42 000
　　　　　　　　　——乙产品　28 800
　　贷：制造费用　　　　　　　70 800

采用这种方法，可以使产品负担的制造费用与劳动生产率联系起来，是较为常见的一种分配方法。生产工时是分配费用的标准，必须做好生产工时的记录和核算工作。这种分配方法适用于机械化程度低或各种产品工艺过程机械化程度大致相同的企业。

2. 生产工人工资比例分配法

生产工人工资比例分配法，是按照各种产品生产工人实际工资的比例分配制造费用的一种方法。计算公式如下：

制造费用分配率＝制造费用总额÷各产品生产工人工资总额

某种产品应分配的制造费用＝该产品生产工人工资×制造费用分配率

【案例 3-24】 某基本生产车间同时生产甲、乙两种产品，本期发生制造费用总额 123 000 元，本期甲产品生产工人工资为 19 000 元，乙产品生产工人工资为 22 000 元，分配制造费用的有关计算如下：

制造费用分配率＝123 000÷(19 000＋22 000)＝3（元/小时）

甲产品应分配的制造费用＝19 000×3＝57 000（元）

乙产品应分配的制造费用＝22 000×3＝66 000（元）

根据分配制造费用计算结果，编制会计分录如下：

借：基本生产成本——甲产品　57 000
　　　　　　　　　——乙产品　66 800
　　贷：制造费用　　　　　　　123 000

由于生产工人的工资比较容易取得，所以该方法核算工作比较简便。但是这种方法的使用前提是各种产品生产的机械化程度或需要生产工人的操作技能大致相同。否则，机械化程度低（用工多，生产工人工资费用高）的产品，需要生产工人操作技能高的产品负担较多的制造费用，不尽合理。

如果生产工人工资是按生产工时比例分配计入各种产品成本的，那么，按照生产工人工资比例分配制造费用，实际上也就是按照生产工时比例法分配制造费用。

3. 机器工时比例法

机器工时比例法，是按照各种产品生产所用机器设备的运转时间（工作时间）的比例分配制造费用的一种方法。计算公式如下：

制造费用分配率＝制造费用总额÷各产品机器工时之和

某种产品应分配的制造费用＝该产品机器工时数×制造费用分配率

【案例 3-25】某企业本月基本生产车间生产甲、乙两种产品，制造费用总额为 31 570 元，甲产品耗用机器工时为 3 240 小时，乙产品耗用机器工时为 2 500 小时，分配制造费用的有关计算如下：

制造费用分配率＝31 570÷（3 240＋2 500）＝5.50（元/小时）

甲产品制造费用＝3 240×5.50＝17 820（元）

乙产品制造费用＝2 500×5.50＝13 750（元）

根据分配制造费用计算结果，编制会计分录如下：

借：基本生产成本——甲产品　　17 820
　　　　　　　　——乙产品　　13 750
　　贷：制造费用　　　　　　　　　　31 570

当机器设备是主要的生产因素，而且制造费用与机器工时依存关系明显时，该方法较为适用，特别是在自动化程度较高的车间，分配更为精确。采用这种方法，必须做好各种产品耗用机器工时的记录工作，以保证工时的准确性。

4. 年度计划分配率分配法

年度计划分配率分配法，是按照确定的制造费用年度计划分配率分配制造费用的一种方法。在这种方法下，一般先根据正常生产能力预计全年的制造费用发生额和全年的计划产量，以定额工时作为分配标准计算制造费用的年度计划分配率。计算公式如下：

年度计划分配率＝年度制造费用计划总额÷年度各产品计划产量的定额工时总数

$$\text{某月某种产品应分配的制造费用} = \text{该月该产品实际产量的定额工时数} \times \text{年度计划分配率}$$

【案例 3-26】某企业基本生产车间生产甲、乙两种产品，全年制造费用计划 54 000 元，甲产品计划年产量 2 400 件，乙产品计划年产量 1 500 件，甲产品每件工时定额 5 小时，乙产品每件工时定额 4 小时。5 月份甲产品实际产量 190 件，乙产品实际产量 130 件，本月实际发生制造费用 4 520 元，分配制造费用的有关计算如下：

甲产品年度计划产量的定额工时＝2 400×5＝12 000（小时）

乙产品年度计划产量的定额工时＝1 500×4＝6 000（小时）

制造费用年度计划分配率＝54 000÷（12 000＋6 000）＝3（元/小时）

本月甲产品实际产量的定额工时＝190×5＝950（小时）

本月乙产品实际产量的定额工时＝130×4＝520（小时）

本月甲产品应分配的制造费用＝950×3＝2 850（元）

本月乙产品应分配的制造费用＝520×3＝1 560（元）

根据分配制造费用计算结果，编制会计分录如下：

借：基本生产成本——甲产品　　2 850
　　　　　　　　——乙产品　　1 560
　　贷：制造费用　　　　　　　　　　4 410

该车间该月份实际发生的制造费用 4 520 元（即制造费用明细账的借方发生额），大于该月实际产量和年度计划分配率分配转出的制造费用 4 410 元（即制造费用明细账的贷方发生额）。因此采用这种分配方法时，制造费用明细账及总账账户，月末可能会有借方或贷方余额。借方余额表示超过计划的预付数；贷方余额表示按照计划应付而未付的费用。

"制造费用"账户如果有余额，就是全年制造费用的实际发生额与计划分配额的差额，一般应在年末调整计入 12 月份的产品成本，借记"基本生产成本"账户，贷记"制造费用"账户，如果是借方差额，用蓝字补加；如果是贷方余额，用红字冲减。

其计算公式为：

差异额分配率＝差异额÷按年度计划分配率分配的制造费用

某产品应分配的差异额＝该产品按年度计划分配率分配的制造费用×差异额分配率

年末，假定该车间制造费用账户贷方余额为 2 886 元，按计划分配率甲产品已分配 36 600 元，乙产品已分配 18 900 元，调整差异如下：

差异分配率＝2 886÷(36 600＋18 900)＝0.052
甲产品应分配的贷方差异额＝36 600×0.052＝1 903.20（元）
乙产品应分配的贷方差异额＝18 900×0.052＝982.80（元）

差异额调整的会计分录为：

借：基本生产成本——甲产品　　1 903.20
　　　　　　　　　　——乙产品　　　982.80
　　贷：制造费用　　　　　　　　　2 886

采用年度计划分配率法分配制造费用，核算工作较为简便，特别适用于季节性生产企业。因为，在这种企业中，每月发生的制造费用相差不多，但生产淡月和旺月的产量却相差悬殊，如果按照实际费用分配，各月单位产品成本中的制造费用将随之或高或低，而这并不是生产部门工作本身引起的，因而不便于成本分析工作的进行。采用年度计划分配率分配法来分配则可较好地避免这个问题。但是，采用这种分配方法，必须有较高的计划管理工作水平，否则，年度制造费用的计划数脱离实际成本太大，就会影响成本计算的准确性。

岗位训练

1. 资料

某企业基本生产车间生产甲、乙两种产品，本月发生的制造费用为 22 800 元，分配标准如表 3-59 所示。

表 3-59　制造费用分配表

项目	甲产品	乙产品
产量/件	4 000	8 000
生产定额工时/小时	22 000	38 000
机器工时/小时	8 800	14 000
生产工人工资/元	12 000	26 000

要求：分别采用生产工时比例法、机器工时比例法、生产工人工资比例法分配制造费用，并编制会计分录。

2. 答案

（1）生产工时比例法分配率为 0.38

借：生产成本——甲产品   8 360
         ——乙产品   14 440
    贷：制造费用   22 800
(2) 机器工时比例法分配率为 1
借：生产成本——甲产品   8 800
         ——乙产品   14 000
    贷：制造费用   22 800
(3) 生产工人工资比例分配法分配率为 0.60
借：生产成本——甲产品   7 200
         ——乙产品   15 600
    贷：制造费用   22 800

项目实战 6

资讯：

盘锦兴隆糖果有限责任公司 2017 年 9 月生产有关资料如下。

任务：

1. 根据项目实战 1~项目实战 5 资料，归集化糖车间、熬糖车间、包装车间的制造费用。
2. 化糖车间、熬糖车间、包装车间归集的制造费用，在硬糖和软糖之间平均分配，并进行账务处理。见表 3-60~表 3-63。

表 3-60 制造费用明细账（一）

车间：化糖车间   2017 年 9 月

摘要	电费	职工薪酬	折旧费	水费	财产保险费	报刊费	低值易耗品	办公费	辅助生产费用	合计
外购动力费用分配表										
职工薪酬分配表										
固定资产折旧计算表										
企业用水汇总表										
财产保险费分配表										
报刊费分配表										
低值易耗品领料单										
办公费分配表										
蒸汽费用分配表										
维修费用分配表										
合计										

表 3-61 制造费用明细账（二）

车间：熬糖车间   2017 年 9 月

摘要	电费	职工薪酬	折旧费	水费	财产保险费	报刊费	低值易耗品	办公费	辅助生产费用	合计
外购动力费用分配表										
职工薪酬分配表										
固定资产折旧计算表										

续表

摘要	电费	职工薪酬	折旧费	水费	财产保险费	报刊费	低值易耗品	办公费	辅助生产费用	合计
企业用水汇总表										
财产保险费分配表										
报刊费分配表										
低值易耗品领料单										
办公费分配表										
蒸汽费用分配表										
维修费用分配表										
合计										

表 3-62　制造费用明细账（三）

车间：包装车间　　　　　　2017 年 9 月

摘要	电费	职工薪酬	折旧费	水费	财产保险费	报刊费	低值易耗品	办公费	辅助生产费用	合计
外购动力费用分配表										
职工薪酬分配表										
固定资产折旧计算表										
企业用水汇总表										
财产保险费分配表										
报刊费分配表										
低值易耗品领料单										
办公费分配表										
蒸汽费用分配表										
维修费用分配表										
合计										

表 3-63　制造费用分配表

2017 年 9 月

生产车间	硬糖	软糖	合计
化糖车间			
熬糖车间			
包装车间			
合计			

答案：

化糖车间制造费用为 15 751.96 元，熬糖车间制造费用为 23 464.37 元，包装车间制造费用为 16 260.34 元。

完成工作任务评价

一、完成项目会计主体的工作任务

根据项目资讯资料完成项目制造费用归集与分配的工作任务。

二、分享完成工作任务的收获

根据完成工作任务情况，结合教师及同学的评价，与教师及同学们分享收获。

任务3　归集与分配损失性费用

【工作程序】

第一，熟悉损失性费用的基本知识；
第二，归集与分配废品损失费用；
第三，归集与分配停工损失费用。

【知识应用】

企业在生产经营过程中发生的不能正常产出的各种耗费，称为生产损失，主要包括废品损失、停工损失、生产损耗和生产废料等，其中废品损失和停工损失由产品成本核算。本书主要介绍废品损失和停工损失的核算。

一、废品损失的归集与分配

（一）废品及废品损失的含义

1. 废品的含义

废品是指不符合规定的技术标准，不能按照原定的用途使用或者需要经过加工修理才能使用的在产品、半产品和产成品，包括生产过程中发现和入库后发现的所有废品。

废品分为可修复废品和不可修复废品两类。可修复废品是指技术上可以修复，并且支付修复费用在经济上合算的废品，可修复废品一般经过修复后即可成为合格产品；不可修复废品是指在技术上不能修复，或者虽能修复，但支付修复费用在经济上不合算的废品。

2. 废品损失的含义

废品损失是指在生产过程中或入库后发现的不可修复废品的生产成本，以及可修复废品的修复费用，扣除回收的废品残料价值和应收赔款以后的损失。

废品损失包括两方面内容：一是不可修复废品的报废损失，是指不可修复废品生产成本扣除回收残料价值和赔款后的净损失；二是可修复废品的修复费用，是指可修复废品在返修过程中所发生的修理费用（耗用的材料、人工等）。但是需要注意的是，企业的下列损失不作为废品损失处理：

① 经过质量检验部门鉴定不需要返修、可以降价出售的不合格品，其降价损失不作为废品损失，在计算损益时体现，不应作为废品损失处理。

② 产成品入库后，由于保管不善等原因而损坏变质的损失，属于管理上的问题，应作为管理费用处理而不作为废品损失处理。

③ 实行包退、包修、包换（三包）的企业，在产品出售后发现的废品所发生的一切损失，作为"销售费用"处理，而不作为废品损失处理。

（二）废品损失的核算形式及账户设置

1. 废品损失的核算形式

（1）不单独核算废品损失　有些简单生产的企业，在产品的生产过程中，不易发生废品，或即便发生废品，损失额也比较小，而且管理上不需要单独考核废品损失。这时为了简化核算程序，可以采用不单独核算废品损失的方法。

在不单独核算废品损失的企业中，可修复废品的修复费用，应直接记入生产成本的有关成本项目；不可修复废品只扣除产量，不结转成本；废品的残料价值和过失人赔款可直接冲减相应基本生产成本明细账中的"直接材料"和"直接人工"成本项目。

(2) 单独核算废品损失　在大、中型的复杂生产企业中，产品生产易发生废品，而且管理上也要求单独考核废品损失及其相关成本项目的费用，这时可以采用单独核算废品损失的方法。在单独核算废品损失的企业中，可以单独设置"废品损失"总账，也可以在"基本生产成本"总账下设"废品损失"二级账，账内按成本项目设专栏进行核算。并且在"基本生产成本"明细账的成本项目中，还应增设"废品损失"成本项目，以便单独体现废品损失的费用额。单独核算废品损失的企业，由于废品的种类不同，核算方法也不相同。

2."废品损失"账户的设置

单独核算废品损失的企业，设置"废品损失"账户，或者在"基本生产成本"账户下设置"废品损失"明细账户，在产品成本明细账中设废品损失成本项目。"废品损失"明细账户应按车间、产品品种分设专户并按成本项目设专栏登记废品损失。该账户的借方归集不可修复废品生产成本和可修复废品的修复费用；贷方登记废品残料回收价值和应收的赔款；不可修复废品生产成本和可修复废品的修复费用减去残料回收价值和应收的赔款后的差额，即是应由本月生产的同种产品成本负担的废品净损失，应从"废品损失"账户贷方转入"基本生产成本"账户同种产品成本明细账中的"废品损失"成本项目；该账户月末无余额。

如果企业不单独核算废品损失，则不设"废品损失"账户，产品生产成本明细账中也不设"废品损失"成本项目。发生不可修复废品，只从全部产量中扣除废品产品数量，而不单独归集废品生产成本；废品的残料价值直接冲减"基本生产成本"账户及其明细账的"直接材料"成本项目的费用；发生可修复废品的修理费用，也直接计入"基本生产成本"账户及其明细账的有关成本项目。辅助生产一般不单独核算废品损失。

(三) 废品损失的归集与分配

1. 不可修复废品损失的归集与分配

不可修复废品的生产成本可按废品所耗实际费用计算，也可以按所耗定额费用计算。

(1) 按所耗实际费用计算　按不可修复废品的实际成本计算，就是在废品报废时，根据废品和合格品实际发生的全部费用，按成本项目分别采用一定的分配方法，在合格品与废品之间进行分配，计算出废品的实际成本，从"基本生产成本"账户的产品明细账转入"废品损失"明细账户。计算公式如下：

$$直接材料费用分配率 = \frac{直接材料费用总额}{合格品产量 + 废品产量}$$

$$废品应负担材料费用额 = 废品产量 \times 直接材料费用分配率$$

$$直接人工(制造费用)分配率 = \frac{直接人工(制造费用)总额}{合格品生产工时 + 废品生产工时}$$

$$废品应负担直接人工(制造费用) = 废品生产工时 \times 该成本项目分配率$$

【案例 3-27】某车间本月生产甲产品 600 件，经验收入库发现不可修复废品 10 件；合格品生产工时为 11 700 小时，废品生产工时为 300 小时，全部生产工时为 12 000 小时。按所耗实际费用计算废品的生产成本。甲产品成本计算单（即基本生产成本明细账）所列合格品和废品的全部生产费用为：直接材料 48 000 元；直接人工 24 240 元；制造费用 14 400 元，共计 86 640 元。废品残料回收入库价值 150 元，原材料是生产开工时一次投入；过失人赔款 100 元。原材料费用按合格品数量和废品数量的比例分配；其他费用按生产工时比例分配。根据上述资料，编制废品损失计算表，如表 3-64 所示。

表 3-64 废品损失计算表

部门：基本生产车间　　　　　　　　　201×年 3 月

项目	数量/件	直接材料/元	生产工时/小时	直接人工/元	制造费用/元	合　计/元
费用总额	600	48 000	12 000	24 240	14 400	86 640
费用分配率	—	80	—	2.02	1.2	—
废品成本	10	800	300	606	360	1 766
减:废品残料		150				150
过失赔款				100		100
废品损失	—	650	300	506	360	1 516

根据废品损失计算表，编制如下会计分录：

① 结转废品成本

借：废品损失——甲产品　　　　　　　1 766
　　贷：基本生产成本——甲产品（直接材料）　800
　　　　　　　　　　　——甲产品（直接人工）　606
　　　　　　　　　　　——甲产品（制造费用）　360

② 回收残料入库

借：原材料　150
　　贷：废品损失——甲产品（直接材料）　150

③ 应收过失人赔款

借：其他应收款　100
　　贷：废品损失——甲产品（直接人工）　100

④ 将废品净损失转入该种合格品成本

借：基本生产成本——甲产品（废品损失）　1 516
　　贷：废品损失——甲产品（直接材料）　650
　　　　　　　　——甲产品（直接人工）　506
　　　　　　　　——甲产品（制造费用）　360

根据会计分录登记明细账，见表 3-65、表 3-66。

表 3-65　基本生产明细账　　　　　　　产量：590 件
单位：元

摘　要	直接材料	直接人工	制造费用	废品损失	合　计
生产费用合计	48 000	24 240	14 400		86 640
结转废品成本	800	606	360		1 766
转入不可修复废品净损失				1 516	1 516
产品总成本	47 200	23 634	14 040	1 516	86 390
产品单位成本	80	40.06	23.80	2.57	146.42

表 3-66　废品损失明细账　　　　　　　产量：10 件
单位：元

摘　要	直接材料	直接人工	制造费用	合　计
不可修复废品成本	800	606	360	1 766
残料入库	150			150

续表

摘 要	直接材料	直接人工	制造费用	合 计
过失人赔款		100		100
合 计	650	506	360	1 516
结转废品净损失	650	506	360	1 516

在完工以后发现废品，其单位废品负担的各项生产费用应与该单位合格品完全相同，可按合格品产量和废品的数量比例分配各项生产费用，计算废品的实际成本。按废品的实际成本计算和分配废品损失，符合实际，但核算工作量较大。

（2）按所耗定额费用计算　废品损失按所耗定额费用计算，就是按废品数量和定额工时及废品的各项费用定额，计算废品的定额成本，不考虑废品实际发生的费用。

【案例3-28】　某车间本月生产甲产品600件，经验收入库发现不可修复废品10件；废品残料回收入库价值150元，原材料是生产开工时一次投入；过失人赔款100元。按定额成本计算废品成本和废品损失，编制废品损失计算表，如表3-67所示。

表3-67　废品损失计算表

部门：基本生产车间　　　　　　　　201×年3月　　　　　　　　　　　　单位：元

项 目	直接材料	直接人工	制造费用	合计
费用定额	85	60	35	180
废品定额费用	850	600	350	1 800
减：回收残值	150			150
过失人赔款		100		100
废品损失	700	500	350	1 550

采用按废品所耗定额费用计算废品成本和废品损失的方法，核算工作比较简便，有利于考核和分析废品损失和产品成本。但必须具备比较准确的定额成本资料，否则会影响成本计算的准确性。

2. 可修复废品损失的归集与分配

可修复废品损失，是指在修复过程中所发生的各项修复费用（一般包括修复期间发生的直接材料、直接人工和应分摊的制造费用），扣除回收的残料价值和应收赔款以后的净损失。计算公式如下：

$$\text{可修复废品净损失} = \text{修复废品的材料费用} + \text{修复废品的职工薪酬} + \text{修复废品的制造费用} - \text{残料价值} - \text{应收赔偿款}$$

由于可修复废品修复后还能作为合格品出售，所以可修复废品返修以前发生的生产费用不是废品损失，不必计算其生产成本，而应留在"基本生产成本"账户和所属有关产品成本明细账中，不必转出。发生的各项返修费用，应根据各项费用分配表，计入"废品损失"账户的借方。回收的残料价值和应收的赔款，应从"废品损失"账户的贷方转入"原材料"账户和"其他应收款"账户的借方。废品修复费用减去残值和应收赔款后的废品净损失，应从"废品损失"账户的贷方转入"基本生产成本"账户的借方，计入其所属有关的产品成本明细账的"废品损失"成本项目。

【案例3-29】　某企业基本生产车间生产甲产品，某月完工产量为300件，在验收入库时发现可修复废品 10 件。在修复这些废品时共耗用材料费用 550 元,应分配职工薪酬为 750 元,应分配制造费用 500 元。经查,应由过失人赔偿 100 元。

可修复废品的净废品损失＝550＋750＋500－100＝1 700 元,编制相应的会计分录:
(1) 发生修复费用
借:废品损失——甲产品　　　1 800
　　贷:原材料　　　　　　　　　550
　　　　制造费用　　　　　　　　500
　　　　应付职工薪酬——工资　　750
(2) 应收过失人赔偿款
借:其他应收款——×××　　　100
　　贷:废品损失——甲产品　　　100
(3) 结转废品净损失
借:基本生产成本——甲产品(废品损失) 1 700
　　贷:废品损失——甲产品　　　　　　1 700

二、停工损失的归集与分配

1. 停工损失的含义及分配处理

停工损失是指生产车间或车间内某个班组在停工期间发生的各项费用。它包括停工期间发生的原材料费用、职工薪酬和制造费用等。应由过失单位或保险公司负担的赔款,应从停工损失中扣除。为了简化核算工作,停工不满一个工作日的,一般不计算停工损失。计算停工损失的具体范围和时间起点,由企业或其上级主管部门规定。

企业发生停工的时间有长有短,停工的原因多种多样。因此,对发生的停工损失,应根据不同情况做出相应的分配处理。

① 由于自然灾害引起的停工损失,转作营业外支出。

② 因原材料供应不足、机器设备发生故障,以及计划减产等原因发生的停工损失,在规定的期限内(全厂连续停产 10 天以内、生产车间连续停产 1 个月以内)计入产品成本;超过上述期限的转作营业外支出。

在停工时,车间应填列停工报告单,经有关部门审核后的停工报告单,作为停工损失核算的依据。

2. 停工损失归集的核算

为了单独核算停工损失,企业应增设"停工损失"账户,或者在"基本生产成本"总账下设置"停工损失"明细账,在成本项目中应增设"停工损失"项目。停工损失的归集和分配,是通过"停工损失"账户进行的,该账户应按车间进行明细核算。根据停工报告单和相应费用分配表等有关凭证,将停工期内发生的、应列入停工损失的费用通过"停工损失"账户的借方归集,借记"停工损失"账户,贷记"原材料""应付职工薪酬"和"制造费用"等账户。因此,在单独核算停工损失的企业中,在编制各种费用分配表时,应该将属于停工损失的费用,加填停工损失行次;而在制造费用的费用项目中,则可不再设立"季节性和修理期间停工损失"费用项目。

3. 停工损失分配的核算

在"停工损失"账户借方归集的停工损失中,应由过失人、过失单位或保险公司负担的赔款,借记"其他应收款"账户,贷记"停工损失"账户;月末,将发生的停工费用扣除各种赔款后的停工净损失，按停工的原因分配计入营业外支出或产品成本，借记"营业外支出""基本生产成本"账户，贷记"停工损失"账户。"停工损失"账户月末无余额。

不单独核算停工损失的企业，不设"停工损失"账户和"停工损失"成本项目。停工期内发生的属于停工损失的各项费用，分别记入"制造费用"和"营业外支出"等账户。

【案例3-30】 某基本生产车间由于设备大修，停工10天，停工期间支付工人工资4 000元，分摊制造费用2 000元，损失全部计入甲产品成本。根据资料编制会计分录如下：
（1）停工期间发生的费用计入停工损失
借：停工损失——甲产品　　6 000
　　贷：应付职工薪酬　　　　　　4 000
　　　　制造费用　　　　　　　　2 000
（2）结转停工损失
借：基本生产成本——甲产品（停工损失）　6 000
　　贷：停工损失——甲产品　　　　　　　　6 000

岗位训练

1. 资料

（1）某企业本月生产甲产品800件，生产过程中发现10件可修复废品。在修复过程中，耗用原材料400元，人工费用300元，制造费用200元。应由责任人赔偿50元。

要求：根据上述资料计算废品净损失，并按照企业单独核算和不单独核算废品损失两种情况编制相关会计分录。

（2）某企业由于意外断电两天，正在生产的甲产品发生停工损失5 000元，其中材料损失1 500元，人工损失1 000元，制造费用损失2 500元。查明原因后，由责任部门赔偿500元，其余计入产品成本。

要求：根据上述资料计算停工净损失，并编制会计分录。

（3）某企业基本生产车间在生产甲产品过程中，发生不可修复废品10件，按其所耗定额费用计算废品的生产成本。其原材料费用单位定额1 000元，废品已完成定额工时800小时，每小时人工定额费用为8元，制造费用5元，残料回收价值500元，责任人赔偿100元。已知该企业废品损失单独核算。

要求：根据上述资料完成表3-68，计算废品净损失，并编制相应的会计分录。

表3-68　不可修复废品损失计算表

2017年9月

项　目	直接材料/元	定额工时/小时	直接人工/(元/小时)	制造费用/(元/小时)	合　计/元
费用定额	1 000	800	8	5	—
废品定额成本					
减：残料价值 　　过失人赔偿					
废品损失					

2. 答案

（1）废品净损失=400+300+200-50=850（元）。

(2) 停工净损失＝5 000－500＝4 500（元）

(3) 废品净损失＝10×1 000＋8×800＋5×800－500－100＝19 800（元）

项目实战 7

资讯：

盘锦兴隆糖果有限责任公司 2017 年 9 月生产有关资料如下：

2017 年 9 月企业生产硬糖 75 000 千克，生产软糖 75 000 千克，经过检验，硬糖有 150 千克可重新加工的不合格品，软糖有 165 千克可重新加工的不合格品。经过重新加工，硬糖发生人工费用 280 元，其他间接费用 54 元；软糖发生人工费用 340 元，其他间接费用 59 元，加工后检验合格，入成品库。企业产品修复费用单独核算。

任务：

计算产品修复成本，并进行会计核算。

答案： 硬糖重新加工费用为 334 元，软糖重新加工费用 399 元。

完成工作任务评价

一、完成项目会计主体的工作任务

根据项目资讯单完成损失性费用归集与分配的工作任务。

二、分享完成工作任务的收获

根据完成工作任务情况，结合教师及同学的评价，与教师及同学们分享收获。

综合费用小结

综合费用的归集与分配，主要包括辅助生产费用、制造费用、损失性费用的归集与分配。

辅助生产是指为基本生产车间、企业行政管理部门等单位服务而进行的产品生产和劳务供应。为了正确计算辅助生产和劳务的成本，需要将辅助生产费用分配给各受益单位，通常采用的辅助生产费用分配的方法包括：直接分配法、交互分配法、代数分配法、计划成本分配法和顺序分配法。

制造费用是指企业生产车间为生产产品或提供劳务而发生的，应计入产品成本但没有专设成本项目的各项生产费用。制造费用的分配方法通常有通常有生产工时比例法、生产工人工资比例法、机器工时比例法、按年度计划分配率分配法。

废品损失的核算包括可修复废品和不可修复废品的核算。单独核算的废品损失设置"废品损失"账户，废品净损失转入"基本生产成本"。

岗位技能拓展训练 2（综合费用实训）

一、单项选择题

1. 下列辅助生产费用分配方法中，不在辅助生产单位之间分配费用的方法是（　　）。

A. 直接分配法　　B. 交互分配法　　C. 代数分配法　　D. 计划成本分配法

2. 下列关于辅助生产车间的说法中，正确的是（　　）。

A. 辅助生产车间发生的间接费用，全部记入"制造费用"科目

B. 对生产车间、行政管理部门以及外单位提供产品或劳务的部门

C. 辅助生产车间发生的费用需要单独归集，然后再分配到各受益部门中

D. 辅助生产车间的费用发生时，直接按照受益部门计入相应的会计科目

3. 某企业设有供电、供汽两个辅助生产车间,本月供电车间提供的电力为54 400千瓦·时,其中被供汽车间耗用4 000千瓦·时,发生费用13 608千瓦·时;供汽车间共供汽1 360米^3,其中被供电车间耗用300米^3,共发生费用10 064元。若采用直接分配法分配辅助生产费用,则供电车间的费用分配率为( )。

    A. 0.252   B. 0.27   C. 7.40   D. 0.250 147

4. 采用辅助生产费用分配的交互分配法,对外分配的费用总额是( )。

    A. 交互分配前的费用
    B. 交互分配前的费用加上交互分配转入的费用
    C. 交互分配前的费用减去交互分配转出的费用
    D. 交互分配前的费用加上交互分配转入的费用,再减去交互分配转出的费用

5. 某企业设有供电和修理两个辅助生产车间,本月份供电车间提供电力40 000千瓦·时(其中修理车间耗用4 000千瓦·时),共发生费用14 400元;修理车间提供修理工时1 600小时(其中供电车间耗用400小时),共发生费用12 000元。若该企业采用交互分配法分配辅助生产费用,则供电车间对外分配率为( )。

    A. 0.36   B. 0.40   C. 0.44   D. 0.357

6. 为简化辅助生产费用的分配,计划成本法下辅助生产成本差异一般全部记入( )。

    A. "制造费用"账户   B. "管理费用"账户
    C. "营业外支出"账户   D. "基本生产成本"账户

7. 下列一般通过"制造费用"科目核算的内容是( )。

    A. 企业办公费   B. 企业固定资产的折旧费
    C. 企业生产设备的维修费   D. 企业生产车间人员的工资及福利费

8. 某车间采用按年度计划分配率分配法进行制造费用分配,年度计划分配率为5元。6月初"制造费用"账户贷方余额为1 000元,6月份实际发生的制造费用为10 000元,实际产量的定额工时为1 500小时。该车间6月份分配的制造费用为( )元。

    A. 7 500   B. 9 000   C. 1000   D. 11 000

9. 下列关于生产损失的说法中正确的是( )。

    A. 生产损失包括废品损失和停工损失
    B. 生产损失无论金额大小都必须核算
    C. 生产损失是企业经营过程中发生的各种损失
    D. 生产损失是由于企业自身原因造成的,因而可以避免

10. 下列属于可修复废品的是( )。

    A. 技术上不可以修复的废品
    B. 技术上可以修复,而且经济上合算的废品
    C. 技术上可以修复,但是经济上不合算的废品
    D. 由于材料质量、规格、性能不符合要求而产生的废品

二、多项选择题

1. 在辅助生产费用分配的各种方法中,可以同时对内和对外分配的方法包括( )。

    A. 直接分配法   B. 交互分配法   C. 计划成本法   D. 代数分配法

2. 采用年度计划分配率分配法,"制造费用"科目可能( )。

    A. 月末有余额   B. 年末有余额   C. 年末无余额   D. 以上都不对

3. 制造费用的分配方法一般有( )。

    A. 生产工时比例法   B. 生产工人工资比例法

C. 约当产量比例法　　　　　　　D. 按年度计划分配率分配法
4. 下列固定资产中，不计提折旧的有（　　）。
   A. 房屋建筑物　　　　　　　　B. 以经营租赁方式租入的固定资产
   C. 当月增加的固定资产　　　　D. 以融资租赁方式租入的固定资产
5. 企业计提固定资产折旧时可以借记的账户有（　　）。
   A. 基本生产成本　B. 制造费用　C. 辅助生产成本　D. 管理费用
6. 职工薪酬包括（　　）。
   A. 奖金　　　　B. 津贴和补贴　　C. 住房公积金　　D. 差旅费
7. 在材料消耗定额比较准确的情况下，可以作为原材料费用分配标准的是（　　）。
   A. 材料体积　　　　　　　　　B. 原材料定额消耗量
   C. 原材料定额费用　　　　　　D. 产品定额工时
8. 下列各项中，不作为废品损失核算的有（　　）。
   A. 不可修复废品的生产成本　　B. 产品出售后发生的三包费用
   C. 降价出售的不合格产品的降价损失　D. 产品入库后因保管不善造成的变质损失
9. 废品按其产生的责任划分，可以分为（　　）。
   A. 料废　　　B. 工废　　　C. 可修复废品　　D. 不可修复废品
10. "废品损失"账户的借方应反映的内容包括（　　）。
    A. 可修复废品成本　　　　　　B. 可修复废品的工资费用
    C. 不可修复废品的成本　　　　D. 可修复废品的动力费用

三、判断题

1. 企业的辅助生产部门只对生产部门提供产品或劳务，因而辅助生产部门发生的费用全部计入产品成本。（　　）
2. 辅助生产车间一般只对企业内部提供产品或劳务，很少对外服务。（　　）
3. 辅助生产费用按直接分配法分配最简单；按代数分配法分配最正确；按计划成本法分配可简化计算工作并能分清经济责任。（　　）
4. 制造费用所采用的所有分配方法，分配结果都是在期末"制造费用"账户无余额。（　　）
5. 企业当期发生的制造费用一般在月末分配，分配后该科目无余额。（　　）
6. 可修复废品是指技术上可以修复的废品。（　　）
7. 不可修复废品的生产成本可以按照实际耗费计算，也可以按照定额成本计算。（　　）
8. 企业发生的废品净损失直接计入当期损益。（　　）
9. 生产损失包括废品损失和停工损失，损失无论金额大小必须都核算，而且全部应由完工产品成本承担。（　　）
10. 企业的停工损失应全部计入生产成本。（　　）

四、岗位实训

1. 资料

（1）某企业设有供电、修理两个辅助生产车间，本月发生的直接费用分别为 93 260 元和 62 280 元。

要求：根据表 3-69～表 3-74 中的资料，采用直接分配法、交互分配法、代数分配法、计划成本分配法、顺序分配法分配辅助生产费用，并根据分配的结果编制会计分录。

表 3-69 供电、修理车间本月提供劳务数量

受益部门		供电数量/(千瓦·时)	修理工时/小时
辅助生产车间	供电车间		500
	修理车间	6 500	
基本生产车间	甲产品耗用	30 000	
	乙产品耗用	35 000	
	一车间一般消耗	8 000	3 000
	二车间一般消耗	6 000	2 200
管理部门		16 000	1 800
合计		101 500	7 500

表 3-70 辅助生产费用分配表
（直接分配法）

项目			供电车间	修理车间	合计
待分配辅助生产费用					
对外提供劳务数量					
费用分配率（单位成本）					
基本生产车间	甲产品	耗用数量			
		分配金额			
	乙产品	耗用数量			
		分配金额			
	金额合计				
一车间一般消耗		耗用数量			
		分配金额			
二车间一般消耗		耗用数量			
		分配金额			
行政管理部门		耗用数量			
		分配金额			
合计					

表 3-71 辅助生产费用分配表
（交互分配法）

项目			交互分配			对外分配		
辅助生产车间			供电车间	修理车间	合计	供电车间	修理车间	合计
待分配费用								
劳务数量								
费用分配率（单位成本）								
辅助生产车间	供电车间	耗用数量						
		分配金额						
	修理车间	耗用数量						
		分配金额						
	金额小计							

续表

项目			交互分配			对外分配		
辅助生产车间			供电车间	修理车间	合 计	供电车间	修理车间	合 计
基本生产车间	甲产品	耗用数量						
		分配金额						
	乙产品	耗用数量						
		分配金额						
	金额小计							
一车间 一般消耗		耗用数量						
		分配金额						
二车间 一般消耗		耗用数量						
		分配金额						
行政管理部门		耗用数量						
		分配金额						
分配金额合计								

表 3-72　辅助生产费用分配表
（代数分配法）

项目			供电车间	修理车间	合 计
待分配辅助生产费用					
提供劳务数量					
费用分配率（单位成本）					
辅助生产车间	供电车间	耗用数量			
		分配金额			
	修理车间	耗用数量			
		分配金额			
	金额合计				
基本生产车间	甲产品	耗用数量			
		分配金额			
	乙产品	耗用数量			
		分配金额			
	金额合计				
一车间 一般消耗		耗用数量			
		分配金额			
二车间 一般消耗		耗用数量			
		分配金额			
行政管理部门		耗用数量			
		分配金额			
合计					

表 3-73 辅助生产费用分配表
（计划成本分配法）

项 目			供电车间	修理车间	合 计
待分配辅助生产费用					
提供劳务数量					
计划单位成本			0.98	9.00	—
辅助生产车间	供电车间	耗用数量			
		分配金额			
	修理车间	耗用数量			
		分配金额			
	金额合计				
基本生产车间	甲产品	耗用数量			
		分配金额			
	乙产品	耗用数量			
		分配金额			
	金额合计				
一车间一般消耗		耗用数量			
		分配金额			
二车间一般消耗		耗用数量			
		分配金额			
行政管理部门		耗用数量			
		分配金额			
按计划成本分配合计					
辅助生产实际成本					
辅助生产成本差异					

表 3-74 辅助生产费用分配表
（顺序分配法）

项 目			修理车间	供电车间	合 计
待分配辅助生产费用					
提供劳务数量					
费用分配率（单位成本）					
辅助生产车间	修理车间	耗用数量			
		分配金额			
	供电车间	耗用数量			
		分配金额			
	金额合计				
基本生产车间	甲产品	耗用数量			
		分配金额			
	乙产品	耗用数量			
		分配金额			
	金额合计				

续表

项　目		修理车间	供电车间	合　计
一车间 一般消耗	耗用数量			
	分配金额			
二车间 一般消耗	耗用数量			
	分配金额			
行政管理部门	耗用数量			
	分配金额			
合　计				

(2) 某企业基本生产车间全年计划制造费用总额为 48 000 元，甲产品全年计划产量为 1 500 件，单位产品工时定额为 4 小时，乙产品全年计划产量为 2 800 件，单位产品工时定额为 5 小时。12 月份甲产品实际产量为 250 件，乙产品实际产量为 400 件，制造费用账户本年借方发生额为 52 000 元，贷方发生额合计为 49 000 元。本年度按计划分配率甲产品分配 15 500 元，乙产品分配 34 500 元。

要求：根据上述资料，采用年度计划分配率法，计算该车间制造费用年度计划分配率；计算甲、乙两种产品 12 月份分配的制造费用，并作出会计分录；年末计算制造费用差异额，并作出会计分录。

(3) 某企业基本生产车间生产甲产品 500 件，生产过程中发现其中有 20 件为不可修复废品。合格品和废品共同发生的生产费用为：原材料 80 000 元，直接人工费用 50 000 元，制造费用 15 000 元，合计 145 000 元。原材料在生产开始时一次投入。原材料费用按产量比例分配，其他费用按生产工时比例分配。产品生产工时为：合格品 9 950 小时，废品 50 小时。废品残料回收价值 500 元，应收过失人赔款 100 元。

要求：根据上述资料完成表 3-75，计算废品净损失，并编制相应的会计分录。

表 3-75　不可修复废品损失计算表

项　目	产量/件	直接材料/元	生产工时/小时	直接人工/元	制造费用/元	合　计/元
生产费用总额						—
费用分配率						
废品生产成本						
减：残料价值 过失人赔偿						
废品损失						

2. 答案

(1) 直接分配法：电费分配率为 0.981 7，修理费分配率为 8.897 1。

交互分配法：

交互分配率：电费分配率为 0.918 8，修理费分配率为 8.304 0；

对外分配率：电费分配率为 0.962 5，修理费分配率为 9.157 2。

代数分配法：电费分配率为 0.963 8，修理费分配率为 9.139 3。

计划成本分配法：供电车间差异额为 −1 710 元，修理车间差异额为 1 150 元。

顺序分配法：电费分配率为 0.918 8，修理费分配率为 9.750 3。

(2) 制造费用年度计划分配率为 2.4；甲产品 12 月份分配制造费用 2 400 元，乙产品

12月份分配制造费用4 800元；年度差异额分配率为0.06，甲产品分配差异930元，乙产品分配差异2 070元。

(3) 甲产品废品净损失为2 925元。

工作任务四　生产费用在完工产品与在产品之间的分配

[情境]

盘锦兴隆糖果有限责任公司三个生产车间正常进行生产，2017年9月生产完工硬糖74吨，软糖74吨，均已验收入库。财务部门归集了各项生产费用，根据企业的生产特点，成本会计要选择合适的方法计算出产成品成本及在产品成本。

任务1　在产品数量的核算；
任务2　完工产品与在产品之间的生产费用分配；
任务3　完工产品成本的结转。

任务1　在产品数量的核算

[工作程序]

第一，熟悉在产品的基本知识；
第二，核算在产品数量。

一、在产品的含义

工业企业在产品有广义在产品和狭义在产品之分。广义在产品是就整个企业而言的，是指没有完成全部生产过程，不能作为商品销售的产品，包括正在各个生产单位加工的在产品，已完成一个或几个生产步骤、尚需继续加工的自制半成品，等待验收入库的产品，以及正在返修或等待返修的废品等。狭义的在产品是就某一生产单位（车间、分厂）或某一生产步骤而言的，它只指本生产单位或生产步骤正在加工中的在产品，该生产单位或生产步骤已经完工交出的自制半成品不包括在内。在产品完成生产过程、验收合格入库以后，就称为完工产品。在产品与完工产品的关系，是指在产品与完工产品在承担费用（划分产品成本）方面的关系。

通过要素费用、损失性费用和制造费用的归集和分配，企业本期（月）发生的生产费用，已经全部计入各成本计算对象的产品成本计算单中。这时，登记在各成本计算单中的生产费用合计数（即月初在产品成本加上本月发生的生产费用）或称累计生产费用共有三种情况：第一种类型是月末，本月生产的产品已全部完工，没有在产品，则生产费用合计数等于本月完工产品总成本；第二种类型是月末，本月生产的产品全部没有完工，则生产费用合计数等于月末在产品总成本；第三种类型是月末，本月生产的产品既有已经完工交库的产成品或自制半成品，又有正在加工的在产品，这时，需要将生产费用合计数在本月完工产品和月末在产品之间进行分配，以正确确定完工产品的实际总成本和单位成本。生产费用合计数与本月完工产品及月末在产品成本之间的关系，可以用公式表示如下：

月初在产品成本＋本月发生生产费用＝本月完工产品成本＋月末在产品成本

根据上述公式,则有:

本月完工产品成本=月初在产品成本+本月发生生产费用-月末在产品成本

从上述两个公式可知,要正确确定完工产品成本,关键是正确计算月末在产品成本。要正确计算在产品成本,就必须加强在产品的实物管理,组织好在产品数量的核算管理。

二、在产品数量的核算

在产品数量的核算,应具备账面核算资料和实际盘点资料,即一方面要做好在产品收发结存的日常核算工作,另一方面要做好在产品的清查工作。

为了进行在产品收发结存的日常核算,应在生产车间内按产品的品种和在产品的品名(如零部件的品名)设置在产品收发结存账(实际工作中也称在产品台账,如表3-76所示)。根据生产工艺特点和管理的需要,有的也可按加工工序反映。对在产品在各车间或车间内部的转移,应认真做好计量验收工作。在此基础上,根据领料凭证、在产品内部转移凭证以及产品交库凭证,随时登记在产品收发数量。在产品收发结存账可由车间核算人员登记,也可由企业生产调度部门专人登记。

表3-76 在产品收发结存账

生产单位:××车间　　　　　　201×年12月　　　　　　在产品名称:甲产品
生产工序:　　　　　　　　　　　　　　　　　　　　　　计量单位:件

年		摘要	收入		转出			结存			备注
月	日		凭证号	数量	凭证号	数量	废品	已完工	未完工	废品	
12	1	上月结存							30		
	3	本月投产	1201	150							
	10	完工交出			1220	55	3	55	125		
	⋮										
	31	本月合计		500		480	10	480	50		

为了核实在产品的数量,必须做好在产品的清查工作。清查的结果应编制在产品盘点表,并以实存数与在产品收发结存账相核对,如果账实不符,应查明盈亏原因并及时处理。

在产品盘盈时,按定额成本或计划成本借记"基本生产成本"科目,贷记"待处理财产损益"科目;按照规定核销时,则借记"待处理财产损益"科目,贷记"制造费用"科目,冲减制造费用。

发生盘亏和毁损时,应借记"待处理财产损益"科目,贷记"基本生产成本"科目。按规定核销时,应根据不同情况分别将损失从"待处理财产损益"科目转出,计入有关科目。其中准予核销计入产品成本的损失,转入"制造费用"科目的借方;由于自然灾害造成的非常损失,应收保险公司的赔款部分转入"其他应收款"科目,其余转入"营业外支出"科目;应由过失人赔偿的部分,转入"其他应收款"科目。如果在产品的盘亏是由于没有及时办理领用手续,或某种产品的零部件为另一种产品挪用,则应补办手续,及时转账更正。为了正确归集和分配制造费用,在产品盘盈、盘亏的账务处理应在制造费用分配前进行。

【案例3-31】某公司基本生产车间月末在产品清查结果:甲产品的在产品盘盈6件,单位定额成本为10元;乙产品的在产品盘亏25件,单位定额成本为12元,应由过失人赔偿100元;丙产品的在产品由于火灾毁损210件,单位定额成本为15元,残料验收入库价值100元,应由保险公司赔款2 500元,其余损失计入产品成本。据此进行如下会计处理:

(1) 在产品盘盈的核算
① 盘盈时
借：基本生产成本——甲产品　60
　　贷：待处理财产损益　　　　　60
② 批准核销时
借：待处理财产损益　60
　　贷：制造费用　　　60
(2) 在产品盘亏的核算
① 盘亏时
借：待处理财产损益　300
　　贷：基本生产成本——乙产品　300
② 批准核销时
借：制造费用　　　　　　　　　200
　　其他应收款——××责任人　100
　　贷：待处理财产损益　　　　　　　　300
(3) 在产品毁损的核算
① 毁损转账
借：待处理财产损益　3 150
　　贷：基本生产成本——丙产品　3 150
② 残料入库
借：原材料　　　　　100
　　贷：待处理财产损益　100
③ 批准处理时
借：营业外支出——非常损失　　550
　　其他应收款——保险公司　2 500
　　贷：待处理财产损益　　　　　　3 050

任务2　完工产品与在产品之间的生产费用分配

工作程序

第一，熟悉生产费用分配的方法；
第二，选择分配方法进行生产费用分配。

知识应用

　　正确计算期末在产品成本是正确计算本期完工产品成本的关键。如果企业的在产品品种规格多、流动性大、完工程度不一，那么在产品成本的计算就是一个比较复杂的问题。
　　企业应当根据期末在产品数量的多少、各月在产品数量变化的大小、产品成本中各成本项目比重的大小以及企业成本管理基础工作的好坏等具体情况，选择合理的在产品成本计算方法，从而正确、简便地计算出本月完工产品的成本。常用的在产品成本计算方法有：不计算在产品成本法、在产品按年初数固定计算法、在产品按所耗原材料费用计算法、约当产量法、在产品按完工产品成本计算法、定额成本法和定额比例法等。

一、不计算在产品成本法

采用这种分配方法时,虽然有月末在产品,但不计算其成本。这种方法适用于各月月末在产品数量很少的产品。这是因为如果各月月末在产品的数量很少,那么月初和月末在产品费用就很少,月初在产品费用与月末在产品费用的差额很小,不计算各月在产品成本对于完工产品成本的影响不大。因此,为了简化产品成本计算工作,可以不计算在产品成本。也就是说,这种产品每月发生的生产费用,全部由该种产品的完工产品负担,其每月生产费用之和也就是完工产品成本。例如原煤、原油生产企业和电力企业,由于月末没有在产品或者在产品很少,就可以不计算月末在产品成本。

采用这种方法计算完工产品成本时,生产成本明细账上既没有期初余额,也没有期末余额。因此,本月发生的生产费用,就是本月完工产品成本。用公式表示如下:

$$本月完工产品成本＝本月发生的生产费用$$

二、在产品成本按年初数固定计算法

在产品成本按年初数固定计算法的特点是:将年内各月末的在产品成本都按照年初固定数计算。由于每月期初在产品成本等于期末在产品成本,所以本月发生的生产费用全部计入完工产品成本。年末,根据实际盘点在产品数量和生产耗费水平重新调整计算确定下一年度固定的在产品成本,避免未来固定的在产品成本与实际成本相差太大,从而影响成本计算的准确性。该方法计算简单,适用于期末存在在产品而且各月之间在产品数量稳定的企业。例如,炼铁企业和化工企业生产的产品,由于高炉和化学反应装置的容积固定,其在产品成本就可以采用按年初数固定计算法进行计算。用这种方法计算完工产品成本,生产成本明细账上期初余额和期末余额是相等的。因此,本月发生的生产费用,就是本月完工产品的成本,用公式表示如下:

$$本月完工产品成本＝本月发生的生产费用$$

年末,在对在产品实地盘点后,12月份的在产品成本应按实地盘点结果确认。12月份完工产品成本的计算公式如下:

$$本月完工产品成本＝月初在产品成本＋本月发生的生产费用－月末盘点确认的在产品成本$$

三、在产品按所耗材料费用计价法

在产品按原材料费用计价,就是月末在产品只计算所耗的原材料费用,不计算人工费用等加工费用,产品的加工费用全部由完工产品负担。这种方法适用于各月在产品数量多、各月在产品数量变化较大,且原材料费用在产品成本中所占比重较大的产品。例如纺织、造纸、酿酒等生产工业的产品,原材料费用比重较大,都可以采用这种方法。这时,该产品的全部生产费用(包括月初在产品的原材料费用),减去按所耗原材料费用计算的在产品成本,就是该完工产品的成本。

【案例3-32】 假定某工业企业某种产品的月末在产品只计算原材料费用。该产品月初在产品原材料费用为4 200元;本月发生原材料费用31 800元,直接人工及制造费用等加工费用共计3 000元;完工产品860件,月末在产品40件。该产品的原材料费用在生产开始时一次性投入,原材料费用按完工产品和月末在产品的数量比例分配。分配计算如下:

原材料费用分配率＝(4 200＋31 800)÷(860＋40)＝40(元/件)

月末在产品原材料费用＝40×40＝1 600(元)

完工产品原材料费用＝860×40＝34 400(元)

完工产品成本＝34 400＋3 000＝37 400（元）

或＝4 200＋(31 800＋3 000)－1 600＝37 400（元）

四、约当产量比例法

约当产量比例法是将月末在产品数量按照完工程度折算为相当于完工产品的产量，即约当产量，然后按照完工产品产量与在产品的约当产量的比例分配计算完工产品费用和月末在产品费用的一种方法。采用该种分配方法，在产品既要计算直接材料费用，又要计算直接人工、制造费用等其他加工费用。这种分配方法适用于月末在产品数量较大、各月末在产品数量变化也较大、产品成本中直接材料费用和加工费用比重相差不多的产品。

约当产量比例法的一般计算公式如下：

在产品约当产量＝在产品数量×在产品完工程度

$$某项费用分配率＝\frac{月初在产品成本＋本月发生该项生产费用}{完工产品产量＋在产品约当产量}$$

完工产品该项费用＝完工产品数量×该项费用分配率

在产品该项费用＝在产品约当产量×该项费用分配率

或＝待分配费用－完工产品费用

【案例 3-33】某企业生产乙产品，本月完工 750 件，月末在产品 150 件，月初在产品和本月合计：直接材料费用为 45 000 元，直接人工费用为 8 400 元，制造费用为 12 600 元。直接材料在生产开始时一次投入，分配各项加工费用、计算约当产量所依据的完工率均为 60%。直接材料费用按照完工产品和月末在产品数量比例分配，各项加工费用按照完工产品数量和月末在产品约当产量的比例分配。分配计算如下：

(1) 计算月末在产品约当产量

月末在产品约当产量＝150×60%＝90（件）

(2) 直接材料费用分配

直接材料费用分配率＝45 000÷(750＋150)＝50

完工产品直接材料费用＝750×50＝37 500（元）

在产品直接材料费用＝150×50＝7 500（元）

(3) 直接人工费用分配

直接人工费用分配率＝8 400÷(750＋90)＝10

完工产品直接人工费用＝750×10＝7 500（元）

在产品直接人工费用＝90×10＝900（元）

(4) 制造费用分配

制造费用分配率＝12 600÷(750＋90)＝15

完工产品制造费用＝750×15＝11 250（元）

在产品制造费用＝90×15＝1 350（元）

(5) 计算完工产品和在产品成本

完工产品成本＝37 500＋7 500＋11 250＝56 250（元）

在产品成本＝7 500＋900＋1 350＝9 750（元）

从以上计算公式可以看出，在约当产量比例法下，在产品完工程度的测定对费用分配的正确性有着决定性的影响。从精细化分配费用的角度看，应针对不同成本项目的具体情况来确定其完工率及约当产量，并在此基础上分配各项费用。但一般来说，各项加工费用是按照生产工时来分配和归集的，因此，在采用约当产量比例法时，一般可以按照生产工时投入情况来确定在产品的加工进度,即完工程度,进而计算约当产量,分配各项加工费用。直接材料的投入方式可以有多种,因此,在采用约当产量比例法时,应根据直接材料投入方式的不同以及其他具体情况,来确定投料率,进而计算约当产量,分配直接材料费用。

1. 直接材料费用的分配

如果直接材料费用是在生产开始时一次投入的,由于完工产品与月末在产品所消耗的直接材料费用是一样的,因此,就应该按照完工产品与月末在产品的实际数量来进行直接材料费用的分配,即在产品的投料率按100%来确定。【案例3-33】中直接材料费用的分配就是如此。

如果直接材料随着加工进度陆续投入,则可以分为以下三种情况:

① 直接材料随着加工进度陆续投入,且直接材料投入的程度与加工进度完全一致或基本一致,这时分配直接材料费用所依据的月末在产品约当产量可以与分配加工费用所采用的在产品约当产量一致,即月末在产品的投料率可以采用分配加工费用时的完工率。

② 直接材料随加工进度陆续投入,其投料程度与加工进度不一致,则应按工序分别确定各工序在产品的投料率。在确定各工序的投料率时,一般以各工序的直接材料消耗定额为依据,投料程度按完成本工序投料的50%折算。

某工序在产品约当产量=该工序在产品数量×该工序投料率

$$某工序投料率=\frac{前边各工序累计投料定额+本工序投料定额\times 50\%}{单位产品材料定额消耗量}$$

【案例3-34】 某种产品需经两道工序制成,直接材料消耗定额为500千克,其中,第一道工序直接材料消耗定额为240千克,第二道工序直接材料消耗定额为260千克。月末在产品数量:第一道工序为200件,第二道工序为150件。完工产品为241件。月初在产品和本月发生的直接材料费用共计38 400元。直接材料是在每道工序随加工进度陆续分次投料,每道工序投料程度按50%计算。计算过程如下:

第一工序直接材料投料率=240×50%÷500×100%=24%
第一工序在产品约当产量=200×24%=48(件)
第二工序直接材料投料率=(240+260×50%)÷500×100%=74%
第二工序在产品约当产量=150×74%=111(件)
月末在产品约当产量合计数量=48+111=159(件)
直接材料费用分配率=38 400÷(241+159)=96
完工产品分配直接材料费用=241×96=23 136(元)
月末在产品分配直接材料费用=159×96=15 264(元)

③ 直接材料随加工进度分工序投入,但在每一道工序则是在开始时一次投入,则也应按工序确定投料率,不过在确定各工序的投料率时,应以各工序的直接材料消耗定额为依据,投料程度按完成本工序投料的100%计算。

【案例3-35】 仍沿用【案例3-34】的资料,但直接材料在各工序开始时一次投入,由于直接材料是在每道工序一开始就投入的,在同一工序中各件在产品直接材料的消耗定额,就是该工序的消耗定额,不应按50%折算,最后一道工序在产品的消耗定额,为完工产品的消耗定额,完工率为100%。计算过程如下:

第一工序直接材料投料率=240÷500×100%=48%
第一工序在产品约当产量=200×48%=96(件)
第二工序直接材料投料率=(240+260)÷500×100%=100%
第二工序在产品约当产量=150×100%=150(件)

月末在产品约当产量合计数量＝96＋150＝246（件）
直接材料费用分配率＝38 400÷(241＋246)＝78.85
完工产品分配直接材料费用＝241×78.85＝19 002.85（元）
月末在产品分配直接材料费用＝246×78.85＝19 397.1（元）

2. 加工费用的分配

采用约当产量比例法分配加工费用时，首先要测定在产品的完工程度（完工率），在此基础上，计算在产品的约当产量，进而进行费用的分配。测定在产品完工程度的方法一般有两种：

第一种，平均计算，即一律按50％作为各工序在产品的完工程度。这是在各工序在产品数量和单位产品在各工序的加工量都相差不多的情况下，后面各工序在产品多加工的程度可以抵补前面各工序少加工的程度。这样，全部在产品完工程度均可按50％平均计算。

第二种，各工序分别测定完工率。为了保证成本计算的准确性，加速成本的计算工作，可以按照各工序的累计工时定额占完工产品工时定额的比率计算，事前确定各工序在产品的完工率。计算公式如下：

$$\text{某工序在产品完工率} = \frac{\text{前面各工序工时定额之和} + \text{本工序工时定额} \times 50\%}{\text{产品工时定额}}$$

公式中的"本工序"，即在产品所在工序，其工时定额乘以50％，是因为该工序中各件在产品的完工程度不同，为了简化完工率的测算工作，在产品所在工序的加工程度一律按平均完工率50％计算。在产品从上一道工序转入下一道工序时，因上一道工序已经完工，所以前面各道工序的工时定额应按100％计算。

【案例 3-36】 某企业甲产品单位工时定额40小时，经过三道工序制成。第一道工序工时定额为8小时，第二道工序工时定额为16小时，第三道工序工时定额为16小时。各道工序内各件在产品加工程度均按50％计算。各工序完工率计算如下：

第一工序完工率＝8×50％÷40×100％＝10％
第二工序完工率＝(8＋16×50％)÷40×100％＝40％
第三工序完工率＝(8＋16＋16×50％)÷40×100％＝80％

根据各工序的月末在产品数量和各工序完工率，计算出月末各工序在产品的约当产量及其总数，据以分配费用。

【案例 3-37】 假定【案例 3-36】中的甲产品本月完工200件。第一道工序的在产品20件，第二道工序的在产品40件，第三道工序的在产品60件。根据各工序月末在产品的数量和各工序的完工率，分别计算各工序月末在产品的约当产量及其总数。计算过程如下：

第一工序约当产量＝20×10％＝2（件）
第二工序约当产量＝40×40％＝16（件）
第三工序约当产量＝60×80％＝48（件）
月末在产品约当产量合计数量＝2＋16＋48＝66（件）

假定【案例 3-37】中甲产品月初加本月发生的加工费用为：直接人工7 980元；制造费用8 512元。完工产品与月末在产品加工费用的分配计算如下：

(1) 直接人工的分配

直接人工费用分配率＝7 980÷(200＋66)＝30
完工产品分配直接人工费用＝200×30＝6 000（元）
月末在产品分配直接人工费用＝66×30＝1 980（元）

(2) 制造费用的分配

制造费用分配率＝8 512÷(200＋66)＝32

完工产品分配制造费用＝200×32＝6 400（元）

月末在产品分配制造费用＝66×32＝2 112（元）

五、在产品按完工产品成本计算法

在产品按完工产品成本计算法，是将月末在产品视同已经完工的产品，按照月末在产品数量与本月完工产品数量的比例来分配生产费用，以确定月末在产品成本和本月完工产品成本的方法。在产品按完工产品成本计算简化了成本计算工作，但只适用于月末在产品已接近完工，或已经加工完成但尚未包装或尚未验收入库的产品；否则，会影响本月完工产品成本计算的正确性。

【案例3-38】 某企业生产的甲产品，本月完工入库2 000件；月末在产品300件，有100件已经接近完工，有200件已经完工但尚未验收入库。月末在产品300件均按完工产品计算成本。丁产品生产费用发生情况和有关计算分配结果见表3-77。根据上述成本计算结果，编制结转本月完工入库丁产品成本的会计分录如下：

表3-77 生产费用分配表

产品名称：甲产品　　　　　　　　　201×年4月　　　　　　　　　金额单位：元

摘　　要	直接材料	直接人工	制造费用	合计
月初在产品成本	70 000	28 000	34 000	132 000
本月生产费用	403 000	170 000	175 000	748 000
生产费用合计	473 000	198 000	209 000	880 000
本月完工产品数量/件	2 000	2 000	2 000	2 000
月末在产品数量/件	200	200	200	200
生产数量合计/件	2 200	2 200	2 200	2 200
费用分配率(完工产品单位成本)	215	90	95	400
本月完工产品总成本	430 000	180 000	190 000	800 000
月末在产品成本	43 000	18 000	19 000	80 000

其中：直接材料分配率＝473 000÷2 200＝215

直接人工分配率＝198 000÷2 200＝90

制造费用分配率＝209 000÷2 200＝95

六、在产品按定额成本计算法

在产品按定额成本计算法，是指月末在产品按照预先制定的定额成本计算，实际生产费用脱离定额的差异全部由本月完工产品成本负担。

这种方法简化了生产费用在月末在产品和本月完工产品之间的分配，但由于它将实际生产费用脱离定额的差异全部计入了当月完工产品成本，因此只适用于各项消耗定额和费用定额比较准确、稳定，定额管理基础工作较好，并且各月在产品数量也比较稳定的产品；否则，将影响本月完工产品成本计算的准确性，不利于产品成本的分析和考核。

采用这种方法，月末在产品定额成本应根据月末在产品实际盘存数量和预先制定的费用（成本）定额计算。有关计算公式如下：

在产品直接材料定额成本＝在产品数量×材料消耗定额×材料单价
在产品直接人工定额成本＝在产品数量×工时定额×小时工资率
在产品制造费用定额成本＝在产品数量×工时定额×小时费用率

$$\begin{matrix}本月完工产品\\实际总成本\end{matrix} = \begin{matrix}月初在产品\\定额成本\end{matrix} + \begin{matrix}本月发生\\生产费用\end{matrix} - \begin{matrix}月末在产品\\定额成本\end{matrix}$$

【案例3-39】 某企业生产甲产品，采用在产品按定额成本计算法分配完工产品和在产品费用。本月所耗原材料费用为50 000元，人工费用20 000元，制造费用16 000元。完工产品数量为400件，月末在产品150件。原材料在生产开始时一次性投入。相关的定额资料如下：原材料消耗定额60千克，材料单价1.50元/千克，月末在产品工时定额20小时，小时工资率2元/小时，小时费用率1.50元/小时。完工产品和月末在产品成本分配如下：

在产品原材料定额费用＝150×60×1.50＝13 500（元）
在产品工资及福利费定额费用＝150×20×2＝6 000（元）
在产品制造费用定额成本＝150×20×1.50＝4 500（元）
月末在产品定额成本：13 500＋6 000＋4 500＝24 000（元）
完工产品成本：50 000＋20 000＋16 000－24 000＝62 000（元）

在产品按定额成本计算，简化了生产费用在完工产品和月末在产品之间的分配工作，但月末在产品定额成本与实际成本之间的差异全部由本月完工产品负担不尽合理。

七、定额比例法

定额比例法是产品的生产费用按照完工产品和月末在产品的定额消耗量或定额费用的比例，分配计算完工产品成本和月末在产品成本的方法。其中，直接材料费用按照直接材料定额消耗量或直接材料定额费用比例分配；直接人工费用、制造费用等各项加工费，可以按定额工时的比例分配，也可以按定额费用比例分配。这种分配方法适用于定额管理基础较好，各项消耗定额和费用定额比较准确、稳定，各月末在产品数量变动较大的产品。因为月初和月末在产品费用之间脱离定额的差异要在完工产品与月末在产品之间按比例分配，从而提高了产品成本计算的准确性。

运用定额比例法分配生产费用，计算产品成本的程序如下：

第一步，计算各项费用分配率。用实际生产费用除以月初在产品定额费用、定额工时与本月投入定额费用、定额工时之和或除以完工产品定额费用、定额工时与月末在产品定额费用、定额工时之和，得出直接材料投料率、直接人工分配率和制造费用分配率。

第二步，计算完工产品和在产品成本。分别用完工产品和月末在产品定额费用、定额工时乘以费用分配率，从而计算出完工产品和月末在产品成本。

定额比例法计算公式如下。

公式1：

$$费用分配率 = \frac{月初在产品费用 + 本月生产费用}{完工产品定额原材料费用或定额工时 + 月末在产品定额原材料费用或定额工时}$$

公式2：

$$费用分配率 = \frac{月初在产品费用 + 本月生产费用}{月初在产品定额原材料费用或定额工时 + 本月定额原材料费用或定额工时}$$

公式中以定额原材料费用为分母计算的费用分配率是原材料费用分配率；以定额工时为分母计算的是直接人工和制造费用分配率。公式1和公式2分母相等，所以计算结果相同，可以通用。

$$\frac{完工产品}{原材料费用} = \frac{完工产品定额}{原材料费用} \times \frac{原材料费}{用分配率}$$

$$\frac{月末在产品}{原材料费用} = \frac{月末在产品定}{额原材料费用} \times \frac{原材料费}{用分配率}$$

$$\frac{完工产品某}{项加工费用} = \frac{完工产品}{定额工时} \times \frac{该项费用}{分配率}$$

$$\frac{月末在产品}{某项加工费用} = \frac{月末在产品}{定额工时} \times \frac{该项费用}{分配率}$$

【案例3-40】某产品月初在产品费用为：直接材料14 000元；直接人工6 000元；制造费用4 000元。本月生产费用：直接材料82 000元；直接人工30 000元；制造费用20 000元。完工产品材料定额费用80 000元；定额工时50 000小时。月末在产品材料定额费用20 000元；定额工时10 000小时。完工产品与月末在产品之间，直接材料费用按直接材料定额费用比例分配，其他费用按定额工时比例分配。各项费用分配计算结果如表3-78所示。

表3-78 产品成本计算表

产品名称：甲产品　　　　　　　　201×年4月　　　　　　　　金额单位：元

成本项目		直接材料	直接人工	制造费用	合计
月初在产品成本		14 000	6 000	4 000	24 000
本月生产费用		82 000	30 000	20 000	132 000
生产费用合计		96 000	36 000	24 000	156 000
费用分配率		0.96	0.6	0.4	—
完工产品费用	定额	80 000	50 000 小时		
	实际	76 800	30 000	20 000	126 800
月末在产品费用	定额	20 000	10 000 小时		
	实际	19 200	6 000	4 000	29 200

表中各项费用分配率计算过程为：

材料费用分配率=96 000÷(80 000+20 000)=0.96

人工费用分配率=36 000÷(50 000+10 000)=0.6

制造费用分配率=24 000÷(50 000+10 000)=0.4

按照公式2计算分配费用，必须取得完工产品和月末在产品的定额资料。完工产品的直接材料定额费用和定额工时，可以根据完工产品的实际数量乘以单位直接材料消耗定额和工时消耗定额计算求得，在此基础上，再乘以相应的费用定额就可以计算完工产品的各项定额费用。月末在产品的直接材料定额消耗和工时定额消耗，可以根据月末在产品盘存表或账面所记录的在产品的结存数量，以及相应的消耗定额具体计算。但在在产品的种类和生产工序繁多时，核算工作量繁重。因此，在产品定额消耗量可采用简化的方法计算（即倒挤方法）。其计算公式如下：

$$\frac{月末在产品}{定额消耗} = \frac{月初在产品}{定额消耗} + \frac{本月投入的}{定额消耗} - \frac{本月完工产品}{定额消耗}$$

上述公式中月初在产品定额消耗根据上月成本计算资料取得。本月投入的直接材料定额消耗量，根据领料凭证所列直接材料定额消耗量等数据计算求得；本月投入的定额工时消耗量，根据有关定额工时的原始记录计算求得。按照倒挤方法计算月末在产品的定额数据，可以简化计算工作，但是，在发生在产品盘盈、盘亏的情况下，计算求得的成本资料就不能如实反映产品成本的水平。为了提高成本计算的准确性，必须每隔一定时期对在产品进行一次实地盘点，根据在产品的实存数计算一次定额消耗量。

在掌握了月初在产品的定额消耗量（或定额费用）和定额工时、本月投入的定额消耗量（或定额费用）和定额工时，以及本月完工产品定额消耗量（或定额费用）和定额工时等资料的情况下，倒挤求出月末在产品的定额资料。

【案例 3-41】某产品月初在产品实际生产费用为：直接材料 14 000 元，直接人工 6 000 元，制造费用 4 000 元；材料定额费用 10 000 元，定额工时 9 500 小时。本月生产费用：直接材料 82 000 元，直接人工 30 000 元，制造费用 20 000 元；材料定额费用为 90 000 元，定额工时 50 500 小时。完工产品材料定额费用 80 000 元，定额工时 50 000 小时。各项费用分配计算结果如表 3-79 所示。

表 3-79 产品成本计算表

产品名称：甲产品　　　　　　　201×年 4 月　　　　　　　金额单位：元

成本项目		直接材料	直接人工	制造费用	合计
月初在产品成本		14 000	6 000	4 000	24 000
本月生产费用		82 000	30 000	20 000	132 000
生产费用合计		96 000	36 000	24 000	156 000
费用分配率		0.96	0.6	0.4	—
完工产品费用	定额	80 000	50 000 小时		
	实际	76 800	30 000	20 000	126 800
月末在产品费用	定额	20 000	10 000 小时		
	实际	19 200	6 000	4 000	29 200

表中各项费用分配率计算过程为：

月末在产品定额费用＝10 000＋90 000－80 000＝20 000（元）

月末在产品定额工时＝9 500＋50 500－50 000＝10 000（小时）

材料费用分配率＝96 000÷(80 000＋20 000)＝0.96

人工费用分配率＝36 000÷(50 000＋10 000)＝0.6

制造费用分配率＝24 000÷(50 000＋10 000)＝0.4

采用定额比例法分配完工产品与月末在产品费用，分配结果比较准确，同时还便于将实际费用与定额费用进行比较，考核和分析定额的执行情况。

以上所述生产费用在各种产品之间，以及在同种产品的完工产品与月末在产品之间分配和归集以后，分别计算出各种产品的总成本和单位成本，借以考核和分析各种产品成本计划的执行情况。

项目实战 8

资讯：

盘锦兴隆糖果有限责任公司 2017 年 9 月生产完工硬糖 74 吨，软糖 74 吨，由于本月机器检修，月末尚有 1 吨硬糖和 1 吨软糖没有包装完毕，因此企业采用在产品按完工产品成本计算法在完工产品和在产品之间分配生产费用。

任务:

1. 整理项目实战 1~项目实战 7 项目数据。
2. 根据项目实战 1~项目实战 7 项目数据资料,登记产品成本计算单(表 3-80、表 3-81),计算完工产品与在产品成本(成本项目分配率保留四位小数)。

表 3-80 产品成本计算单

产品名称: 硬糖　　　　　　　2017 年 9 月　　　　　　本月完工: 74 000 千克
　　　　　　　　　　　　　　　　　　　　　　　　　　月末在产品: 1 000 千克
　　　　　　　　　　　　　　　　　　　　　　　　　　单位: 元

2017 年		摘 要	直接材料	燃料和动力	直接人工	制造费用	废品损失	合 计
月	日							
9	30	分配材料费用						
	30	分配动力费用						
	30	分配人工费用						
	30	分配制造费用						
	30	分配废品损失						
	30	生产费用合计						
	30	分配率						
	30	月末在产品成本						
	30	完工产品成本						

注: 直接材料费用=材料费用+生产用水费用+蒸汽费用。

表 3-81 产品成本计算单

产品名称: 软糖　　　　　　　2017 年 9 月　　　　　　本月完工: 74 000 千克
　　　　　　　　　　　　　　　　　　　　　　　　　　月末在产品: 1 000 千克
　　　　　　　　　　　　　　　　　　　　　　　　　　单位: 元

2017 年		摘 要	直接材料	燃料和动力	直接人工	制造费用	废品损失	合 计
月	日							
9	30	分配材料费用						
	30	分配动力费用						
	30	分配人工费用						
	30	分配制造费用						
	30	分配废品损失						
	30	生产费用合计						
	30	分配率						
	30	月末在产品成本						
	30	完工产品成本						

注: 直接材料费用=材料费用+生产用水费用+蒸汽费用。

答案:

硬糖完工产品成本为 938 542.80 元,在产品成本为 12 683 元;
软糖完工产品成本为 1 171 039.92 元,在产品成本为 15 824.80 元。

完成工作任务评价

一、完成项目会计主体的工作任务

根据项目资讯资料完成项目"产品成本计算单"登记的工作任务。

二、分享完成工作任务的收获

根据完成工作任务情况，结合教师及同学的评价，与教师及同学们分享收获。

生产费用分配小结

正确计算期末在产品成本是正确计算本期完工产品成本的关键。如果企业的在产品品种规格多、流动性大、完工程度不一，那么在产品成本的计算就是一个比较复杂的问题。

企业应当根据期末在产品数量的多少，各月在产品数量变化的大小，产品成本中各成本项目比重的大小以及企业成本管理基础工作的好坏等具体情况，选择合理的在产品成本计算方法，从而正确、简便地计算出本月完工产品的成本。常用的在产品成本计算方法有：不计算在产品成本法、在产品按年初数固定计算法、在产品按所耗原材料费用计算法、约当产量法、在产品按完工产品计算法、定额成本法和定额比例法等。

任务3　完工产品成本的结转

工作程序

第一，整理成本计算资料；

第二，结转完工产品成本。

知识应用

工业企业生产产品发生的各项生产费用，已在各种产品之间进行了分配，在此基础上又在同种产品的完工产品和月末在产品之间进行了分配，计算出各种完工产品的成本，从"基本生产成本"科目及所属明细科目贷方转出，记入有关科目的借方。完工入库产成品的成本，借记"库存商品"科目；完工的自制材料、工具、模具等的成本，分别借记"原材料""周转材料——低值易耗品"等科目，贷记"基本生产成本"科目。月末借方余额就是基本生产在产品的成本，即占用在基本生产过程中的生产资金。

【案例3-42】　沿用【案例3-41】资料，完工甲产品验收入库。

借：库存商品——甲产品　　126 800

　　贷：基本生产成本——甲产品　126 800

项目实战9

资讯：

盘锦兴隆糖果有限责任公司2017年9月生产完工硬糖74吨，软糖74吨，全部验收入库；在产品将继续完成生产。

任务：

根据项目实战1~项目实战8项目数据资料，结转完工产品成本，进行账务处理。

完成工作任务评价

一、完成项目会计主体的工作任务

根据项目资讯资料完成"结转完工产品成本"的工作任务。

二、分享完成工作任务的收获

根据完成工作任务情况，结合教师及同学的评价，与教师及同学们分享收获。

◆ 项目小结 ◆

品种法是以产品品种作为成本计算对象来归集生产费用、计算产品成本的一种方法。它适用于单步骤大量大批生产的企业和管理上不要求计算半成品成本的多步骤大量大批生产的企业。品种法的特点是以产品品种作为成本计算对象，设置生产成本明细账，成本计算定期按月进行。期末有在产品时，品种法要按照一定的程序对生产要素进行归集和分配，并将生产费用在完工产品和期末在产品之间进行分配，计算出各种产品的总成本和单位成本。

岗位技能拓展训练 3（生产费用在完工产品与在产品之间分配的实训）

一、单项选择题

1. 某产品经三道工序加工而成，每道工序的工时定额分别为 15 小时、25 小时、10 小时。各道工序在产品在本道工序的加工程度按工时定额的 50% 计算。则第三道工序在产品的累计工时定额为（　　）小时。
   A. 10　　　　　　B. 40　　　　　　C. 45　　　　　　D. 50

2. 某产品经三道工序加工而成，每道工序的工时定额分别为 10 小时、15 小时、25 小时，则第三道工序在产品的完工程度是（　　）。
   A. 12.5%　　　　B. 25%　　　　　C. 50%　　　　　D. 75%

3. 某产品经三道工序加工而成，每道工序的工时定额分别为 10 小时、15 小时、25 小时，每道工序期末在产品分别为 10 件、20 件、30 件，则按照完工程度计算的在产品约当产量是（　　）件。
   A. 11.5　　　　　B. 30　　　　　　C. 30.5　　　　　D. 42

4. 采用约当产量法计算在产品成本时，影响在产品成本准确性的关键因素是（　　）。
   A. 在产品的数量　　　　　　　　　　B. 完工产品的数量
   C. 废品的数量　　　　　　　　　　　D. 在产品的完工程度

5. 下列关于约当产量的说法中，错误的是（　　）。
   A. 在产品原材料的约当产量就是在产品的数量
   B. 在产品原材料的约当产量取决于在产品的投料程度
   C. 在产品加工费用的约当产量取决于在产品的加工程度
   D. 分工序生产的在产品约当产量需要考虑在产品所在的工序

6. 某种产品经两道工序加工完成。第一道工序的月末在产品数量为 100 件，完工程度为 20%；第二道工序的月末在产品数量为 200 件，完工程度为 70%。据此计算的月末在产品约当产量为（　　）件。
   A. 20　　　　　　B. 135　　　　　　C. 140　　　　　D. 160

7. 假定某工业企业某产品本月完工 250 件，月末在产品 160 件，在产品完工程度测定为 40%，月初和本月发生的原材料费用共 56 520 元，原材料随着加工进度陆续投入，则完工产品和月末在产品的原材料费用分别为（　　）。
   A. 45 000 元和 11 250 元　　　　　　B. 40 000 元和 16 250 元
   C. 34 298 元和 21 952 元　　　　　　D. 45 000 元和 11 520 元

8. 如果企业生产的产品所耗原材料费用在生产开始时一次投料，则完工产品与月末在产品的原材料费用的分配正确的是（　　）。
   A. 按照在产品约当产量分配计算
   B. 按照在产品数量的一半分配计算
   C. 按照完工产品和月末在产品数量分配计算
   D. 按照完工产品和月末在产品所耗原材料数量分配计算
9. 甲产品月末在产品只计算原材料费用。该产品月初在产品原材料费用为3 600元；本月发生的原材料费用2 100元。原材料均在生产开始时一次投入。本月完工产品200件，月末在产品100件。据此计算的甲产品本月末在产品成本是（　　）元。
   A. 5 700　　　　　B. 3 800　　　　　C. 2 100　　　　　D. 1 900
10. 如果企业月末在产品数量较多，各月在产品数量变动较大，产成品成本中原材料费用所占比例较大时，为简化核算，期末在产品成本计算方法适合采用（　　）。
    A. 约当产量法　　　　　　　　B. 定额比例法
    C. 按所耗原材料费用计价法　　D. 定额成本法
11. 某企业定额管理基础比较好，能够制定比较准确、稳定的消耗定额，各月末在产品数量变化不大的产品，适合采用的方法是（　　）。
    A. 定额比例法　　　　　　　　B. 定额成本法
    C. 约当产量法　　　　　　　　D. 按所耗直接材料费用计算法
12. 下列方法中属于完工产品与月末在产品之间分配费用的方法是（　　）。
    A. 直接分配法　　　　　　　　B. 定额比例法
    C. 生产工时比例法　　　　　　D. 计划成本分配法
13. 盘盈的在产品经批准核销时应贷记的科目是（　　）。
    A. 制造费用　　B. 管理费用　　C. 基本生产成本　　D. 辅助生产成本
14. 结转完工自制材料成本应借记的科目是（　　）。
    A. 基本生产成本　B. 制造费用　　C. 原材料　　D. 库存商品

二、多项选择题
1. 下列各项中，属于广义在产品的有（　　）。
   A. 正在车间返修的废品　　　　B. 已完工尚未入库的产品
   C. 已入库尚待加工的自制半成品　D. 已入库用于直接外销的自制半成品
2. 下列关于在产品成本计算的定额比例法，说法正确的是（　　）。
   A. 在产品和完工产品均按照定额成本反映
   B. 在产品和完工产品均按照实际成本反映
   C. 适用于定额基础较好，期末在产品数量变化不大的企业
   D. 适用于定额基础较好，期末在产品数量变化较大的企业
3. 采用定额比例法计算在产品成本时，涉及的主要的定额指标有（　　）。
   A. 产品产量定额　　　　　　　B. 材料定额费用
   C. 材料定额消耗量　　　　　　D. 工时定额消耗量
4. 甲企业期末在产品数量较多，而且各月之间变化较大，则该企业计算在产品成本可以选择的方法有（　　）。
   A. 约当产量法　B. 定额成本法　C. 定额比例法　D. 按所耗原材料计算法
5. 在下列各种方法中，属于在产品成本计算方法的有（　　）。
   A. 约当产量法　　　　　　　　B. 工时比例法

C. 定额成本法　　　　　　　　D. 所耗直接材料费用计算法
6. 企业生产费用在完工产品和在产品之间进行分配方法的选择应根据（　　）。
　A. 在产品数量的多少　　　　B. 各月在产品数量变化的大小
　C. 各项费用比重的大小　　　D. 定额管理基础的好坏
7. 采用约当产量法计算月末在产品成本，在产品的约当产量应按（　　）来计算。
　A. 投料程度　　B. 完工程度　　C. 完工入库程度　　D. 废品比例程度
8. 生产费用在完工产品和在产品之间的分配方法，应考虑（　　）。
　A. 在产品的数量　　　　　　B. 在产品的种类
　C. 各月在产品数量变化趋势　D. 各种费用比重的大小
9. 在产品按所耗原材料费用计价法的适用条件有（　　）。
　A. 各月末在产品数量较大　　B. 定额管理基础较好
　C. 原材料费用在成本中所占的比重较大　D. 各月末在产品数量不大
10. 在完工产品与在产品之间分配费用时，在产品按固定成本计算法适用于（　　）。
　A. 各月末在产品数量较少的产品
　B. 各月末在产品数量较多的产品
　C. 各月末在产品数量较多，但各月之间变化不大的产品
　D. 各月末在产品数量变化较大，且在产品成本中原材料费用比重较大

三、判断题

1. 从直接材料来看，期末在产品的约当产量一定等于在产品的产量。（　　）
2. 完工产品与在产品之间分配费用的约当产量法，只适用于工资和其他加工费用的分配，不适用于材料费用的分配。（　　）
3. 产成品成本结转之后生产成本科目应无余额。（　　）
4. 定额比例法中的分配标准既可以是定额消耗量也可以是定额费用。（　　）
5. 任何企业都可采用定额成本法在完工产品与在产品之间分配生产费用。（　　）
6. 按定额比例法计算月末在产品成本，一般以原材料定额消耗量作为分配标准。（　　）
7. 约当产量法适用于月末在产品数量大，各月末在产品数量变化也较大，其原材料费用在成本中所占比重较大的产品生产。（　　）
8. 原材料在生产过程中分次投入时，应当根据该工序在产品累计已投入的材料费用占完工产品应投入的材料费用的比重来计算在产品的投料程度。（　　）
9. 在月末计算产品成本时，如果某种产品已经全部完工，或者该产品全部没有完工，那么其产品成本明细账中归集的生产费用之和就不必在完工产品与月末在产品之间进行生产费用的分配。（　　）
10. 采用定额比例法和定额成本法计算在产品成本，其计算结果应当是一致的。（　　）

四、岗位实训

1. 资料

（1）某企业某种产品的月末在产品只计算原材料费用，其月初在产品原材料费用（即月初在产品成本）为 5 600 元，本月发生原材料费用为 10 330 元，工资及福利费 2 180 元，制造费用 920 元，本月完工产品 760 件，月末在产品 420 件，原材料在生产开始时一次投入，因而每件完工产品和不同完工程度的在产品所耗用的原材料数量相等，原材料费用可以按完工产品和月末在产品的数量比例分配。

要求：根据上述资料采用在产品按原材料费用计算法计算完工产品和月末在产品成本。

（2）某企业生产乙产品，月初加本月发生的生产费用为：原材料费用 30 000 元；工资

及福利费 12 000 元；制造费用 7 560 元。原材料于生产开始时一次性投料。该产品经过三道工序加工制成，单位工时定额为 20 小时，第一道工序工时定额为 6 小时，第二道工序工时定额为 10 小时，第三道工序工时定额为 4 小时。乙产品本月完工 250 件。第一道工序在产品 40 件；第二道工序在产品 60 件；第三道工序在产品 50 件。

要求：根据上述资料采用约当产量法计算完工产品和月末在产品成本。

(3) 某企业生产丙产品，采用在产品按定额成本计算法分配完工产品和在产品费用。本月所耗原材料费用为 45 000 元，工资及福利费 21 000 元，制造费用 18 000 元。完工产品数量为 400 件，月末在产品 200 件。原材料在生产开始时一次性投入。相关的定额资料如下：原材料消耗定额 60 千克，计划单价 1 元/千克，月末在产品工时定额 20 小时，计划小时工资率 1.50 元/小时，计划小时费用率 1 元/小时。

要求：根据上述资料采用在产品按定额成本计算法计算完工产品和月末在产品成本。

(4) 某企业生产丁产品，原材料费用按定额费用比例分配，其他费用按定额工时比例分配，本月丁产品完工 60 件，单件原材料成本定额 85 元，工时定额 55 小时。相关费用资料如下表所示。

要求：根据上述资料采用定额比例法计算完工产品和月末在产品成本，并完成表 3-82、表 3-83。

表 3-82 丁产品生产费用表

成本项目	月初在产品费用		本月生产费用	
	定额	实际/元	定额	实际/元
直接材料/元	2 000	2 500	6 000	5 700
直接人工	1 000 小时	1 300	3 000 小时	3 500
制造费用	1 000 小时	1 900	3 000 小时	4 900
合计	—	5 700	—	14 100

表 3-83 丁产品成本计算单 单位：元

项目		直接材料	直接人工	制造费用	合计
月初在产品成本					
本月生产费用					
生产费用合计					
定额分配率					
本月完工成本	定额				
	实际成本				
月末在产品	定额				
	实际成本				

2. 答案

(1) 完工产品成本为 13 360 元，在产品成本为 5 670 元。
(2) 完工产品成本为 33 391 元，在产品成本为 16 169 元。
(3) 完工产品成本为 62 000 元，在产品成本为 22 000 元。
(4) 完工产品成本为 14 797.50 元，在产品成本为 5 002.50 元。

项目四
产品成本计算的分批法

知识目标
1. 了解分批法的含义和特点。
2. 熟悉分批法的分类及核算程序。
3. 掌握分批法的成本计算对象及适用范围。
4. 掌握分批法的成本计算方法。
5. 区分一般分批法和简化分批法的不同。

技能目标
1. 能够根据企业的生产特点选择成本计算方法。
2. 能够应用分批法正确计算产品成本。
3. 能够独立完成相关的实务操作。

项目导入

盘锦嘉誉衬衫有限责任公司生产各式衬衫，按客户订单组织生产，根据订单的要求，有来料加工和自产自销两种形式。企业生产过程分为设计裁剪、缝纫加工、平整包装等三个步骤，基于该生产工艺过程，企业设置了裁剪、缝纫、平整（包括锁眼、钉扣、整烫、包装等工作）三个基本生产车间以及机电修理小组。男女衬衫的制作工艺流程如图4-1和图4-2所示。

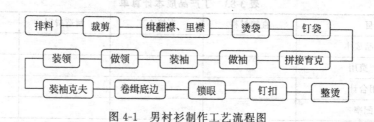

图 4-1 男衬衫制作工艺流程图

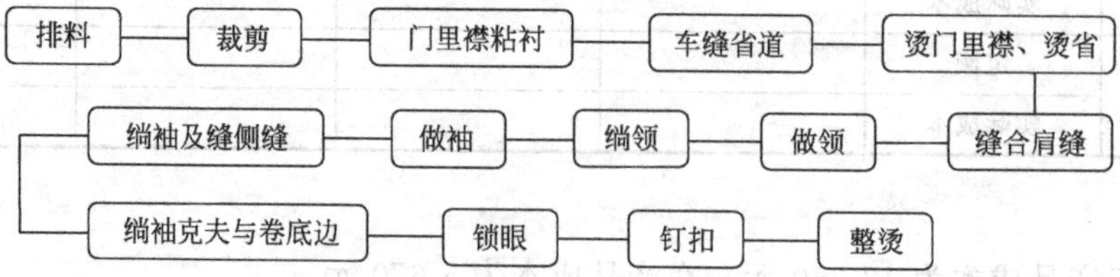

图 4-2 女衬衫制作工艺流程图

任务提出

盘锦嘉誉衬衫有限责任公司加工各式男、女长短袖衬衫，在加工的过程中会发生主要材料、辅助材料费用、人工费用以及其他各项间接费用，企业需要按照所生产的产品，按照一定的标准归集和分配各项费用，以计算出衬衫的总成本和单位成本。同学们想一想，根据公司产品的生产特点，应该选择什么样的产品成本计算方法？产品成本计算对象是什么？应设置几张成本计算单？

成本会计根据本企业的生产特点和管理要求，需要确定正确的成本核算方法。产品成本核算的主要任务如下：

工作任务一　选择产品成本计算方法；
工作任务二　运用一般分批法计算产品成本；
工作任务三　运用简化分批法计算产品成本。

预备知识

一、分批法的含义

分批法亦称订单法，它是以产品的批别或订单为计算对象，归集费用、计算产品成本的一种方法。分批法适用于单件小批生产类型的企业，比如船舶、重型机械以及精密仪器、专用设备的生产企业。分批法也可以用于新产品的试制、工业性修理作业和辅助生产的工具模具制造等。

二、分批法的特点

分批法的核算特点可以从成本计算对象、成本计算期和在产品成本计算三个方面来研究。

1. 成本计算对象

在单件小批生产类型的企业中，生产一般是根据购货单位的订货单来组织的，因此，分批法又叫作订单法。但是，订单和分批并不是同一个概念。如果一份订货单有几种产品，或虽只有一种产品但是数量较多且要求分批交货，就必须按品种划分为批别，或者划分为较少数量的批别组织生产并计算成本；如果同一会计期间的几张订单中有相同的产品，也可以将其合并为一批组织生产并计算成本。在这种情况下，分批法的成本核算对象就不是购货单位的订货单，而是企业生产计划部门下达的"生产任务通知单"（又称内部订单或工作令号）。财会部门应按"生产任务通知单"的生产批号开设"生产成本明细账"（产品成本计算单），归集费用并计算成本。因此，分批法的成本核算对象是产品批别或工作令号。

2. 成本计算期

在分批法下，要按月汇集各批产品的实际生产费用，但只有该批产品全部完工，才能计算其实际成本。因此，分批法的成本计算期与会计报告期不一致，而与该批产品的生产周期一致。

3. 生产费用在完工产品和在产品之间的分配

从成本计算期与生产周期一致这一点来看，分批法不存在生产费用在本月完工产品和月末在产品之间分配的问题。按产品批别归集的生产费用，如果到月末该批产品都已完工，这些生产费用就是本月完工产品的实际总成本；如果该批产品全部未完工，这些生产费用就是月末在产品成本。

当然，也有可能出现另外一种情况，就是批内产品跨月陆续完工并交付购货单位。在这种情况下，需要采用一定的方法来计算本月完工产品成本。如果批内产品少量完工，可以采用计划单位成本、定额单位成本或近期实际单位成本作为本月完工产品单位成本，乘上本月完工产品产量，计算出本月完工产品总成本并予以结转，待该批产品全部完工以后再计算该批产品的实际总成本和单位成本，但是已经结转的完工产品成本没有必要进行调整。如果批内产品跨月陆续完工的情况比较多，或者本月完工产品的数量占该批产品数量的比重较大，则应考虑采用适当方法（如约当产量法、定额比例法等）在本月完工产品和月末在产品之间分配生产费用，以正确计算本月完工产品成本和月末在产品成本。在这种情况下，该批产品全部完工以后，仍应如上所述，计算该批产品的实际总成本和单位成本。

三、分批法的类型

根据间接费用的分配和处理方式的不同，分批法可分为两种类型，即一般分批法和简化分批法。一般分批法又叫当月分批法，就是在每一个月无论是否有产品完工，都将间接费用按照受益对象和规定方法进行分配；简化分批法也叫累计分配法，是在每一个月都归集间接费用，但只有在有批次产品完工的月份，才将归集的费用分配给完工产品的成本。

工作任务一　选择产品成本计算方法

［情境］

盘锦嘉誉衬衫有限责任公司属于小批量多步骤生产企业，各步骤不要求计算产品成本，按客户订单组织生产。

任务：根据企业的生产工艺及生产特点确定企业的产品成本计算方法。

分批法计算产品成本，是按照产品的批别归集生产费用计算产品成本的一种方法。这种方法主要适用于小批、单件，管理上不要求分步骤计算成本的多步骤生产，如重型机器制造、船舶制造，以及服装、印刷业等。

盘锦嘉誉衬衫有限责任公司生产技术过程属于多步骤生产，由于半成品不对外出售，各生产步骤不计算半成品成本。企业根据收到的订单组织生产，按照订单设置产品成本明细账，归集生产费用，订单完工后计算完工产品成本；如果一批产品月末既有完工产品又有在产品，就采用一定的方法来进行分配。根据企业的生产特点和生产工艺，确定采用分批法进行产品成本核算。

［完成工作任务评价］

一、完成导入项目会计主体的工作任务

根据产品成本核算原则判断企业如何确定产品成本核算方法。

二、分享完成工作任务的收获

根据完成工作任务情况，结合教师及同学的评价，与教师及同学们分享收获。

工作任务二　运用一般分批法计算产品成本

［情境］

盘锦嘉誉衬衫有限责任公司2017年10月组织服装加工，包括上月投产的1批产品，本月投产 4 批，月末完工 4 批产品，原材料在各个批次产品投产时一次性投入。同学们想一想，根据公司产品的生产特点，应该选择什么样的计算方法？产品成本计算对象是什么？应设置几张成本计算单？

任务：应用一般分批法计算产品成本。

工作程序

第一，熟悉一般分批法核算程序；
第二，应用一般分批法计算产品成本。

知识应用

一、一般分批法的核算程序

第一步，根据"生产任务通知单"按照批次或者订单设置成本计算单（生产成本明细账）；
第二步，按规定成本项目设置专栏，按照批号归集和分配生产费用；
第三步，计算并结转各批次完工产品成本。
具体流程如图 4-3 所示。

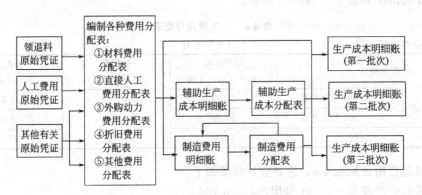

图 4-3　一般分批法成本计算流程图

二、一般分批法的应用

【案例 4-1】　某机械厂根据购货单位订货单，小批量生产甲、乙、丙产品，采用一般分批法计算产品成本。201×年第三季度，基本生产车间按客户要求组织生产 701 号、801 号、901 号三个批号产品，原材料在各批次产品投产时一次性投入。

（一）产品生产的基本情况及成本资料

三个批号产品生产情况如表 4-1 所示。

表 4-1　三个批号产品生产情况

批号	产品名称	批量	投产日期	完工日期	完工产量
701	甲产品	10 台	7 月 15 日	9 月 20 日	10 台
801	乙产品	20 台	8 月 20 日	9 月 29 日	15 台
901	丙产品	15 台	9 月 22 日	9 月 30 日	2 台

各批号产品生产工时记录如表 4-2 所示。

表 4-2 生产工时记录   单位：小时

生产批号	产品名称	7月	8月	9月	合计
701	甲产品	2 300	2 100	4 000	8 400
801	乙产品	—	2 400	2 200	4 600
901	丙产品	—	—	2 000	2 000
合计		2 300	4 500	8 200	15 000

根据各种费用分配表，汇集各月发生的生产费用，如表 4-3 所示。

表 4-3 费用发生情况   单位：元

生产时间	材料费用	人工费用	制造费用	合计
7月	168 000	6 840	5 560	180 400
8月	240 000	18 720	27 000	285 720
9月	132 000	39 360	35 424	206 784

由于企业生产属于一次性投料，所以各月投入的原材料全部为当月各批次产品耗用，直接计入各批次产品的生产成本明细账；人工费用和制造费用按照产品生产工时记录在月末进行分配，分配情况如表 4-4～表 4-7 所示。

表 4-4 人工费用分配表

部门：基本生产车间   201×年8月

应借科目		分配标准 （生产工时）/小时	分配率 /（元/小时）	分配金额 /元
基本生产成本	701号甲产品	2 100	4.16	8 736
	801号乙产品	2 400		9 984
合　计		4 500		18 720

根据制造费用分配表 4-4，编制会计分录如下：
借：基本生产成本——701号甲产品 8 736
　　　　　　　　——801号乙产品 9 984
　　贷：应付职工薪酬   18 720

表 4-5 人工费用分配表

部门：基本生产车间   201×年9月

应借科目		分配标准 （生产工时）/小时	分配率 /（元/小时）	分配金额 /元
基本生产成本	701号甲产品	4 000	4.8	19 200
	801号乙产品	2 200		10 560
	901号丙产品	2 000		9 600
合　计		8 200		39 360

根据制造费用分配表 4-5，编制会计分录如下：
借：基本生产成本——701号甲产品 19 200
　　　　　　　　——801号乙产品 10 560
　　　　　　　　——901号丙产品   9 600
　　贷：应付职工薪酬   39 360

表 4-6 制造费用分配表

部门：基本生产车间　　　　　　　　　　　　　　　　201×年 8 月

应借科目		分配标准 （生产工时）/小时	分配率 /（元/小时）	分配金额 /元
基本生产成本	701 号甲产品	2 100	6	12 600
	801 号乙产品	2 400		14 400
合　　计		4 500		27 000

根据制造费用分配表 4-6，编制会计分录如下：
借：基本生产成本——701 号甲产品　12 600
　　　　　　　　——801 号乙产品　14 400
　　贷：制造费用　　　　　　　　　　　27 000

表 4-7 制造费用分配表

部门：基本生产车间　　　　　　　　　　　　　　　　201×年 9 月

应借科目		分配标准 （生产工时）/小时	分配率 /（元/小时）	分配金额 /元
基本生产成本	701 号甲产品	4 000	4.32	17 280
	801 号乙产品	2 200		9 504
	901 号丙产品	2 000		8 640
合　　计		8 200		35 424

根据制造费用分配表 4-7，编制会计分录如下：
借：基本生产成本——701 号甲产品　17 280
　　　　　　　　——801 号乙产品　 9 504
　　　　　　　　——901 号丙产品　 8 640
　　贷：制造费用　　　　　　　　　　　35 424

（二）根据上述资料，登记基本生产成本明细账

701 批次甲产品 9 月份全部完工，生产费用全部计入完工产品成本，基本生产成本明细账见表 4-8。

表 4-8 基本生产成本明细账

生产批号：701　　　　　　投产日期：7 月 15 日　　　　　　生产批量：10 台
产品名称：甲产品　　　　　完工时间：9 月 20 日　　　　　　完工数量：10 台
　　　　　　　　　　　　　　　　　　　　　　　　　　　　　单位：元

201×年		摘　要	直接材料	直接人工	制造费用	合　计
月	日					
7	31	本月生产费用	168 000	6 840	5 560	180 400
8	31	本月生产费用		8 736	12 600	21 336
9	30	本月生产费用		19 200	17 280	36 480
	30	生产费用合计	168 000	34 776	35 440	238 216
	30	结转完工产品成本	168 000	34 776	35 440	238 216

801批次乙产品8月份投产，本月完工15台，数量较大，原材料在生产开始时一次性投入，其费用可以按照完工产品和在产品的实际数量比例分配；加工费用采用约当产量法在完工产品和在产品之间分配，在产品完工程度为50%。基本生产成本明细账见表4-9。完工产品与月末在产品成本分配表见表4-10。

表4-9　基本生产成本明细账

生产批号：801　　　　　　　　投产日期：8月20日　　　　　　　生产批量：20台
产品名称：乙产品　　　　　　　完工时间：9月29日　　　　　　　完工数量：15台
　　　　　　　　　　　　　　　　　　　　　　　　　　　　　　　单位：元

201×年		摘要	直接材料	直接人工	制造费用	合计
月	日					
8	31	本月生产费用	240 000	9 984	14 400	264 384
9	30	本月生产费用		10 560	9 504	20 064
	30	生产费用合计	240 000	20 544	23 904	284 448
	30	结转完工产品成本	180 000	17 609.14	20 489.14	218 098.28
	30	月末在产品成本	60 000	2 934.86	3 414.86	66 349.72

表4-10　完工产品与月末在产品成本分配表

生产批号：801　　　　　　　　投产日期：8月20日　　　　　　　生产批量：20台
产品名称：乙产品　　　　　　　完工时间：9月29日　　　　　　　完工数量：15台

成本项目	直接材料	直接人工	制造费用	合计
生产费用合计/元	240 000	20 544	23 904	284 448
完工产品数量/台	15	15	15	—
月末在产品数量/台	5	5	5	—
投料率/完工程度	100%	50%	50%	—
月末在产品约当产量/台	5	2.5	2.5	—
约当总产量/台	20	17.5	17.5	—
单位成本/元	12 000	1 173.942 857	1 365.942 857	14 539.88
完工产品成本/元	180 000	17 609.14	20 489.14	218 098.28
月末在产品成本/元	60 000	2 934.86	3 414.86	66 349.72

901批次丙产品，9月份投产，当月完工2台，为简化计算，完工产品按计划成本转出，每台计划成本为直接材料8 500元，直接人工3 600元，制造费用4 100元。基本生产成本明细账见表4-11。完工产品与月末在产品成本分配表见表4-12。

表4-11　基本生产成本明细账

生产批号：901　　　　　　　　投产日期：9月22日　　　　　　　生产批量：15台
产品名称：丙产品　　　　　　　完工时间：9月30日　　　　　　　完工数量：2台

201×年		摘要	直接材料	直接人工	制造费用	合计
月	日					
9	30	本月生产费用/元	132 000	9 600	8 640	150 240
	30	结转完工产品成本/元	17 000	7 200	8 200	32 400
	30	月末在产品成本/元	115 000	2 400	440	117 840

表 4-12　完工产品与月末在产品成本分配表

生产批号：901　　　　　　　　投产日期：9月22日　　　　　　　生产批量：15台
产品名称：丙产品　　　　　　　完工时间：9月30日　　　　　　　完工数量：2台

成本项目	直接材料	直接人工	制造费用	合　计
生产费用合计/元	132 000	9 600	8 640	150 240
完工产品数量/台	2	2	2	—
月末在产品数量/台	13	13	13	—
单台计划成本/元	8 500	3 600	4 100	16 200
完工产品成本/元	17 000	7 200	8 200	32 400
月末在产品成本/元	115 000	2 400	440	117 840

汇总并结转完工产品成本，完工产品成本汇总表见表 4-13。

表 4-13　完工产品成本汇总表

201×年9月　　　　　　　　　　　　　　　　　　　　　　　　　　　单位：元

产品批次	产品名称	单位	产量	直接材料	直接人工	制造费用	合　计
701	甲产品	总成本	台	10	168 000	34 776	35 440	238 216
		单位成本			16 800	3 477.60	3 544	23 821.60
801	乙产品	总成本	台	15	180 000	17 609.14	20 489.14	218 098.28
		单位成本			12 000	1 173.94	1 365.94	14 539.88
901	丙产品	总成本	台	2	17 000	7 200	8 200	32 400
		单位成本			8 500	3 600	4 100	16 200

根据表 4-13 编制会计分录：
借：库存商品——701 号甲产品　238 216
　　　　　　——801 号乙产品　218 098.28
　　　　　　——901 号丙产品　32 400
　　贷：基本生产成本——701 号甲产品　238 216
　　　　　　　　　　——801 号乙产品　218 098.28
　　　　　　　　　　——901 号丙产品　32 400

岗位训练

1. 资料

某工业企业生产甲、乙、丙三种产品，采用分批法计算产品成本。生产情况和生产费用情况如表 4-14～表 4-20 所示。

表 4-14　月初在产品成本

项　目	直接材料/元	直接人工/元	制造费用/元	合　计/元
501 批次	84 000	12 000	8 000	104 000
502 批次	120 000	2 000	2 000	124 000

表 4-15 本月生产情况

项 目	投产日期及数量	完工日期及数量	生产工时/小时
501 批次 甲产品	5月2日 40件	6月26日 40件	8 000
502 批次 乙产品	5月6日 60件		4 000
601 批次 丙产品	6月4日 120件	6月28日 12件	4 400

本月发生生产费用：原材料费用 396 000 元，全部为 601 批次丙产品消耗；生产工人薪酬 56 088 元；制造费用 44 280 元。

601 批次丙产品本月完工数量较少，按定额成本计算完工产品成本。丙产品单位产品成本定额：601 批次丙产品单位产品定额成本 4 825 元，其中直接材料 3 300 元，直接人工 825 元，制造费用 700 元。

2. 要求

(1) 采用生产工时分配法在各批产品之间分配本月发生的人工费用和制造费用；
(2) 计算各批完工产品成本；
(3) 编制会计分录。

表 4-16 直接人工费用分配表

201×年 6 月

项 目	生产工时/小时	分配率/(元/小时)	分配金额/元
501 批次 甲产品			
502 批次 乙产品			
601 批次 丙产品			
合 计			

表 4-17 制造费用分配表

201×年 6 月

项 目	生产工时/小时	分配率/(元/小时)	分配金额/元
501 批次 甲产品			
502 批次 乙产品			
601 批次 丙产品			
合 计			

表 4-18 基本生产成本明细账

生产批号：501　　　　投产日期：5月2日　　　　生产批量：40 台
产品名称：甲产品　　　完工时间：6月26日　　　完工数量：40 台
　　　　　　　　　　　　　　　　　　　　　　　单位：元

201×年		摘 要	直接材料	直接人工	制造费用	合 计
月	日					
6	1	月初在产品成本				
	30	本月生产费用				
	30	生产费用合计				
	30	结转完工产品成本				
	30	月末在产品成本				

表 4-19 基本生产成本明细账

生产批号：502　　　　　　　投产日期：5月6日　　　　　　生产批量：60 台
产品名称：乙产品　　　　　　完工时间：　　　　　　　　　完工数量：
　　　　　　　　　　　　　　　　　　　　　　　　　　　　单位：元

201×年		摘 要	直接材料	直接人工	制造费用	合 计
月	日					
6	1	月初在产品成本				
	30	本月生产费用				

表 4-20 基本生产成本明细账

生产批号：601　　　　　　　投产日期：6月4日　　　　　　生产批量：120 台
产品名称：丙产品　　　　　　完工时间：6月28日　　　　　完工数量：12 台
　　　　　　　　　　　　　　　　　　　　　　　　　　　　单位：元

201×年		摘 要	直接材料	直接人工	制造费用	合 计
月	日					
6	1	月初在产品成本				
	30	本月生产费用				
	30	生产费用合计				
	30	单位成本定额				
	30	结转完工产品成本				
	30	月末在产品成本				

3. 答案

501 批次甲产品完工 40 台，总成本为 152 960 元，其中直接材料 84 000 元，直接人工 39 360 元，制造费用 29 600 元。

601 批次丙产品完工 12 台，总成本为 57 900 元，其中直接材料 39 600 元，直接人工 9 900 元，制造费用 8 400 元。

项目实战 1

资讯：

盘锦嘉誉衬衫有限责任公司 2017 年 10 月继续加工上月投产的 1 批产品，本月投产 4 批，月末完工 4 批产品，原材料在各个批次产品投产时一次性投入。"直接人工"和"制造费用"按照标准产量系数的分配方法，在各种产品之间进行分配，女短袖衬衫作为标准产品，系数为 100%，其他产品按照其所耗生产工时与标准产品所耗工时相比计算系数。月末在产品只负担主要材料和部分辅助材料费用，其他费用均由完工产品负担。企业辅助部门机电修理小组不单独计算成本，费用全部计入制造费用。

任务：

采用一般分批法计算各批次产品成本，并进行账务处理。

各个生产通知单汇集的相关资料如表 4-21 所示。

表 4-21 生产通知单资料

2017 年 10 月

批号	产品名称	生产批量/件	主要材料			辅助材料	附注
			名称	领用数量/米	实用数量/米	实用衬布/米	
0909	女短袖衬衫	35 000	素色布			3 360	来料加工
1001	男长袖衬衫	7 000	长丝布	15 000	15 000	950	
1002	男短袖衬衫	5 000	小格布	9 000	8 700	398	
1003	女长袖衬衫(A)	8 000	印花布	12 000	11 780	1 250	
1004	女长袖衬衫(B)	5 000	花色布	8 260	8 160		不用衬布

注：0909 批号产品上月投产，本月完工；1001~1004 批号产品 10 月投产，1004 批号产品月末尚未完工，其他批号产品完工入库。

根据生产订单及发料情况编制的发出材料汇总表如表 4-22 所示。

表 4-22 发出材料汇总表　　　　　　　领料部门：裁剪车间

2017 年 10 月　　　　　　　　　　　　计量单位：米

批号	0909	1001	1002	1003	1004	合计
材料名称		长丝布	小格布	印花布	花色布	—
实用数量						—
单价/元		22	15	18	20	
金额/元						

根据辅助材料领料单和生产任务通知单编制辅助材料耗用汇总表，见表 4-23。

表 4-23 辅助材料耗用汇总表

2017 年 10 月　　　　　　　　　　　　　　　　　　单位：元

批号			0909	1001	1002	1003	1004	合计
	产品名称		女短袖衬衫	男长袖衬衫	男短袖衬衫	女长袖衬衫(A)	女长袖衬衫(B)	—
	产品数量/件		35 000	7 000	5 000	8 000		—
领用辅料	衬布		1 203.20	3 466.51	1 422.20	4 587.80		
	线		5 315.40	1 080	609.60	514.20		
	扣		3 706.60	804.80	448.32	1 041.48		
	包装	商标	708.80	417.60	278.40	473.40		
		纸板	2 161.60	1 814.40	1 013.28	816.20		
		包装袋	2 604.54	426.20	720	914.14		
		纸盒	2 807.66	1 080	608	938.40		
		箱子	1 612.28	1 660.80	1 003.20	1 145.22		
		小计						
	合计							

根据工资结算凭证编制职工薪酬汇总表，见表 4-24。

表 4-24 职工薪酬汇总表

2017 年 10 月   单位：元

部门		工资	社会保险(27.1%)	合计
基本生产部门	裁剪车间	42 000		
	缝纫车间	71 000		
	平整车间	52 000		
	小计	165 000		
车间管理部门		13 500		

根据有关凭证登记制造费用明细账，见表 4-25。

表 4-25 制造费用明细账

2017 年 10 月   单位：元

摘要	办公费	水电费	修理费	运输费	物料费	折旧费	人工费	其他	合计
～～	～～	～～	～～	～～	～～	～～	～～	～～	～～
合计	1 500	3 000	2 200	3 020	300	4 500		1 200	32 878.50

按照系数折合标准产量，分配生产工人薪酬及制造费用（分配率保留两位小数），见表 4-26。

表 4-26 生产工人薪酬及制造费用分配表

2017 年 10 月

完工批号	实际产量/件	系数/%	标准产量/件	直接人工		制造费用	
				分配率	金额/元	分配率	金额/元
0909	35 000	100					
1001	7 000	115					
1002	5 000	85					
1003	8 000	95					
合计		—	—				

根据所发生的生产费用登记产品成本明细账（表 4-27～表 4-31），计算产品成本。

表 4-27 基本生产成本明细账（一）

生产批号：0909　　　　　投产日期：9 月 22 日　　　　　生产批量：35 000 件
产品名称：女短袖衬衫　　 完工时间：10 月 15 日　　　　 完工数量：35 000 件
　　　　　　　　　　　　　　　　　　　　　　　　　　　单位：元

摘要	主要材料	辅助材料					直接人工	制造费用	合计
		衬布	线	纽扣	包装	小计			
月初在产品成本		4 000				4 000			4 000
本月生产费用									
生产费用合计									
结转完工产品成本									
月末在产品成本									

表 4-28 基本生产成本明细账（二）

生产批号：1001　　　　　　　投产日期：10月01日　　　　　　生产批量：7 000件
产品名称：男长袖衬衫　　　　　完工时间：10月15日　　　　　　完工数量：7 000件
　　　　　　　　　　　　　　　　　　　　　　　　　　　　　　单位：元

摘要	主要材料	辅助材料					直接人工	制造费用	合计
		衬布	线	纽扣	包装	小计			
本月生产费用									
生产费用合计									
结转完工产品成本									
月末在产品成本									

表 4-29 基本生产成本明细账（三）

生产批号：1002　　　　　　　投产日期：10月06日　　　　　　生产批量：5 000件
产品名称：男短袖衬衫　　　　　完工时间：10月21日　　　　　　完工数量：5 000件
　　　　　　　　　　　　　　　　　　　　　　　　　　　　　　单位：元

摘要	主要材料	辅助材料					直接人工	制造费用	合计
		衬布	线	纽扣	包装	小计			
本月生产费用									
生产费用合计									
结转完工产品成本									
月末在产品成本									

表 4-30 基本生产成本明细账（四）

生产批号：1003　　　　　　　投产日期：10月10日　　　　　　生产批量：8 000件
产品名称：女长袖衬衫（A）　　完工时间：10月29日　　　　　　完工数量：8 000件
　　　　　　　　　　　　　　　　　　　　　　　　　　　　　　单位：元

摘要	主要材料	辅助材料					直接人工	制造费用	合计
		衬布	线	纽扣	包装	小计			
本月生产费用									
生产费用合计									
结转完工产品成本									
月末在产品成本									

表 4-31 基本生产成本明细账（五）

生产批号：1004　　　　　　　投产日期：10月30日　　　　　　生产批量：5 000件
产品名称：女长袖衬衫（B）　　完工时间：　　　　　　　　　　完工数量：
　　　　　　　　　　　　　　　　　　　　　　　　　　　　　　单位：元

摘要	主要材料	辅助材料					直接人工	制造费用	合计
		衬布	线	纽扣	包装	小计			
本月生产费用									
生产费用合计									
结转完工产品成本									
月末在产品成本									

答案：

0909 批号女短袖衬衫，本企业成本费用为 178 820.08 元；1001 批号男长袖衬衫产成品总成本为 375 815.73 元；1002 号男短袖衬衫产成品总成本为 155 388 元；1003 批号产成品总成本为 255 998.34 元。

> **完成工作任务评价**

一、完成项目会计主体的工作任务

根据资讯资料设置产品成本计算单或生产成本明细账，能够正确核算产品成本。

二、分享完成工作任务的收获

根据完成工作任务情况，结合教师及同学的评价，与教师及同学们分享收获。

工作任务三　运用简化分批法计算产品成本

> **情境**

恒大工厂是一家小型生产型企业，小批生产多种产品，产品批数较多，企业根据订单组织生产。

任务：根据企业的生产特点确定产品成本核算方法。

> **工作程序**

第一，掌握简化分批法的特点；
第二，熟悉简化分批法核算程序；
第三，应用简化分批法核算产品成本。

> **知识应用**

一、简化分批法的特点

在单件小批生产的企业或车间，当各月投产的产品批数多、生产周期长，月末未完工产品的批别较多时，把各项间接费用分配于几十批甚至上百批产品时，成本核算的工作量就会很大。因此在投产批数较多且月末未完工产品批数也较多的企业，也可采用不分批计算在产品成本的简化分批法。简化分批法是将各批产品的间接费用计入基本生产成本二级账中先累计起来，待产品完工时再根据累计间接费用分配率，计算各批完工产品成本的方法。

1. 必须设置基本生产成本二级账

基本生产成本二级账除按规定的成本项目设专栏外，还需增设生产工时专栏，其二级账的作用在于：按月登记所有批别产品的累计生产费用（包括直接费用和间接费用）和累计生产工时。二级账中不仅要按成本项目登记所有批别产品的月初在产品费用、本月生产费用和累计生产费用，而且还要登记所有批别产品的月初在产品生产工时、本月生产工时和累计生产工时。

2. 简化了间接费用的分配

每月发生的间接计入费用，先在基本生产成本二级账中累计起来，在有完工产品的月份，月末才按各该批完工产品的累计生产工时和累计间接费用分配率计算完工产品应分摊的间接费用，进而计算完工产品成本和应保留在二级账中的月末在产品成本。没有完工产品的月份，则不分配间接计入费用。计算公式为：

$$\text{全部产品某项累计间接费用分配率} = \frac{\text{全部产品该项累计间接费用}}{\text{全部产品累计生产工时}}$$

某批完工产品应分摊的某项间接费用＝该批完工产品累计生产工时×全部产品该项累计间接费用分配率

各批别产品基本生产成本明细账中除完工产品成本外，均不反映间接费用的项目成本，月末在产品只反映直接费用（直接材料）和生产工时。

请思考：
分批法下间接费用的当月分配与累计分配有何区别？

二、简化分批法的计算程序

① 按产品批别或订单设置基本生产成本明细账（或产品成本计算单），并登记月初在产品的直接费用和生产工时。

② 设置基本生产成本二级账，并登记月初在产品的累计间接费用和累计生产工时。

③ 归集当月发生的生产费用和生产工时。在基本生产成本明细账中，只登记直接费用和生产工时，不登记间接费用；在二级账中既要登记各批别产品的累计直接费用和累计生产工时，同时也要登记各批产品共同发生的累计间接费用。

④ 月终根据全部产品各项目累计间接费用和全部产品累计生产工时，计算全部产品各项累计间接费用分配率。

⑤ 根据各批完工产品的累计生产工时，计算并分摊各批完工产品应负担的各项间接费用，并计算完工产品总成本和单位成本，未完工产品不分摊间接费用。

⑥ 将各批完工产品成本在基本生产成本二级账和基本生产成本明细账中进行平行登记，将各批别当月完工产品汇总编制产品成本汇总表，据以作为编制完工入库产品记账凭证的原始依据。

三、简化分批法的应用

以上对简化分批法的特点以及成本计算程序等内容作了介绍，下面举例具体说明这种方法的实际运用情况。

【案例 4-2】 沿用【案例 4-1】资料，假设该机械厂采用简化分批法计算并结转完工产品成本，且 901 批次丙产品没有完工产品。根据相关资料，生产费用归集、分配及产品成本计算过程如下：

① 开设基本生产成本二级账和产品成本明细账，登记所有批次产品的生产工时和加工费用，同时按照产品批次设置生产成本明细账。

② 根据第三季度发生的工时和费用资料，逐月登记基本生产成本二级账和产品明细账，登记结果如表 4-32～表 4-35 所示。

表 4-32 基本生产二级账
（各批产品总成本） 金额单位：元

201×年		摘 要	生产工时/小时	直接材料	直接人工	制造费用	合 计
月	日						
7	31	本月生产费用	2 300	168 000	6 840	5 560	180 400
8	31	本月生产费用	4 500	240 000	18 720	27 000	285 720

续表

201×年		摘要	生产工时/小时	直接材料	直接人工	制造费用	合　计
月	日						
9	30	本月生产费用	8 200	132 000	39 360	35 424	206 784
9	30	累计工时与费用	15 000	540 000	64 920	67 984	672 904
9	30	累计间接费用分配率	—	—	4.328	4.532 27	—
9	30	结转完工产品成本	12 343	348 000	53 420.50	55 941.81	457 362.31
9	30	月末在产品工时与费用	2 657	192 000	11 499.50	12 042.19	215 541.69

表中累计间接费用分配率计算过程如下：
直接人工累计分配率＝64 920÷15 000＝4.328
制造费用累计分配率＝67 984÷15 000＝4.532 27
③ 计算并结转完工产品成本。

表 4-33　基本生产成本明细账（一）

生产批号：701　　　　　投产日期：7月15日　　　　　生产批量：10台
产品名称：甲产品　　　　完工时间：9月20日　　　　　完工数量：10台
　　　　　　　　　　　　　　　　　　　　　　　　　　金额单位：元

201×年		摘要	生产工时/小时	直接材料	直接人工	制造费用	合　计
月	日						
7	31	本月生产费用	2 300	168 000	—	—	
8	31	本月生产费用	2 100	—	—	—	
9	30	本月生产费用	4 000	—	—	—	
9	30	累计工时与费用	8 400	168 000			
9	30	累计间接费用分配率	—	—	4.328	4.532 27	—
9	30	结转完工产品成本	8 400	168 000	36 355.20	38 071.07	242 426.27

表中直接人工和制造费用计算过程如下：
完工产品直接人工成本＝8 400×4.328＝36 355.20（元）
完工产品制造费用成本＝8 400×4.532 27＝38 071.07（元）

表 4-34　基本生产成本明细账（二）

生产批号：801　　　　　投产日期：8月20日　　　　　生产批量：20台
产品名称：乙产品　　　　完工时间：9月29日　　　　　完工数量：15台
　　　　　　　　　　　　　　　　　　　　　　　　　　金额单位：元

201×年		摘要	生产工时/小时	直接材料	直接人工	制造费用	合　计
月	日						
8	31	本月生产费用	2 400	240 000	—	—	
9	30	本月生产费用	2 200	—	—	—	
9	30	累计工时与费用	4 600	240 000			
9	30	累计间接费用分配率	—	—	4.328	4.532 27	—
9	30	结转完工产品成本	3 943	180 000	17 065.30	17 870.74	214 936.04
9	30	月末在产品成本	657	60 000	—	—	—

表中各项成本计算过程如下（月末在产品完工程度为50%）：

完工产品耗用工时＝4 600÷(15＋5×50%)×15＝3 943（小时）

月末在产品耗用工时＝4 600－3 943＝657（小时）

完工产品直接材料成本＝240 000÷20×15＝180 000（元）

月末在产品直接材料成本＝240 000－180 000＝60 000（元）

完工产品直接人工成本＝3 943×4.328＝17 065.30（元）

完工产品制造费用成本＝3 943×4.532 27＝17 870.74（元）

表 4-35　基本生产成本明细账（三）

生产批号：901　　　　　　　投产日期：9月22日　　　　　生产批量：15台
产品名称：丙产品　　　　　　完工时间：　　　　　　　　　完工数量：
　　　　　　　　　　　　　　　　　　　　　　　　　　　　单位：元

201×年		摘要	生产工时/小时	直接材料	直接人工	制造费用	合计
月	日						
9	30	本月生产费用	2 000	132 000	—		

④ 汇总并结转完工产品成本，完工产品成本汇总表见表 4-36。

表 4-36　完工产品成本汇总表

201×年9月　　　　　　　　　　　　　　　　　　　　　　　　单位：元

产品批次	产品名称		单位	产量	直接材料	直接人工	制造费用	合计
701	甲产品	总成本	台	10	168 000	36 355.20	38 071.07	242 426.27
		单位成本			16 800	3 635.52	3 807.11	24 242.63
801	乙产品	总成本	台	15	180 000	17 065.30	17 870.74	214 936.04
		单位成本			12 000	1 137.69	1 191.38	14 329.07

根据表 4-36 编制会计分录：

借：库存商品——701 号甲产品　242 426.27
　　　　　　　——801 号乙产品　214 936.04
　　贷：基本生产成本——701 号甲产品　242 426.27
　　　　　　　　　　——801 号乙产品　214 936.04

四、简化分批法的优缺点和应用条件

采用这种分批法，可以简化费用的分配和登记工作，月末未完工产品的批数越多，核算工作就越简化。但是，这种方法在各月间接计入费用水平相差悬殊的情况下则不宜采用，否则就会影响各月成本的正确性。例如，前几个月的间接计入费用水平高，本月间接计入费用水平低，而某批产品本月投产，当月完工，在这种情况下，按累计间接计入费用分配率计算的该批完工产品的成本就会发生不应有的偏高。另外，如果月末未完工产品的批数不多，也不宜采用这种方法。因为在这种情况下，月末大多数产品已经完工，绝大多数产品的批号仍然要分配登记各项间接计入费用，核算工作量减少不多，但计算的正确性却会受到影响。

综上所述，可以看出，要使这种分批法充分发挥其简化成本核算工作的优点，保证各月成本计算的正确性,采用这种分批法时必须具备两个条件:①各月份的间接计入费用的水平相差不多;②月末未完工产品的批数比较多。

项目实战 2

资讯:

恒大工厂是一家小型生产型企业,小批生产多种产品,产品批数较多,企业根据订单组织生产。为了简化产品成本计算工作,企业采用简化分批法计算产品成本。

2017年10月份产品生产批号有:

0815号,甲产品6件,8月投产,本月完工;

0924号,甲产品8件,9月投产,尚未完工;

0925号,乙产品12件,9月投产,本月完工2件;

1026号,丙产品4件,10月投产,尚未完工。

任务:

设置产品成本明细账及基本生产成本二级账(见表 4-37~表 4-41),核算完工产品成本(见表 4-42)。

表 4-37 基本生产二级账
(各批产品总成本) 单位:元

2017年		摘 要	生产工时/小时	直接材料	直接人工	制造费用	合 计
月	日						
8	31	本月生产费用	5 430	5 800	96 720	113 600	216 120
9	30	本月生产费用	56 570	24 320	499 530	787 900	1 311 750
10	31	本月生产费用	101 500	24 100	1 038 750	1 142 250	2 205 100
10	31	累计工时与费用	163 500	54 220	1 635 000	2 043 750	3 732 970
10	31	累计间接费用分配率					
10	31	结转完工产品成本					
10	31	月末在产品工时与费用					

表 4-38 基本生产成本明细账(一)

生产批号:0815　　投产日期:8月15日　　生产批量:6件
产品名称:甲产品　　完工时间:10月20日　　完工数量:6件
　　　　　　　　　　　　　　　　　　　　　　单位:元

2017年		摘 要	生产工时/小时	直接材料	直接人工	制造费用	合 计
月	日						
8	31	本月生产费用	5 430	5 800			
9	31	本月生产费用	8 870	1 130			
10	31	本月生产费用	16 700	1 210			
10	31	累计工时与费用					
10	31	累计间接费用分配率					
10	31	结转完工产品成本					

表 4-39　基本生产成本明细账（二）

生产批号：0924　　　投产日期：9 月 24 日　　　生产批量：8 件
产品名称：甲产品　　完工时间：　　　　　　　完工数量：
　　　　　　　　　　　　　　　　　　　　　　单位：元

2017 年		摘要	生产工时/小时	直接材料	直接人工	制造费用	合计
月	日						
9	30	本月生产费用	19 070	9 840			
10	31	本月生产费用	42 080	2 980			

表 4-40　基本生产成本明细账（三）

生产批号：0925　　　投产日期：9 月 25 日　　　生产批量：12 件
产品名称：乙产品　　完工时间：　　　　　　　完工数量：2 件
　　　　　　　　　　　　　　　　　　　　　　单位：元

2017 年		摘要	生产工时/小时	直接材料	直接人工	制造费用	合计
月	日						
9	30	本月生产费用	28 630	13 350			
10	31	本月生产费用	14 140				
10	31	累计工时与费用					
10	31	累计间接费用分配率					
10	31	结转完工产品成本					

注：1. 原材料在生产开始时一次性投料。
　　2. 单位产品工时定额为 5 230 小时。

表 4-41　基本生产成本明细账（四）

生产批号：1026　　　投产日期：10 月 26 日　　生产批量：10 件
产品名称：丙产品　　完工时间：　　　　　　　完工数量：
　　　　　　　　　　　　　　　　　　　　　　单位：元

2017 年		摘要	生产工时/小时	直接材料	直接人工	制造费用	合计
月	日						
10	31	本月生产费用	28 580	19 910			

表 4-42　完工产品成本汇总表
2017 年 10 月
　　　　　　　　　　　　　　　　　　　　　　单位：元

产品批次	产品名称		单位	产量	直接材料	直接人工	制造费用	合计
0815	甲产品	总成本	件	6				
		单位成本						
0925	乙产品	总成本	件	2				
		单位成本						

答案：
　　0815 批号 6 件甲产品总成本为 705 640 元；0925 批号完工 2 件乙产品总成本为 237 575 元。

完成工作任务评价

一、完成项目会计主体的工作任务
　　根据资讯资料设置产品成本计算单以及基本生产成本二级账，能够正确核算产品成本。

二、分享完成工作任务的收获

根据完成工作任务情况，结合教师及同学的评价，与教师及同学们分享收获。

◆ 项目小结 ◆

分批法亦称订单法，它是以产品的批别或订单为计算对象，归集费用、计算产品成本的一种方法。分批法适用于单件小批生产类型的企业，以产品批别作为成本计算对象，产品成本计算期不固定，一般不存在期末在产品计价问题。根据间接费用的分配和处理方式的不同，分批法可分为两种类型，即一般分批法和简化分批法。

简化分批法是一般分批法的简化形式，是指在单件、小批生产的企业，同一月份内投产批数较多而且月末未完工的批数较多，每月发生的人工费及制造费用，不是按月在各批产品之间进行分配，而是将人工费及制造费用先分别累计起来，到产品完工时，按照完工产品累计生产工时的比例，在各批完工产品之间再进行分配，从而计算出完工产品的总成本及单位成本的一种成本计算方法。

在简化分批法下，除了按批别设立产品成本计算单（生产成本明细账）外，还必须设立"基本生产成本"二级账，汇总登记各批产品生产耗费的所有生产费用和生产工时。如果月末未完工产品的批数不多，也不宜采用这种方法。因为在这种情况下，月末大多数产品已经完工，绝大多数产品的批号仍然要分配登记各项间接计入费用，核算工作量减少不多，但计算的正确性却会受到影响。

岗位技能拓展训练

一、单项选择题

1. 分批法适用的生产组织形式是（　　）。
   A. 大量大批生产　　B. 单件小批生产　　C. 成批生产　　D. 大量生产
2. 分批法的成本计算对象是（　　）。
   A. 产品的品种　　B. 产品的订单　　C. 产品的批别　　D. 生产任务通知单
3. 分批法的特点是（　　）。
   A. 按品种计算产品成本　　　　　　B. 按月计算产品成本
   C. 按步骤计算产品成本　　　　　　D. 按批别计算产品成本
4. 采用分批法计算产品成本的企业，其成本计算单的设置应按（　　）。
   A. 产品批号　　B. 生产日期　　C. 产品种类　　D. 客户要求
5. 下列企业中，可采用分批法计算产品成本的是（　　）。
   A. 造船厂　　B. 造纸厂　　C. 发电厂　　D. 纺织厂
6. 分批法的成本计算期一般按（　　）。
   A. 月份归集　　B. 生产合同　　C. 生产周期　　D. 会计核算期
7. 简化分批法之所以简化，是由于（　　）。
   A. 不计算在产品成本
   B. 不分批计算在产品成本
   C. 采用累计的间接费用分配率分配生产费用
   D. 在产品完工以前不登记产品成本明细账
8. 某工业企业采用分批法计算产品成本，某月份投产甲、乙、丙三种产品的情况如下：5日投产甲产品3件，乙产品1件；11日投产甲产品2件，丙产品2件；15日投产甲产品5

件；21日投产甲产品2件。该月应开设（　　）张产品成本计算单。
  A. 3张　　　　　　B. 4张　　　　　　C. 5张　　　　　　D. 6张
9. 简化的分批法，（　　）的分配是同时进行的。
  A. 间接计入费用在各批产品之间的分配和在完工产品与未完工产品之间
  B. 生产费用在各批产品之间
  C. 直接计入费用和间接计入费用
  D. 间接计入费用在期末在产品之间
10. 如果批内产品同时完工，则采用分批法计算产品成本时，一般不存在（　　）。
  A. 各项间接费用的分配　　　　　　B. 期间费用的分配
  C. 各项直接费用的分配　　　　　　D. 生产费用在完工产品与期末在产品之间的分配

二、多项选择题
1. 分批法的适用范围包括（　　）等。
  A. 单件小批单步骤生产
  B. 提供劳务的生产
  C. 管理上不要求分步计算成本的单件小批多步骤生产
  D. 新产品试制、自制设备、工具和模具等生产
2. 下列企业中，一般采用分批法计算的有（　　）。
  A. 造船厂　　　　　B. 服装厂　　　　　C. 新产品的试制　　　D. 精密仪器生产企业
3. 分批法的特点包括（　　）。
  A. 以产品批别作为成本核算的对象
  B. 成本计算期与产品生产周期一致
  C. 一般不需要在完工产品和期末在产品之间分配生产费用
  D. 期末在产品不负担间接计入费用
4. 在分批法下，若批内跨月陆续完工的情况不多，完工产品成本可以按（　　）计算。
  A. 计划单位成本　　　　　　　　　B. 最近一期相同产品的市级单位成本
  C. 定额单位成本　　　　　　　　　D. 在全部产品完工后，再计算完工产品成本
5. 分批法与品种法的主要区别是（　　）。
  A. 成本计算对象　　B. 成本计算期　　C. 生产周期　　D. 会计报告期
6. 简化的分批法的特点是（　　）。
  A. 必须按生产单位设置基本生产成本二级账
  B. 未完工产品不结转间接计入费用，即不分批计算期末在产品成本
  C. 通过计算累计间接计入费用分配率分配完工产品应负担的间接计入费用
  D. 期末在产品不负担间接计入费用
7. 采用简化的分批法（　　）。
  A. 直接计入费用在发生时应同时计入基本生产成本二级账及其所属生产成本明细账
  B. 间接计入费用在发生时应同时计入基本生产成本二级账及其所属生产成本明细账
  C. 间接计入费用在发生时应计入基本生产成本二级账，不计入其所属生产成本明细账
  D. 完工产品应负担的间接计入费用应计入各完工批次的生产成本明细账
8. 简化分批法的适用条件是（　　）。
  A. 各月份间接费用的水平相差不大　　　　B. 各月份直接费用的水平相差不大
  C. 月末未完工的批数较多　　　　　　　　D. 月末未完工的批数较少

三、判断题

1. 分批法的成本核算对象是产品订单。（   ）
2. 分批法的成本计算程序与品种法基本上相同。（   ）
3. 分批法的成本计算期与产品生产周期是一致的。（   ）
4. 分批法适用于大量大批单步骤生产或管理上不要求分步骤计算成本的多步骤生产。（   ）
5. 分批法应按产品批别（工作令号、生产通知单）设置生产成本明细账。（   ）
6. 采用简化的分批法，完工产品不分配结转间接计入费用。（   ）
7. 简化的分批法也叫作不分批计算完工产品成本分批法。（   ）
8. 将间接计入费用在各批次产品之间的分配和在完工产品与在产品之间的分配结合起来，可以简化成本计算。（   ）
9. 采用简化的分批法，基本生产成本二级账的余额也应与其所属明细账（产品成本计算单）余额之和相符。（   ）
10. 某批次完工产品应负担的间接计入费用，是根据该批产品累计工时和全部产品累计间接计入费用分配率计算得到的。（   ）

四、岗位实训

1. 资料

某企业小批量生产多种产品，产品批数多，采用简化分批法计算产品成本。201×年7月份该企业的生产情况如表4-43所示。各批次产品的材料费用及工时表、基本生产成本二级账和完工产品汇总表如表4-43~表4-50所示。

表4-43 生产情况

项　目	投产日期及数量	完工日期及数量
501批次 甲产品	5月8日　10件	7月27日　10件
601批次 乙产品	6月1日　5件	7月28日　3件
602批次 丙产品	6月5日　6件	
701批次 丁产品	7月6日　7件	

表4-44 材料费用及工时表

产品批号	月份	原材料/元	生产工时/小时
501批次甲产品	5	23 300	16 300
	6	25 000	13 000
	7	1 000	12 200
601批次 乙产品	6	37 600	15 200
	7		25 100
602批次 丙产品	6	20 800	10 600
	7	9 700	38 400
701批次 丁产品	7	11 300	21 300

601批次乙产品、701批次丁产品原材料在生产开始时一次性投入，501批次甲产品、602批次丙产品原材料随加工进度陆续投入；601批次乙产品单位工时定额为10 060小时。

要求：设置基本生产成本二级账；按各批次产品设置基本生产成本明细账，编制完工产品成本汇总表，并编制会计分录。

表 4-45　基本生产成本二级账

201×年 7 月　　　　　　　　　　　　　　　　　　　　　　单位：元

201×年		摘　要	生产工时/小时	直接材料	直接人工	制造费用	合　计
月	日						
5	31	本月生产费用					
6	30	本月生产费用					
7	31	本月生产费用					
	31	累计工时与费用					
	31	累计间接费用分配率					
	31	结转完工产品成本					
	31	月末在产品工时与费用					

表 4-46　基本生产成本明细账（一）

生产批号：501　　　　　投产日期：5 月 8 日　　　　　生产批量：10 件
产品名称：甲产品　　　　完工时间：7 月 27 日　　　　完工数量：10 件
　　　　　　　　　　　　　　　　　　　　　　　　　　单位：元

201×年		摘　要	生产工时/小时	直接材料	直接人工	制造费用	合　计
月	日						
5	31	本月生产费用					
6	30	本月生产费用					
7	31	本月生产费用					
	31	累计工时与费用					
	31	累计间接费用分配率					
	31	结转完工产品成本					

表 4-47　基本生产成本明细账（二）

生产批号：601　　　　　投产日期：6 月 1 日　　　　　生产批量：5 件
产品名称：乙产品　　　　完工时间：7 月 28 日　　　　完工数量：3 件
　　　　　　　　　　　　　　　　　　　　　　　　　　金额单位：元

201×年		摘　要	生产工时/小时	直接材料	直接人工	制造费用	合　计
月	日						
6	30	本月生产费用					
7	31	本月生产费用					
	31	累计工时与费用					
	31	累计间接费用分配率					
	31	结转完工产品成本					
	31	月末在产品成本					

表 4-48　基本生产成本明细账（三）

生产批号：602　　　　　　　　投产日期：6月5日　　　　　　　　生产批量：6件
产品名称：丙产品　　　　　　　完工时间：　　　　　　　　　　　完工数量：
　　　　　　　　　　　　　　　　　　　　　　　　　　　　　　　金额单位：元

201×年		摘要	生产工时/小时	直接材料	直接人工	制造费用	合　计
月	日						
6	30	本月生产费用					
7	31	本月生产费用					

表 4-49　基本生产成本明细账（四）

生产批号：701　　　　　　　　投产日期：7月6日　　　　　　　　生产批量：7件
产品名称：丁产品　　　　　　　完工时间：　　　　　　　　　　　完工数量：
　　　　　　　　　　　　　　　　　　　　　　　　　　　　　　　金额单位：元

201×年		摘要	生产工时/小时	直接材料	直接人工	制造费用	合　计
月	日						
7	31	本月生产费用					

表 4-50　完工产品成本汇总表

201×年7月

单位：元

产品批次	产品名称		单位	产量	直接材料	直接人工	制造费用	合　计
501	甲产品	总成本						
		单位成本						
601	乙产品	总成本						
		单位成本						

2. 答案

501批次甲产品，投产10件，完工10件，总成本为103 250元，其中直接材料49 300元，直接人工20 750元，制造费用33 200元。

601批次乙产品，投产5件，本月完工3件，总成本为61 794元，其中直接材料22 560元，直接人工15 090元，制造费用24 144元。

项目五
产品成本计算的分步法

知识目标
1. 了解分步法的适用范围及其分类。
2. 明确逐步结转分步法和平行结转分步法的成本核算程序。
3. 掌握逐步结转分步法和平行结转分步法的成本计算方法。
4. 掌握成本还原的基本原理。

技能目标
1. 能够根据企业的生产特点选择正确的成本计算方法。
2. 能够熟练应用逐步结转分步法和平行结转分步法计算产品成本。
3. 能够正确进行成本还原，反映真实的成本结构。
4. 能够正确进行账务处理。

项目导入

大兴钢铁厂设有炼铁、炼钢、轧钢三个基本生产车间和供电、机修两个辅助生产车间。炼铁车间用高炉冶炼铁矿石，冶炼出生铁，直接交炼钢车间；炼钢车间再将生铁（或者铁水）转炉炼出钢锭，再直接交给轧钢车间；轧钢车间再把钢锭轧制成各种型号的钢材。供电车间和机修车间为全厂提供电力和维修的服务。产品的生产过程如图 5-1 所示。

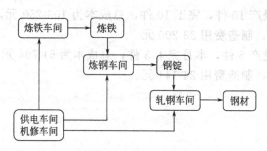

图 5-1 产品生产过程

任务提出

大兴钢铁厂大量生产各种型号的钢材，在生产经营的过程中会发生材料费用、人工费用以及其他各项间接费用，企业需要按照产品的品种和生产步骤归集和分配各项费用，以计算出产品的总成本和单位成本。同学们想一想，根据本钢铁厂的生产工艺和生产特点，应该选择哪一种产品成本计算方法？成本计算对象是什么？应该如何确定成本计算周期？

工作任务一 选择合适的产品成本计算方法；

工作任务二　运用逐步结转分步法计算产品成本；
工作任务三　运用平行结转分步法计算产品成本。

预备知识

一、分步法的含义

分步法是按照产品的生产步骤归集生产费用，计算各种产品及其各步骤成本的一种方法。分步法适用于连续式复杂生产企业，比如冶金、纺织、造纸、化工、水泥生产等，也适用于规模较大、大量大批装配式复杂生产企业，比如汽车、家电生产等。在这些企业里，产品生产可以划分为若干个生产步骤进行，比如钢铁厂可分为炼钢、轧钢等步骤；纺织厂可分为纺纱、织布等步骤；造纸厂可分为纸浆、制纸、包装等步骤；机械厂可分为铸造、加工、装配等步骤。

二、分步法的特点

1. 成本计算对象

成本计算对象就是各种产品的生产步骤。因此，在计算产品成本时，应按照产品的生产步骤设立产品成本明细账。如果只生产一种产品，成本计算对象就是该种产成品及其所经过的各生产步骤，产品成本明细账应该按照产品的生产步骤开设。如果生产多种产品，成本计算对象则应是各种产成品及其所经过的各生产步骤。产品成本明细账应该按照每种产品的各个步骤开设。

在进行成本计算时，应按步骤分产品分配和归集生产费用，单设成本项目的直接计入费用，直接计入各成本计算对象；单设成本项目的间接计入费用，单独分配计入各成本计算对象；不单设成本项目的费用，一般先按车间、部门等，归集为综合费用，月末再直接计入或者分配计入各成本计算对象。

需要指出的是，在实际工作中，产品成本计算的分步与产品生产步骤的划分不一定完全一致。例如，在按生产步骤设立车间的企业中，一般来讲，分步计算成本也就是分车间计算成本。如果企业生产规模很大，车间内又分成几个生产步骤，而管理上又要求分步计算成本时，也可以在车间内再分步计算成本。相反，如果企业规模很小，管理上也不要求分车间计算成本，也可将几个车间合并为一个步骤计算成本。总之，应根据管理的要求，本着简化计算工作的原则，确定成本计算对象。

2. 成本计算期

在大量、大批的多步骤生产中，由于生产过程较长，可以间断，而且往往都是跨月陆续完工，因此，成本计算一般都是按月、定期地进行，即在分步法下，成本计算期与会计报告期一致，而与产品的生产周期不一致。

3. 费用在完工产品与在产品之间的分配

由于大量、大批多步骤生产的产品往往跨月陆续完工，月末各步骤一般都存在未完工的在产品。因此，在计算成本时，还需要采用适当的分配方法，将汇集在各种产品、各生产步骤产品成本明细账中的生产费用，在完工产品与在产品之间进行分配，计算各该产品、各该生产步骤的完工产品成本和在产品成本。

4. 各步骤之间成本的结转

由于产品生产是分步骤进行的，上一步骤生产的半成品是下一步骤的加工对象。因此，为了计算各种产品的产成品成本，还需要按照产品品种，结转各步骤成本。也就是说，与其他成本计算方法不同，在采用分步法计算产品成本时，在各步骤之间还有个成本结转问题。这是分步法的一个重要特点。

由于各个企业生产工艺过程的特点和成本管理对各步骤成本资料的要求（要不要计算半成品成本）不同，以及对简化成本计算工作的考虑，各生产步骤成本的计算和结转采用两种不同的方法：逐步结转和平行结转。因而，产品成本计算的分步法也就相应地分为逐步结转分步法和平行结转分步法两种。

三、分步法的分类

分步法根据是否计算半成品成本，分为逐步结转分步法和平行结转分步法。逐步结转分步法也称计算半成品成本法，是以产品品种和各步骤半成品为成本计算对象，归集费用、计算产品成本的一种方法。平行结转分步法，也称不计算半成品成本法，是以产品品种和各步骤应计入产成品中的份额为成本计算对象，归集费用、计算产品成本的一种方法。

在逐步结转分步法里，根据半成品成本结转方式的不同，又可以进一步划分为综合结转分步法和分项结转分步法。综合结转分步法，是将半成品的综合成本结转至下一步骤全部作为原材料成本的一种逐步结转分步法，半成品成本结转可以按照实际成本结转，也可以按照计划成本结转。分项结转分步法，是将半成品的成本按照具体成本项目分项结转至下一步骤的一种逐步结转分步法。

分步法的具体分类如图 5-2 所示。

$$
\text{分步法}\begin{cases}\text{逐步结转分步法}\begin{cases}\text{综合结转分步法}\\\text{分项结转分步法}\end{cases}\\\text{平行结转分步法}\end{cases}
$$

图 5-2　分步法的分类图

工作任务一　选择合适的产品成本计算方法

【情境】

大兴钢铁厂大量大批生产各种型号的钢材。企业设有炼铁、炼钢、轧钢三个基本生产车间。炼铁车间冶炼出生铁，作为原材料，炼钢车间再将生铁（或者铁水）转炉炼出钢锭，轧钢车间再把钢锭轧制成各种型号的钢材。三个车间连续生产，企业要求分别计算产品成本。

任务：同学们想一想，根据本钢铁厂的生产工艺和生产特点，应该选择哪一种产品成本计算方法？成本计算对象是什么？应该如何确定成本计算周期？

产品成本计算的分步法，以产品的品种及其所经过的生产步骤为成本计算对象来归集生产费用，上一步骤的半成品是下一步骤继续加工的原材料；这种方法的成本计算对象是生产步骤，成本计算期与会计报告期一致，与生产周期不一致；月末采用适当的方法分配在产品成本。

大兴钢铁厂的产品属于多步骤生产，三个车间顺序加工，最后生产出产成品。企业按照炼铁、炼钢、轧钢三个车间设置产品成本计算单，归集生产费用，严格计算各步骤的生产成本；月末尚有大量的在产品，下月继续加工，需要按照一定的费用方法，将生产费用在完工产品和在产品之间进行分配。根据企业的生产工艺特点和管理要求，确定采用分步法计算产品成本。

完成工作任务评价

一、完成导入项目会计主体的工作任务

根据产品成本核算原则判断企业如何确定产品成本核算方法。

二、分享完成工作任务的收获

根据完成工作任务情况，结合教师及同学的评价，与教师及同学们分享收获。

工作任务二　运用逐步结转分步法计算产品成本

情境

大兴钢铁厂每个月都大量生产各种型号的钢材，需要经过炼铁、炼钢、轧钢三个基本生产车间的连续性生产。根据企业的生产特点，每个生产车间都要按照产品品种设置产品成本计算单，计算半成品和产成品成本。

任务：根据企业的生产工艺特点和要求，应用逐步结转分步法计算产品成本。

工作程序

第一，熟悉逐步结转分步法的基本知识；
第二，应用综合结转分步法计算产品成本；
第三，应用分项结转分步法计算产品成本。

知识应用

一、逐步结转分步法的含义及适用范围

逐步结转分步法也称计算半成品成本法，是以产品品种和各步骤半成品为成本计算对象，归集费用、计算产品成本的一种方法。逐步结转分步法主要适用于大量大批多步骤连续式生产企业。在这种类型的企业中，生产的半成品既可自用，转给下一步骤继续加工，耗用在不同产品上；又可以作为商品产品对外销售，如钢铁厂的生铁、纺织厂的棉纱就是这样。还有的企业生产的半成品，虽然不对外销售，但要进行同行业成本的评比，如化肥厂合成氨的成本，是化肥工业成本评比的重要指标之一。在这些企业计算成本时，除了要计算各种产成品的成本之外，还必须计算各生产步骤的半成品成本，以便计算外销半成品的成本和以后生产步骤的产品成本，以及为进行成本评比提供必要的资料。

二、逐步结转分步法的特点及核算程序

采用逐步结转分步法，应按生产步骤分产品品种开立产品成本计算单，单内按成本项目归集本步骤的生产费用。各步骤生产产品发生的费用包括各步骤本身发生的费用和耗用上一步骤的半成品费用两部分。应根据各种费用分配表，将各步骤本身发生的费用分配记入各步骤产品成本计算单。由于上一步骤的完工半成品实际上是下一步的材料，因此，该方法的特点是：各步骤所耗用的上一步骤半成品的成本，要随着半成品实物的转移，从上一步骤的产

品成本明细账转入下一步骤相同的产品成本明细账中，以便逐步计算各步骤的半成品成本和最后步骤的产成品成本。逐步结转分步法实物结转程序如图 5-3 所示，半成品成本结转程序如图 5-4 所示。

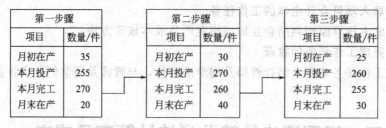

图 5-3　逐步结转分步法实物结转程序

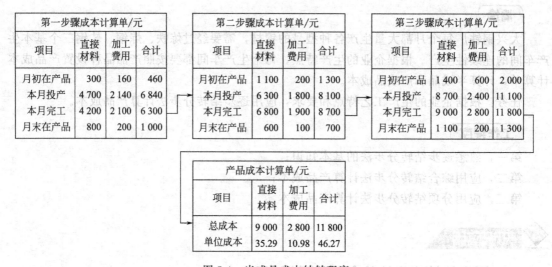

图 5-4　半成品成本结转程序

逐步结转分步法按照半成品成本在下一步骤成本计算单中反映的方法，可分为综合结转分步法和分项结转分步法。

三、综合结转分步法

1. 综合节转分步法的核算

综合结转分步法，是将产品所耗用的各种半成品成本，按照上一步骤成本计算单计算的综合成本，以"直接材料"或"自制半成品"项目结转到下一步骤，直至结转至最后一步骤计算出本月完工产品的成本。在各步骤成本计算单中，需要将期初在产品成本和本月发生费用的合计数采用一定的方法计算分配本月完工半成品或产成品和期末狭义在产品的成本。

【案例 5-1】　某企业大量生产甲产品，经过三个生产步骤顺序加工，第一、第二步骤生产的 A 半成品、B 半成品不入半成品库，直接交给下一步骤生产领用，经过第三步骤加工，最后生产成产成品。原材料在生产开始时一次性投入，月末生产费用按照约当产量法分配，各步骤在产品的完工程度均为 50%。201×年 8 月企业生产甲产品的相关资料如表 5-1、表 5-2 所示。

表5-1 各步骤生产数量记录资料

产品：甲产品　　　　　　　　　　201×年8月　　　　　　　　　　计量单位：件

项目	第一步	第二步	第三步
月初在产品	20	40	40
本月投入或上步骤转入	220	200	200
本月完工	200	200	220
月末在产品	40	40	20

表5-2 各步骤生产费用记录资料

产品：甲产品　　　　　　　　　　201×年8月　　　　　　　　　　计量单位：元

成本项目	第一步		第二步		第三步	
	月初在产品成本	本月生产费用	月初在产品成本	本月生产费用	月初在产品成本	本月生产费用
直接材料	5 000	55 000	19 000	—	33 000	—
直接人工	1 250	26 250	4 000	40 000	4 000	42 000
制造费用	1 000	21 000	3 000	30 000	3 000	31 500
合计	7 250	102 250	26 000	70 000	40 000	73 500

根据以上资料，采用综合结转分步法计算产品成本，并编制"产品成本计算单"，如表5-3～表5-6所示。

表5-3 第一步骤产品成本计算单

产品：A半成品　　　　　　　201×年8月　　　　　　完工半成品：200件
　　　　　　　　　　　　　　　　　　　　　　　　　月末在产品：40件
　　　　　　　　　　　　　　　　　　　　　　　　　单位：元

摘要	直接材料	直接人工	制造费用	合计
月初在产品成本	5 000	1 250	1 000	7 250
本月生产费用	55 000	26 250	21 000	102 250
费用合计	60 000	27 500	22 000	109 500
费用分配率	250	125	100	475
完工A半成品成本(200件)	50 000	25 000	20 000	95 000
月末在产品成本(40件)	10 000	2 500	2 000	14 500

表中费用分配率计算过程如下：

直接材料费用分配率=60 000÷(200+40)=250

直接人工费用分配率=27 500÷(200+40×50%)=125

制造费用分配率=22 000÷(200+40×50%)=100

表5-4 第二步骤产品成本计算单

产品：B半成品　　　　　　　201×年8月　　　　　　完工半成品：200件
　　　　　　　　　　　　　　　　　　　　　　　　　月末在产品：40件
　　　　　　　　　　　　　　　　　　　　　　　　　单位：元

摘要	上步骤转入(A半成品)	直接人工	制造费用	合计
月初在产品成本	19 000	4 000	3 000	26 000
本月上步骤转入	95 000	—	—	95 000
本月本步骤生产费用	—	40 000	30 000	70 000

续表

摘 要	上步骤转入(A半成品)	直接人工	制造费用	合 计
费用合计	114 000	44 000	33 000	191 000
费用分配率	475	200	150	825
完工B半成品成本(200件)	95 000	40 000	30 000	165 000
月末在产品成本(40件)	19 000	4 000	3 000	26 000

表中费用分配率计算过程如下:

直接材料费用分配率＝114 000÷(200+40)＝475

直接人工费用分配率＝44 000÷(200+40×50%)＝200

制造费用分配率＝33 000÷(200+40×50%)＝150

表5-5 第三步骤产品成本计算单

产品：甲产品　　　201×年8月　　　完工产成品：220件

月末在产品：20件

单位：元

摘 要	上步骤转入(B半成品)	直接人工	制造费用	合 计
月初在产品成本	33 000	4 000	3 000	40 000
本月上步骤转入	165 000			165 000
本月本步骤生产费用	—	42 000	31 500	73 500
费用合计	198 000	46 000	34 500	278 500
费用分配率	825	200	150	1 175
完工甲产品成本(220件)	181 500	44 000	33 000	258 500
月末在产品成本(20件)	16 500	2 000	1 500	20 000

表中费用分配率计算过程如下:

直接材料费用分配率＝198 000÷(220+20)＝825

直接人工费用分配率＝46 000÷(220+20×50%)＝200

制造费用分配率＝34 500÷(220+20×50%)＝150

表5-6 产品成本计算单

产品：甲产品　　　201×年8月　　　完产成品：220件

单位：元

成本项目	总成本	单位成本
半成品	181 500	825
直接人工	44 000	200
制造费用	33 000	150
合 计	258 500	1 175

通过以上计算可知，本月完工甲产品220件，总成本为258 500元，单位成本为1 175元。根据完工产品交库单和成本计算单，编制完工甲产品验收入库的会计分录：

借：库存商品——甲产品　258 500

　　贷：基本生产成本——甲产品　258 500

采用综合结转分步法，简化了成本在各步骤之间的结转工作，但是将上一步骤完工半成品成本全部作为下一步骤的原材料，企业无法从产成品成本资料中获得产品的原始成本结构，即无法确定各个成本项目在产成品总成本中所占的比例，因而不能满足从整个企业角度分析和考核成本，所以必须对产成品成本中的半成品逐步还原，以提供按原始成本项目反映的产成品成本资料。

2. 成本还原

成本还原是指将产成品耗用各步骤半成品的综合成本，逐步分解还原为按直接材料、直接人工、制造费用等原始项目表现的产成品成本资料的一种方法。成本还原的基本思路是将本步骤耗用的半成品成本按照上一步骤完工半成品的成本结构进行还原，从后向前直至计算出原始的成本结构。

成本还原的方法有两种：

① 按半成品各成本项目占半成品总成本的比重还原（项目结构率法）。在这种方法下，首先按照本月某步骤半成品中各个成本项目占半成品总成本的比重确定项目结构率，然后依次计算出待还原的综合成本中包含的各个成本项目。具体计算公式如下：

$$项目结构率 = \frac{某步骤半成品某项目成本}{该步骤期末半成品总成本}$$

半成品各成本项目还原成本 = 待还原综合成本 × 各成本项目结构率

还原后总成本 = 还原前成本 + 半成品还原成本

这样从后向前逆向计算，最终就可以计算确定产成品中各成本项目的原始成本。

【案例 5-2】 以【案例 5-1】资料计算的甲产品成本为例说明其还原方法，见表 5-7。

表 5-7 成本还原计算表　　　　　　　　　　　　　　单位：元

成本项目	还原前总成本	第二步半成品成本	成本还原率/%	成本还原额	第一步半成品成本	成本还原率/%	成本还原额	还原后总成本
栏目	1	2	3=2栏各项÷2栏合计	4=3栏各项×1栏半成品项目	5	6=5栏各项÷5栏合计	7=6栏各项×4栏半成品项目	8=1+4+7
直接材料（半成品）	181 500	95 000	58	105 270	50 000	53	55 793	55 793
直接人工	44 000	40 000	24	43 560	25 000	26	27 370	114 930
制造费用	33 000	30 000	18	32 670	20 000	21	22 107	87 777
合　计	258 500	165 000	100	181 500	95 000	100	105 270	258 500

经过两次还原，甲产品总成本不变，但是最后成本构成发生了变化，还原为真实的成本项目，为按成本项目考核成本计划的执行情况提供了可靠的核算资料。

② 按各步骤耗用半成品的总成本占上一步骤完工半成品总成本的比重还原（还原分配率方法）。在这种方法下，首先确定待还原成本占该步骤半成品总成本百分比，然后以此作为还原分配率分别乘以该步骤半成品中各个成本项目计算出半成品还原成本。具体计算公式如下：

$$还原分配率 = \frac{待还原综合成本}{本月完工半成品总成本}$$

半成品各成本项目还原成本 = 本月完工半成品各项目成本 × 还原分配率

还原后总成本 = 还原前成本 + 本成品还原成本

同样从后向前逆向还原，最终计算确定产成品成本中各成本项目的原始成本。

【案例 5-3】 现仍以【案例 5-1】资料计算的甲产品成本为例，采用还原分配率方法进行成本还原，见表 5-8。

表 5-8 成本还原计算表　　　　　　　　　　　　　单位：元

成本项目	还原前总成本	第二步半成品成本	还原额及还原率	第一步半成品成本	还原额及还原率	还原后总成本
栏目	1	2	3	4	5	6=1+3+5
还原分配率			1.1		1.1	
直接材料（半成品）	181 500	95 000	104 500	50 000	55 000	55 000
直接人工	44 000	40 000	44 000	25 000	27 500	115 500
制造费用	33 000	30 000	33 000	20 000	22 000	88 000
合　计	258 500	165 000	181 500	95 000	104 500	258 500

其中：第三栏还原分配率＝181 500÷165 000＝1.1
　　　第五栏还原分配率＝104 500÷95 000＝1.1

3. 综合结转分步法的评价

综合结转分步法的优点是能提供各步骤完工半成品的成本信息，全面反映各步骤生产耗费水平；半成品的成本结转同实物转移一致，有利于考核生产资金占用情况；另外，转账的账务处理比较简单。综合结转分步法的缺点是不能提供按原始成本项目反映的核算资料，不能了解产品成本的结构，因而在管理上要求提供按成本项目反映的产成品成本资料时，需要逐步进行比较复杂的成本还原；下一步骤的产品成本只有在上一步骤产品成本计算完毕并结转后才能计算，因而影响成本核算的及时性。

四、分项结转分步法

分项结转分步法，是将各步骤所耗用的半成品成本，按照成本项目分项转入各该步骤成本计算单的各个项目中的一种成本计算方法。

1. 分项结转分步法的核算

【案例 5-4】 某企业 201×年 8 月生产乙产品，有两个车间生产，采用分项结转分步法计算产品成本，在产品成本按照定额成本计算，原材料在生产开始时一次性投入，产量资料和定额及生产费用资料如表 5-9、表 5-10 所示。

表 5-9 各步骤生产费用记录资料

产品：乙产品　　　　　　　　　　201×年 8 月　　　　　　　　　　计量单位：元

成本项目	单位消耗定额成本		月初在产品定额成本		本月发生实际费用	
	一车间	二车间	一车间	二车间	一车间	二车间
直接材料	20	77.50	1 600	4 650	9 500	—
燃料及动力	10	26.40	400	792	1 215	920
直接人工	20	39.20	800	1 176	3 494	12 300
制造费用	9	14	360	420	2 595	630
合　计	59	157.10	3 160	7 038	16 804	2 850

表 5-10　各步骤生产数量记录资料

产品：乙产品　　　　　　　201×年 8 月　　　　　　　　　计量单位：件

项　目	第一步	第二步
月初在产品产量	80	60
本月投入或上步骤转入	120	180
本月完工产品产量	180	200
月末在产品	20	40
完工程度	50%	50%

① 根据资料编制一车间产品成本计算单（表 5-11），计算一车间期末在产品定额成本，倒挤计算出本月完工半成品成本。

表 5-11　第一步骤产品成本计算单

产品：A 半成品　　　　　　201×年 8 月

完工半成品：180 件
月末在产品：20 件
金额单位：元

摘　要	直接材料	燃料及动力	直接人工	制造费用	合　计
月初在产品定额成本	1 600	400	800	360	3 160
本月生产费用	9 500	1 215	3 494	2 595	16 804
费用合计	11 100	1 615	4 294	2 955	19 964
单位消耗定额成本	20	10	20	9	59
月末在产品成本（20 件）	400	100	200	90	790
完工 A 半成品成本（180 件）	10 700	1 515	4 094	2 865	19 174

② 根据资料编制二车间产品成本计算单（表 5-12），把一车间期末完工半成品成本，按成本项目分项转入二车间成本计算单，计算完工产品成本和月末在产品成本。

表 5-12　第二步骤产品成本计算单

产品：乙产品　　　　　　　201×年 8 月

完工产成品：200 件
月末在产品：40 件
金额单位：元

摘　要	直接材料	燃料及动力	直接人工	制造费用	合　计
月初在产品成本定额成本	4 650	792	1 176	420	7 038
本月上步骤转入	10 700	1 515	4 094	2 865	19 174
本月本步骤生产费用	—	920	1 300	630	2 850
费用合计	15 350	3 227	6 570	3 915	29 062
单位消耗定额成本	77.50	26.40	39.20	14	157.10
月末在产品成本（40 件）	3 100	528	784	280	4 692
完工乙产品成本（200 件）	12 250	2 699	5 786	3 635	24 370

根据表 5-12 编制完工产品验收入库的会计分录：

借：库存商品——乙产品　24 370
　　贷：基本生产成本——乙产品　24 370

在本题中，第一步骤半成品的成本资料，按照各个成本项目结转至下一步骤成本计算单，因此在二车间"产品成本计算单"完工产品成本中，各个成本项目既包括本步骤发生的生产费用,也分别包括第一步骤所发生的各个成本项目费用,也就是说,分项结转法能够提供按原始成本项目反映的产品成本结构,因而不需要进行成本还原。这是和综合结转分步法相比最大的优势。

2. 分项结转分步法评价

分项结转分步法的优点是能提供各步骤完工半成品的成本信息,可以全面反映各步骤生产耗费水平;半成品的成本结转同实物转移一致,有利于考核生产资金占用情况,可以提供按原始成本项目反映的产品成本;另外,可以提供产成品各成本项目的原始结构,因此不需要成本还原。

分项结转分步法的缺点是记账工作复杂,因为各步骤结转按照成本项目分项结转;成本计算必须按照生产步骤的顺序,成本计算及时性差;另外由于半成品成本分别结转,因此各步骤完工产品中看不出上步骤半成品所耗成本数额,不便于进行成本分析和成本考核。

项目实战 1

资讯：

大兴钢铁厂每个月都大量生产各种型号的钢材,需要经过炼铁、炼钢、轧钢三个基本生产车间的连续性生产。炼铁车间冶炼出生铁,作为原材料,炼钢车间再将生铁(或者铁水)转炉炼出钢锭,轧钢车间再把钢锭轧制成各种型号的钢材。原材料于生产开始时一次性投入,各车间人工费用和间接费用发生比较均衡,月末在产品的完工程度为50%。各步骤生产数量及生产费用记录资料如表 5-13、表 5-14 所示。

表 5-13　各步骤生产数量记录资料

产品：螺纹钢　　　　　　　　　2017 年 11 月　　　　　　　　　计量单位：吨

项　目	炼铁车间	炼钢车间	轧钢车间
月初在产品	50	100	200
本月投入或上步骤转入	550	500	500
本月完工	500	500	550
月末在产品	100	100	150

表 5-14　各步骤生产费用记录资料

产品：螺纹钢　　　　　　　　　2017 年 11 月　　　　　　　　　计量单位：元

成本项目	炼铁车间		炼钢车间		轧钢车间	
	月初在产品成本	本月生产费用	月初在产品成本	本月生产费用	月初在产品成本	本月生产费用
直接材料	25 000	275 000	95 000		330 000	
直接人工	6 250	131 250	20 000	200 000	40 000	210 000
制造费用	5 000	105 000	15 000	150 000	30 000	157 500
合　计	36 250	511 250	130 000	350 000	400 000	367 500

任务：

设置产品成本计算单(表 5-15~表 5-17),应用综合结转分步法计算产品成本(月末在产品成本按约当产量法计算,完工程度均为 50%),并用两种方法进行成本还原。成本还原计算表如表 5-18、表 5-19 所示。

表 5-15　炼铁车间产品成本计算单

产品：生铁　　　　　　　　　2017 年 11 月　　　　　　　　完工半成品：500 吨
　　　　　　　　　　　　　　　　　　　　　　　　　　　　月末在产品：100 吨
　　　　　　　　　　　　　　　　　　　　　　　　　　　　金额单位：元

摘　　要	直接材料	直接人工	制造费用	合　计
月初在产品成本				
本月生产费用				
生产费用合计				
本月完工产品数量/吨				
月末在产品约当产量/吨				
约当总产量/吨				
完工产品单位成本				
完工半成品成本				
月末在产品成本				

表 5-16　炼钢车间产品成本计算单

产品：钢锭　　　　　　　　　2017 年 11 月　　　　　　　　完工半成品：500 吨
　　　　　　　　　　　　　　　　　　　　　　　　　　　　月末在产品：100 吨
　　　　　　　　　　　　　　　　　　　　　　　　　　　　金额单位：元

摘　　要	直接材料 （半成品成本）	直接人工	制造费用	合　计
月初在产品成本				
上步骤半成品成本				
本月生产费用				
生产费用合计				
本月完工产品数量/吨				
月末在产品约当产量/吨				
约当总产量/吨				
完工产品单位成本				
完工半成品成本				
月末在产品成本				

表 5-17　轧钢车间产品成本计算单

产品：螺纹钢　　　　　　　　2017 年 11 月　　　　　　　　完工半成品：550 吨
　　　　　　　　　　　　　　　　　　　　　　　　　　　　月末在产品：150 吨
　　　　　　　　　　　　　　　　　　　　　　　　　　　　金额单位：元

摘　　要	直接材料 （半成品成本）	直接人工	制造费用	合　计
月初在产品成本				
上步骤半成品成本				
本月生产费用				
生产费用合计				
本月完工产品数量/吨				
月末在产品约当产量/吨				
约当总产量/吨				

续表

摘　要	直接材料 （半成品成本）	直接人工	制造费用	合　计
完工产品单位成本				
完工产成品成本				
月末在产品成本				

表 5-18　成本还原计算表（一）　　　　　　　　　　　　　单位：元

成本项目	还原前总成本	钢锭成本	成本还原率/%	成本还原额	生铁成本	成本还原率/%	成本还原额	还原后总成本
栏目	1	2	3＝2栏各项÷2栏合计	4＝3栏各项×1栏半成品项目	5	6＝5栏各项÷5栏合计	7＝6栏各项×4栏半成品项目	8＝1＋4＋7
直接材料（半成品）								
直接人工								
制造费用								
合　计								

表 5-19　成本还原计算表（二）　　　　　　　　　　　　　单位：元

成本项目	还原前总成本	钢锭成本	还原额及还原率	生铁成本	还原额及还原率	还原后总成本
栏目	1	2	3	4	5	6＝1＋3＋5
还原分配率						
直接材料（半成品）						
直接人工						
制造费用						
合　计						

答案：

炼铁车间：完工半成品总成本 475 000 元，在产品成本 72 500 元；

炼钢车间：完工半成品总成本 825 000 元，在产品成本 130 000 元；

轧钢车间：完工产成品总成本 1 292 500 元，在产品成本 300 000 元。

钢锭成本项目结构比重分别为：生铁（半成品）比重 57.58%，直接人工比重 24.24%，制造费用比重 18.18%；生铁成本项目结构比重分别为：直接材料比重 52.63%，直接人工比重 26.32%，制造费用比重 21.05%。

钢锭和生铁的成本还原率都是 1.1。

> **完成工作任务评价**

一、完成项目会计主体的工作任务

采用综合结转分步法完成产品成本的计算，并进行账务处理。

二、分享完成工作任务的收获

根据完成工作任务情况，结合教师及同学的评价，与教师及同学们分享收获。

拓展要求：

请同学们采用"分项结转分步法"计算大兴钢铁厂产品成本。

工作任务三　运用平行结转分步法计算产品成本

[情境]

东山机械厂是一个国有联营企业，设有铸造车间、金工车间和装配车间，主要生产各种型号的车床。企业同时设有机修和配电两个辅助生产车间。

任务：根据企业的生产工艺特点，选择合理的产品成本计算方法，计算产品成本。

[工作程序]

第一，熟悉平行结转分步法的基本知识；

第二，应用平行结转分步法计算产品成本。

[知识应用]

一、平行结转分步法的含义及适用范围

平行结转分步法是将各生产步骤应计入相同产成品成本的份额平行汇总，以求得产成品成本的一种方法。平行结转分步法按生产步骤归集费用，不计算和结转各生产步骤的半成品成本，仅计算各生产步骤发生的各项费用应计入完工产品成本的份额，因此，这种方法也称为不计算半成品成本分步法。

平行结转分步法主要适用于成本管理上不要求提供各步骤半成品成本资料的大量、大批多步骤生产企业，特别是半成品不对外销售的大量、大批装配式多步骤生产企业。在这些企业中，从原材料投入生产到产品完工，先由各生产步骤对各种原材料平行加工成各种零件和部件，然后再由组装车间装配成完工产品。某些连续式多步骤生产企业，如果各生产步骤所产半成品仅供本企业下一步骤继续加工，不准备对外销售，也可以采用平行结转分步法。

二、平行结转分步法的特点

平行结转分步法与逐步结转分步法相比较，有以下特点：

① 各生产步骤不计算半成品成本。各生产步骤只归集本步骤耗费的材料费用、人工费用和制造费用，不计算半成品成本。不论半成品是否通过仓库收发，都不通过"自制半成品"账户进行金额核算，仅对自制半成品进行数量核算。

② 各生产步骤之间不结转半成品成本。在生产过程中，上一生产步骤半成品实物转入下一生产步骤继续加工时，自制半成品的成本不随同实物转移而结转。即使通过半成品仓库收发，也不进行半成品成本的结转。

③ 计算各生产步骤应计入完工产品成本的生产费用份额。月末将各生产步骤归集的生产费用，在应计入完工产品成本的生产费用与月末广义在产品成本之间进行分配，以确定各生产步骤应计入完工产品成本的生产费用份额。各生产步骤的广义在产品由两部分组成，一是正在各个生产步骤中生产的在产品，即狭义的在产品；二是经过本生产步骤生产完工但尚未形成完工产品的所有半成品，包括处于后面各个生产步骤的在产品和经过本步骤及后面各步骤加工后转入半成品库的半成品（即经过本步骤生产但未形成完工产品的所有狭义在产品

和入库的半成品）。各生产步骤将归集的生产费用在完工产品成本与月末广义在产品成本之间进行分配的主要方法是定额比例法和约当产量法等。

④ 通过汇总各生产步骤应计入完工产品成本的生产费用份额确定完工产品成本。月末将各生产步骤计算的应计入产品成本的生产费用份额汇总后，即为完工产品的总成本，将完工产品总成本除以完工产品数量，即为完工产品的单位成本。

三、平行结转分步法的成本核算程序

平行结转分步法的成本计算程序为：

① 按产品的生产步骤和产品品种开设基本生产成本明细账户，按成本项目归集本步骤所发生的生产费用，上一生产步骤的半成品成本不随半成品实物转入下一步骤。

② 月末将各生产步骤归集的生产费用在完工产品与月末广义在产品之间进行分配，以确定应计入完工产品成本的生产费用份额。

③ 将各步骤费用中应计入相同完工产品成本的份额按成本项目平行结转，汇总计算出完工产品的实际总成本和单位成本。

平行结转分步法成本计算程序如图 5-5 所示。

图 5-5　平行结转分步法成本计算程序

四、平行结转分步法的核算

平行结转分步法下的完工产品成本，等于各步骤应计入完工产品成本中的"份额"之和。这个应计入产品成本中的"份额"是按照下式计算的：

$$\text{某步骤费用应计入产成品成本的份额} = \text{产成品数量} \times \frac{\text{单位产成品耗用该步骤半成品数量}}{} \times \text{该步骤单位半成品费用}$$

"各成本项目费用分配率"可用约当产量法、定额比例法等方法计算求得，比较常用的方法是约当产量法，通过计算广义在产品的约当产量来分配应由产成品负担的份额。广义在产品既包括本步骤尚未完工的狭义在产品，也包括本步骤已经完工转移到以后各步骤或半成品库的半成品。计算公式如下：

$$\text{各成本项目费用分配率} = \frac{\text{各成本项目月初结存费用} + \text{本月各项目生产费用}}{\text{完工产品数量} + \text{广义在产品约当产量}}$$

广义在产品数量的确定是运用约当产量法的关键。确定广义在产品数量的公式为：

$$\text{广义在产品约当产量} = \text{本步骤在产品约当产量} + \text{经本步骤加工转入后面各步骤的在产品数量及入库的半成品数量}$$

$$\text{应计入完工产品各成本项目的份额} = \text{完工产品数量} \times \text{各成本项目费用分配率}$$

$$\frac{广义在产品约当产量}{应保留的生产费用} = \frac{广义在产品}{约当产量} \times \frac{各成本项目}{费用分配率}$$

【案例 5-5】 某企业大量生产丙产品,经过三个生产步骤顺序加工,原材料一次性投入;各生产步骤的半成品不入半成品库,直接为下一个生产步骤耗用,下一步骤只耗用1件上一步骤半成品;月末在产品成本按照约当产量法计算。根据其生产特点,采用平行结转分步法计算产品成本,各车间在产品完工程度为50%,有关成本资料如表5-20、表5-21所示。

表 5-20　各步骤生产数量记录资料

产品:丙产品　　　　　　　　　　　201×年 8 月　　　　　　　　　　　计量单位:件

项目	第一步	第二步	第三步
月初在产品	16	24	48
本月投入或上步骤转入	220	180	180
本月完工	180	180	200
月末在产品	56	24	28

表 5-21　各步骤生产费用记录资料

产品:甲产品　　　　　　　　　　　201×年 8 月　　　　　　　　　　　计量单位:元

成本项目	第一步		第二步		第三步	
	月初在产品成本	本月生产费用	月初在产品成本	本月生产费用	月初在产品成本	本月生产费用
直接材料	10 060	50 000	—	—	—	—
直接人工	3 760	11 360	1 900	8 660	1 080	9 620
制造费用	1 920	6 480	1 360	7 040	1 320	7 882
合计	15 740	67 840	3 260	15 700	2 400	17 502

根据上述资料,采用平行结转分步法计算丙产品成本。

约当产量计算表如表 5-22 所示。

表 5-22　约当产量计算表　　　　　　　　　　　　　　　　　　　　　单位:件

项目	第一步骤		第二步骤		第三步骤	
	投料约当产量	加工约当产量	投料约当产量	加工约当产量	投料约当产量	加工约当产量
最终产成品数量	200	200	200	200	200	200
广义在产品数量	56+24+28=108	56×50%+24+28=80	24+28=52	24×50%+28=40	28	28×50%=14
合计	308	280	252	240	228	214

根据资料,填制产品成本计算单,如表 5-23~表 5-25 所示。

表 5-23　第一步骤产品成本计算单

产品数量:200 件　　　　　　　　　　201×年 8 月　　　　　　　　　　　单位:元

摘要	直接材料	直接人工	制造费用	合计
月初在产品成本	10 060	3 760	1 920	15 740
本月生产费用	50 000	11 360	6 480	67 840
费用合计	60 060	15 120	8 400	83 580
约当总产量/件	308	280	280	—

续表

摘 要	直接材料	直接人工	制造费用	合 计
费用分配率	195	54	30	279
计入产成品成本份额	39 000	10 800	6 000	55 800
月末在产品成本	21 060	4 320	2 400	27 780

表 5-24 第二步骤产品成本计算单

产品数量：200 件　　　　　　　201×年 8 月　　　　　　　　　单位：元

摘 要	直接材料	直接人工	制造费用	合 计
月初在产品成本		1 900	1 360	3 260
本月生产费用		8 660	7 040	15 700
费用合计		10 560	8 400	18 960
约当总产量/件		240	240	—
费用分配率		44	35	79
计入产成品成本份额		8 800	7 000	15 800
月末在产品成本		1 760	1 400	3 160

表 5-25 第三步骤产品成本计算单

产品数量：200 件　　　　　　　201×年 8 月　　　　　　　　　单位：元

摘 要	直接材料	直接人工	制造费用	合 计
月初在产品成本		1 080	1 320	2 400
本月生产费用		9 620	7 882	17 502
费用合计		10 700	9 202	19 902
约当总产量/件		214	214	—
费用分配率		50	43	93
计入产成品成本份额		10 000	8 600	18 600
月末在产品成本		700	602	1 302

根据上述计算数据编制产品成本汇总表，如表 5-26 所示。

表 5-26 产品成本汇总表

201×年 8 月　　　　　　　　　　　　　　　　　　　　　单位：元

项 目	产量/件	直接材料	直接人工	制造费用	合 计
第一步骤		39 000	10 800	6 000	55 800
第二步骤			8 800	7 000	15 800
第三步骤	200		10 000	8 600	18 600
总成本		39 000	29 600	21 600	90 200
单位成本		195	148	108	451

根据表 5-26 编制完工产品验收入库的会计分录：
　　借：库存商品——丙产品　　90 200
　　　　贷：基本生产成本——丙产品　　90 200

五、平行结转分步法的评价

平行结转分步法的优点是加快了成本计算工作的速度，缩短了成本计算时间；能够提供原始成本项目反映的产品成本构成，不需要成本还原，因而有助于进行成本分析和考核。平行结转分步法的缺点是各步骤归集的生产费用不完整，不能提供各步骤半成品成本资料。半成品实物结转与成本结转脱节，因而不利于加强对生产资金管理。

平行结转分步法适用于大量大批装配式复杂生产、不需要提供各步骤半成品成本资料的企业。在采用平行结转分步法时，企业应当加强在产品收发结存的数量核算，以便为半成品的实物管理和资金管理提供资料，从而弥补平行结转分步法半成品实物与成本结转相脱节的缺点。

项目实战 2

资讯：东山机械厂是一个国有联营企业，设有铸造车间、金工车间和装配车间，主要生产各种型号的车床。企业同时设有机修和配电两个辅助生产车间。原材料在生产开始时一次性投入，月末采用约当产量法计算在产品成本。2017 年 12 月份产品生产相关资料如表 5-27、表 5-28 所示。

表 5-27 产品产量记录

2017 年 12 月　　　　　　　　　　　　　　　　　　单位：台

项目	铸造车间	金工车间	装配车间
月初在产品	10	15	12
本月投产	30	30	40
本月完工	30	40	50
本月在产品	10	5	2
投料 100%	10	5	2
完工 50%	5	2.5	1

表 5-28 各步骤生产费用记录资料

产品：数控车床　　　　2017 年 12 月　　　　　　　计量单位：元

成本项目	铸造车间		金工车间		装配车间	
	月初在产品成本	本月生产费用	月初在产品成本	本月生产费用	月初在产品成本	本月生产费用
直接材料	54 600.00	92 924.00	43 680.00	70 402.80	59 255.00	293 358.40
直接人工	16 000.00	73 828.30	11 000.00	129 151.15	10 500.00	80 148.50
动力费用	2 240.00	4 305.00	1 540.00	20 358.00	1 470.00	7 380.00
制造费用	5 160.00	31 290.00	6 180.00	72 326.00	13 425.00	168 615.00
合计	78 000.00	202 347.30	62 400.00	292 237.95	84 650.00	549 501.90

任务：

根据资讯资料，采用平行结转分步法计算数控车床成本（月末在产品按约当产量法计算，各步骤在产品完工程度均为 50%，费用分配率保留两位小数）。约当产量计算表如表 5-29 所示，铸造车间、金工车间、装配车间产品成本计算单分别见表 5-30～表 5-32，产品成本汇总表见表 5-33。

表 5-29　约当产量计算表　　　　　　　　　　　　　　　　　　　　　单位：台

项目	铸造车间		金工车间		装配车间	
	投料约当产量	加工约当产量	投料约当产量	加工约当产量	投料约当产量	加工约当产量
最终产成品数量						
广义在产品数量						
合　计						

表 5-30　铸造车间产品成本计算单

产品数量：　台　　　　　　　　　2017 年 12 月　　　　　　　　　　　　单位：元

摘　要	直接材料	直接人工	动力费用	制造费用	合　计
月初在产品成本					
本月生产费用					
费用合计					
约当总产量/台					
费用分配率					
计入产成品成本份额					
月末在产品成本					

表 5-31　金工车间产品成本计算单

产品数量：　台　　　　　　　　　2017 年 12 月　　　　　　　　　　　　单位：元

摘　要	直接材料	直接人工	动力费用	制造费用	合　计
月初在产品成本					
本月生产费用					
费用合计					
约当总产量/台					
费用分配率					
计入产成品成本份额					
月末在产品成本					

表 5-32　装配车间产品成本计算单

产品数量：　台　　　　　　　　　2017 年 12 月　　　　　　　　　　　　单位：元

摘　要	直接材料	直接人工	动力费用	制造费用	合　计
月初在产品成本					
本月生产费用					
费用合计					
约当总产量/台					
费用分配率					
计入产成品成本份额					
月末在产品成本					

表 5-33 产品成本汇总表

2017 年 12 月　　　　　　　　　　　　　　　　　　　　　单位：元

项　目	产量/台	直接材料	直接人工	动力费用	制造费用	合　计
铸造车间						
金工车间	50					
装配车间						
总成本						
单位成本						

答案：

铸造车间计入产成品成本份额为 217 207.50 元，金工车间计入产成品成本份额为 320 765.50 元，装配车间计入产成品成本份额为 615 069.50 元；本月完工的 50 台数控车床成本为 1 153 042.50 元，单位成本为 23 060.85 元。

完成工作任务评价

一、完成项目会计主体的工作任务

根据资讯资料计算各车间广义在产品约当产量，设置产品成本计算单，计算完工产品成本。

二、分享完成工作任务的收获

根据完成工作任务情况，结合教师及同学的评价，与教师及同学们分享收获。

◆ 项目小结 ◆

本项目的主要内容是分步法下的产品成本计算问题。

产品成本计算的逐步结转分步法是本项目重点内容之一：产品成本计算过程中，实物流转与成本结转保持一致，因此可以计算出每一个生产步骤的半成品成本。由于各步骤成本结转的方法不同，逐步结转分步法又分为综合结转分步法和分项结转分步法两种。综合结转分步法以"直接材料"或"半成品"为对象，将上一步骤的半成品成本转入下一步骤产品成本明细账，故通常需要进行成本还原；而分项结转分步法则是按"直接材料""直接人工""制造费用"的原始成本项目结转，提供详细的成本信息。

平行结转分步法是本项目另一重点内容，这种方法不计算各步骤半成品成本，也不计算各步骤所耗上一步骤半成品成本，只计算本步骤发生的直接材料、直接人工、制造费用，以及这些费用中应计入产成品成本的份额，将相同产品的各步骤应计入产成品成本的份额平行汇总，即可计算出该产品成本。

岗位技能拓展训练

一、单项选择题

1. 分步法的适用范围是（　　）。
   A. 大量大批单步骤生产　　　　B. 大量大批多步骤生产
   C. 单件小批多步骤生产　　　　D. 管理上要求分步计算成本的大量大批多步骤生产

2. 分步法中需要进行成本还原的成本计算方法是（　　）。
   A. 综合结转方式　　B. 逐步结转方式　　C. 分项结转方式　　D. 平行结转方式

3. 下列企业一般采用分步法计算产品成本的是（　　）。

A. 发电厂　　　　B. 服装厂　　　　C. 重型机械厂　　　D. 小型水泥厂

4. 成本还原是将（　　）成本中的自制半成品项目的成本，还原为原始成本项目的成本。

A. 在产品　　　　B. 产成品　　　　C. 半成品　　　　D. 自制半成品

5. 采用逐步结转分步法，各步骤期末在产品是指（　　）。

A. 广义在产品　　B. 自制半成品　　C. 狭义在产品　　D. 合格品和废品

6. 平行结转分步法各步骤的费用（　　）。

A. 包括本步骤的费用和上步骤转入的费用两部分
B. 只包括本步骤的费用，不包括上一步骤转入的费用
C. 第一步骤包括本步骤的费用，其余各步骤均包括上一步骤转入的费用
D. 最后步骤包括本步骤的费用，其余各步骤均包括上一步骤转入的费用

7. 采用综合结转分步法计算产品成本时，若有三个生产步骤，则需进行的成本还原的次数是（　　）。

A. 1次　　　　　B. 2次　　　　　C. 3次　　　　　D. 4次

8. 下列不属于分步法计算特点的是（　　）。

A. 成本计算期是月末，等于会计核算期
B. 成本计算期是月末，等于产品生产周期
C. 期末需要计算分配完工产品和在产品的成本
D. 产品成本计算对象是各种产品以及各步骤产品的成本

9. 不计算半成品成本的分步法是指（　　）的分步法。

A. 综合结转分步法　B. 逐步结转分步法　C. 分项结转分步法　D. 平行结转分步法

10. 采用平行结转分步法计算产品成本时（　　）。

A. 不能提供所有步骤半成品的成本资料　　B. 只能提供第二步骤半成品成本资料
C. 只能提供第一步骤半成品成本资料　　　D. 只能提供最后步骤半成品成本资料

二、多项选择题

1. 下列关于分步法的说法正确的有（　　）。

A. 成本计算每月末进行
B. 月末一般存在在产品
C. 需要计算分配月末在产品和完工产品的成本
D. 成本计算对象是各种产品及其各步骤的成本

2. 计算成本还原分配率时所用的指标是（　　）。

A. 本月产成品所耗上一步骤半成品成本合计
B. 本月产成品所耗本步骤半成品成本合计
C. 本月所产该种半成品成本合计
D. 上月所产该种半成品成本合计

3. 平行结转分步法下，只计算（　　）。

A. 各步骤半成品的成本
B. 各步骤发生的费用及上一步骤转入的费用
C. 上一步骤转入的费用
D. 本步骤发生的费用应计入产成品成本中的份额

4. 下列关于产品计算分步法的分类，正确的有（　　）。

A. 按照是否计算半成品成本，分步法可以分为综合结转分步法和分项结转分步法

B. 按照是否计算半成品成本，分步法可以分为逐步结转分步法和平行结转分步法
C. 按照半成品成本结转方式的不同，分步法可以分为逐步结转分步法和平行结转分步法
D. 按照半成品成本结转方式的不同，分步法可以分为综合结转分步法和分项结转分步法

5. 在下列企业中，一般采用分步法进行成本计算的企业是（　　）。
   A. 冶金企业　　　　B. 纺织企业　　　　C. 造纸企业　　　　D. 化工企业

6. 平行结转分步法的适用情况是（　　）。
   A. 半成品对外出售
   B. 半成品不对外出售
   C. 管理上不要求提供各步骤半成品资料
   D. 半成品种类较多，逐步结转工作量大

7. 采用逐步结转分步法计算产品成本的优点是（　　）。
   A. 能够提供各个生产步骤的半成品成本资料
   B. 能为半成品和在产品的实物管理和资金管理提供数据资料
   C. 各生产步骤的半成品成本不要逐步结转，能加速成本计算工作
   D. 能全面反映各生产步骤所耗上一步骤半成品费用和本步骤的加工费用

8. 在平行结转分步法下，完工产品与在产品之间的费用分配，是指（　　）。
   A. 产成品与狭义在产品
   B. 前面步骤的产成品与广义在产品
   C. 最后步骤的产成品与狭义在产品
   D. 各步完工半成品与月末加工中的在产品

9. 下列特点属于逐步结转分步法（综合结转）应具备的是（　　）。
   A. 各步骤的费用合计既包括本步骤发生的，也包括上一步骤转入的
   B. 不能直接提供按原始成本项目反映的产品成本构成
   C. 计算成本时使用的是狭义在产品
   D. 计算成本时使用的是广义在产品

10. 广义在产品包括（　　）。
    A. 包括完工的半成品和狭义在产品　　　B. 企业最后一个步骤的完工产品
    C. 转入各半成品库的半成品　　　　　　D. 尚在本步骤加工中的在产品
    E. 已从半成品库转到以后各步骤继续加工尚未最后制成的产成品

三、判断题

1. 综合结转分步法能够提供各生产步骤的半成品成本资料，而分项结转分步法却不能。（　　）
2. 完工产品的各成本项目，其成本还原后的合计与成本还原前的合计应该是相等的。（　　）
3. 采用平行结转分步法计算产品成本时，需要进行成本还原。（　　）
4. 无论是平行结转分步法还是分项结转分步法，均不需要进行成本还原。（　　）
5. 分步法的成本计算对象是每种产品和每种产品所经过的生产步骤。（　　）
6. 采用平行结转分步法计算产品成本，半成品成本的结转与实物的流转不是同步的。（　　）
7. 平行结转分步法各个步骤计算分配的是广义在产品成本和本月完工产品的成本。（　　）
8. 采用逐步结转分步法不能提供各个生产步骤的半成品成本资料。（　　）

9. 采用分步法计算产品成本时，成本计算对象是各种产品成本以及各步骤成本。（   ）

10. 采用分步法计算产品成本时，产品成本计算的步骤与实际的生产步骤应完全一致。（   ）

四、岗位训练

1. 资料

（1）某企业大量大批生产甲产品，经过三个生产步骤，原材料在开始生产时一次性投入，月末在产品采用约当产量法计算，采用综合结转分步法计算产品成本，相关资料如表5-34~表5-40所示。

表 5-34　各步骤生产数量记录资料

产品：甲产品　　　　　　　　　　201×年8月　　　　　　　　　　计量单位：件

项 目	第一步	第二步	第三步
月初在产品	200	100	80
本月投入或上步骤转入	1 800	1 600	1 400
本月完工	1 600	1 400	1 200
月末在产品	400	300	280
在产品完工程度	50%	50%	50%

表 5-35　各步骤生产费用记录资料

产品：甲产品　　　　　　　　　　201×年8月　　　　　　　　　　金额单位：元

成本项目	第一步		第二步		第三步	
	月初在产品成本	本月生产费用	月初在产品成本	本月生产费用	月初在产品成本	本月生产费用
直接材料	405 000	1 850 000	138 000	—	14 000	—
燃料及动力	30 000	1 500 000	53 000	1 900 000	37 400	1 450 000
直接人工	104 000	2 200 000	211 500	6 500 000	98 400	3 600 000
制造费用	176 000	3 100 000	233 000	4 200 000	181 400	6 800 000
合 计	715 000	8 650 000	635 500	12 600 000	331 200	11 850 000

要求：采用综合结转分步法计算产品成本，并用两种方法进行成本还原。

表 5-36　第一步骤产品成本计算单

产品：A半成品　　　　　　　　　　201×年8月　　　　　　　　　　金额单位：元

摘　要		直接材料	燃料及动力	直接人工	制造费用	合　计
月初在产品成本						
本月生产费用						
费用合计						
产品产量/件	完工产品产量					
	在产品约当产量					
	约当总产量					
费用分配率						
完工A半成品成本						
月末在产品成本						

表 5-37　第二步骤产品成本计算单

产品：B 半成品　　　　　　　　　　201×年 8 月　　　　　　　　　　　金额单位：元

摘　　要		半成品	燃料及动力	直接人工	制造费用	合　计
月初在产品成本						
本月生产费用						
费用合计						
产品产量/件	完工产品产量					
	在产品约当产量					
	约当总产量					
费用分配率						
完工 B 半成品成本						
月末在产品成本						

表 5-38　第三步骤产品成本计算单

产品：甲产成品　　　　　　　　　　201×年 8 月　　　　　　　　　　　金额单位：元

摘　　要		半成品	燃料及动力	直接人工	制造费用	合　计
月初在产品成本						
本月生产费用						
费用合计						
产品产量/件	完工产品产量					
	在产品约当产量					
	约当总产量					
费用分配率						
完工甲产成品成本						
月末在产品成本						

表 5-39　成本还原计算表（一）　　　　　　　　　　　　　　　金额单位：元

成本项目	还原前总成本	第二步半成品成本	成本还原率/%	成本还原额	第一步半成品成本	成本还原率/%	成本还原额	还原后总成本
栏目	1	2	3＝2栏各项÷2栏合计	4＝3栏各项×1栏半成品项目	5	6＝5栏各项÷5栏合计	7＝6栏各项×4栏半成品项目	8＝1＋4＋7
直接材料（半成品）								
燃料及动力								
直接人工								
制造费用								
合　计								

或

表 5-40　成本还原计算表（二）　　　　　　　　　　　金额单位：元

成本项目	还原前总成本	第二步半成品成本	还原额及还原率	第一步半成品成本	还原额及还原率	还原后总成本
栏目	1	2	3	4	5	6＝1+3+5
还原分配率						
直接材料（半成品）						
燃料及动力						
直接人工						
制造费用						
合　计						

（2）某企业大量生产乙产品，经过两个生产步骤，采用分项结转分步法计算产品成本，在产品按定额成本计算，原材料在生产开始时一次性投入。产品产量和定额及生产费用等相关资料如表 5-41～表 5-44 所示。

表 5-41　各步骤生产数量记录资料

产品：乙产品　　　　　　　　　201×年 8 月　　　　　　　　　计量单位：件

项　目	第一步	第二步
月初在产品	100	80
本月投入或上步骤转入	200	250
本月完工	250	300
月末在产品	50	30
月末在产品完工程度	50%	50%

表 5-42　各步骤生产费用记录资料

产品：乙产品　　　　　　　　　201×年 8 月　　　　　　　　　金额单位：元

成本项目	单件定额成本		第一步		第二步	
	第一步	第二步	月初在产品成本（定额成本）	本月生产费用	月初在产品成本（定额成本）	本月生产费用
直接材料	200	200	20 000	41 000	16 000	—
燃料及动力	50	60	2 500	12 000	2 400	16 000
直接人工	30	20	1 500	6 100	800	4 800
制造费用	40	10	2 000	6 500	400	2 200
合　计	320	290	26 000	65 600	19 600	23 000

要求：采用分项结转分步法计算产品成本，并结转完工产品成本。

表 5-43　第一步骤产品成本计算单

产品：C 半成品　　　　　　　　201×年 8 月　　　　　　　　　金额单位：元

摘　要	直接材料	燃料及动力	直接人工	制造费用	合　计
月初在产品成本					
本月生产费用					

续表

摘要	直接材料	燃料及动力	直接人工	制造费用	合计
生产费用合计					
完工C半成品成本（250件）					
月末在产品成本（50件）					

表5-44 第二步骤产品成本计算单

产品：乙产成品　　　　　　　　　　　201×年8月　　　　　　　　　　　　金额单位：元

摘要	直接材料	燃料及动力	直接人工	制造费用	合计
月初在产品成本					
上步骤结转成本					
本月生产费用					
生产费用合计					
完工乙产成品成本（300件）					
月末在产品成本（30件）					

（3）某企业生产丙产品，经过三个生产步骤生产，采用平行结转分步法计算产品成本，材料在生产开始时一次性投入，月末在产品按约当产量法计算，各步骤在产品完工程度均为50%。有关产量记录和生产费用记录资料如表5-45～表5-50所示。

表5-45 各步骤生产数量记录资料

产品：丙产品　　　　　　　　　　　201×年8月　　　　　　　　　　　　计量单位：件

项目	第一步	第二步	第三步
月初在产品	100	200	80
本月投入或上步骤转入	2 000	1 500	1 700
本月完工	1 500	1 700	1 600
月末在产品	600	—	180
月末在产品完工程度	50%	—	50%

表5-46 各步骤生产费用记录资料

产品：丙产品　　　　　　　　　　　201×年8月　　　　　　　　　　　　金额单位：元

成本项目	月初在产品成本				本月生产费用			
	第一步骤	第二步骤	第三步骤	合计	第一步骤	第二步骤	第三步骤	合计
直接材料	2 000	—	—	2 000	43 220	—	—	43 220
燃料及动力	800	400	300	1 500	32 480	6 720	13 220	52 420
直接人工	600	500	700	1 800	24 360	8 400	29 720	62 480
制造费用	300	200	240	740	12 180	3 360	11 590	27 130
合计	3 700	1 100	1 240	6 040	112 240	18 480	54 530	185 250

要求：采用平行结转分步法计算产品成本，并结转完工产品成本。

表 5-47　第一步骤产品成本计算单

201×年 8 月　　　　　　　　　　　　　　　　　金额单位：元

摘　要		直接材料	燃料及动力	直接人工	制造费用	合　计
月初在产品成本						
本月生产费用						
费用合计						
产品产量/件	完工产品产量					
	广义在产品数量					
	合　计					
费用分配率						
应计入产成品成本份额						
月末在产品成本						

表 5-48　第二步骤产品成本计算单

201×年 8 月　　　　　　　　　　　　　　　　　金额单位：元

摘　要		半成品	燃料及动力	直接人工	制造费用	合　计
月初在产品成本						
本月生产费用						
费用合计						
产品产量/件	完工产品产量					
	广义在产品数量					
	合　计					
费用分配率						
应计入产成品成本份额						
月末在产品成本						

表 5-49　第三步骤产品成本计算单

201×年 8 月　　　　　　　　　　　　　　　　　金额单位：元

摘　要		半成品	燃料及动力	直接人工	制造费用	合　计
月初在产品成本						
本月生产费用						
费用合计						
产品产量/件	完工产品产量					
	广义在产品数量					
	合　计					
费用分配率						
应计入产成品成本份额						
月末在产品成本						

表 5-50　完工产品成本汇总表　　　　　金额单位：元

项　目	直接材料	燃料及动力	直接人工	制造费用	合　计
第一步骤					
第二步骤					
第三步骤					
总成本					
单位成本					

2. 答案

(1) A 半成品成本为 8 124 000 元，其中直接材料 1 804 000 元，燃料及动力 1 360 000 元，直接人工 2 048 000 元，制造费用 2 912 000 元。

B 半成品成本为 18 634 000 元，其中半成品 6 804 000 元，燃料及动力 1 764 000 元，直接人工 6 062 000 元，制造费用 4 004 000 元。

完工甲产品成本为 26 016 000 元，其中半成品 15 120 000 元，燃料及动力 1 332 000 元，直接人工 3 312 000 元，制造费用 6 252 000 元。

(2) C 半成品成本为 78 600 元，其中直接材料 51 000 元，燃料及动力 13 250 元，直接人工 6 850 元，制造费用 7 500 元。

完工乙产品成本为 113 850 元，其中直接材料 61 000 元，燃料及动力 30 750 元，直接人工 12 150 元，制造费用 9 950 元。

(3) 完工丙产品成本为 155 200 元，其中直接材料 30 400 元，燃料及动力 44 800 元，直接人工 56 000 元，制造费用 24 000 元。

项目六
产品成本计算的辅助方法

知识目标
1. 了解产品成本计算辅助方法和产品成本计算基本方法的关系。
2. 明确各种辅助方法的适用范围。
3. 掌握各辅助方法的分配方法。

技能目标
1. 能够根据企业的生产特点选择合适的成本计算方法。
2. 能够正确运用辅助方法计算产品成本。
3. 能够正确进行会计处理。

项目导入1

盘锦华茂漂染厂大量大批生产印花布和漂染布两类产品。印花布有各种花色的全棉印花布和丝绸印花布等；漂染布有全棉漂白布和涤纶漂白布等。企业设有漂染、印花、整装三个基本生产车间以及水汽、机修辅助生产车间。产品生产过程是将各种规格的布料和原色坯布，经过漂白、染色、印花以及整理包装的生产步骤，制成各种色布或花布。产品原材料主要包括原料（坯布）、染化料、其他材料（浆料、包装材料等）。原料费用直接计入各种产品成本；染化料费用按照印花、漂染两类产品归集，然后按定额费用比例在类内各种产品之间分配；其他费用均全厂汇总计算，按定额费用比例在全厂各种产品之间分配。月末在产品按所耗原料的定额费用计价，其他费用均由产成品成本负担。

任务提出

盘锦华茂漂染厂大量大批多步骤组织生产产品，其生产过程较短，各步骤的半成品不对外出售。同学们想一想，根据公司产品的生产特点，应该选择什么样的产品成本计算方法？产品成本计算对象是什么？应如何设置产品成本计算单？

成本会计根据本企业的生产特点和管理要求，需要确定正确的产品成本计算方法。产品成本计算的主要任务如下：

工作任务一　选择产品成本计算方法（一）；
工作任务二　运用分类法计算产品成本。

预备知识1

一、分类法的含义及适用范围

1. 分类法的含义

产品成本计算的分类法，是以产品的类别作为成本核算对象归集生产费用，先计算各类产品的实际成本,再按一定的分配标准,计算和分配类内各种产品成本的一种方法。

分类法不是一种独立的成本核算方法,它所要解决的根本问题是在一类产品已经完工、该类产品总成本已经计算出来的基础上,如何把该类产品的总成本在该类别内部各种不同规格或型号的产品中分配的问题。所以,分类法的费用归集方法,以及各种费用的分配等,都是采用前面讲过的方法进行的,只是以类别作为费用归集和分配的对象而已。

2. 分类法的适用范围

凡是产品的品种、规格繁多,且可以按照一定标准划分为若干类别的企业或企业的生产单位,均可采用分类法计算产品成本。

分类法与企业的生产类型没有直接联系,只要具备上述条件,在各种类型的生产企业或企业的生产单位中都可应用。联产品和副产品的成本计算,亦可以采用分类法。例如,灯具工业企业中不同类别和瓦数灯泡的生产,食品企业各种糕点的生产,钢铁厂各种规格的生铁、钢锭及钢材的生产等,都可采用分类法计算产品成本。

二、分类法的特点

1. 以产品的类别作为成本计算对象

采用分类法计算产品成本时,先要根据产品的结构、所用原材料及工艺技术过程的不同,将产品划分为若干类别,按照产品的类别设置成本计算单,归集生产费用,计算各类产品成本。

2. 类内产品成本按一定方法分配确定

每类产品成本计算出来以后,按照受益原则,采用合理的分配标准,在类内不同品种或不同规格的产品之间进行分配,以便计算出该类产品中每一具体品种或规格的产品成本。

三、副产品的含义及成本计算的特点

1. 副产品的含义

副产品是工业企业在主要产品的生产过程中附带生产出来的非主要产品。副产品虽然不是企业的主要产品,但也有经济价值。副产品有的可以直接对外销售,有的经过适当加工以后,也可以对外销售。因此,应当正确计算副产品成本。

2. 副产品的成本核算特点

副产品和主要产品是企业在同一生产过程中生产出来的。但由于副产品是伴随着主产品的生产附带生产出来的,与主产品相比,一般价值较低,成本计算通常可以采用简化的方法。

工作任务一 选择产品成本计算方法(一)

情境

盘锦华茂漂染厂属于大量大批多步骤生产企业,产品生产过程较短,各步骤半成品不对外出售,而且定额资料保管完善、稳定。

任务:根据企业的生产工艺及生产特点确定企业的产品成本计算方法。

采用分类法计算产品成本,主要是在产品品种、规格繁多而且又可以按照一定标准分类的大量生产企业中，通过减少成本计算对象，减少费用的分配和记账工作，降低成本计算的工作量。

盘锦华茂漂染厂是大量大批多步骤生产企业，各步骤的半成品不对外出售，企业不要求计算半成品成本，可以采用品种法计算产品成本，由于企业定额资料保管完善而且稳定，所以可以结合分类法的定额比例法计算产品成本。

完成工作任务评价

一、完成导入项目会计主体的工作任务
根据产品成本核算原则判断企业如何确定产品成本核算方法。
二、分享完成工作任务的收获
根据完成工作任务情况，结合教师及同学的评价，与教师及同学们分享收获。

工作任务二　运用分类法计算产品成本

情境

盘锦华茂漂染厂2017年12月大量大批生产印花布和漂染布，原材料生产开始时一次性投入，分别按照印花布和漂染布归集材料费用。同学们想一想，根据公司产品的生产特点，应该选择什么样的计算方法？产品成本计算对象是什么？

任务：应用分类法计算产品成本。

工作程序

第一，掌握分类法的成本计算程序；
第二，应用分类法计算产品成本。

知识应用

一、分类法的成本计算程序

1. 按照产品的类别设置产品成本明细账，计算各类产品的成本

首先，应对产品进行合理的分类，比如可以将生产工艺、生产技术相似的产品归为一类，也可以将规格、性能相仿的产品归为一类，或者将用途、销售对象一致的产品归为一类。其次，再按产品的类别和规定的成本计算项目设置产品成本明细账，按类归集生产费用，计算各类产品成本。

2. 选择合理的分配标准，计算类内各种产品的实际总成本和单位成本

为了保证总成本在类内产品的合理分配，企业要正确选择分配标准。

（1）定额比例法　如果企业一定时期内的定额管理基础较好，各种定额资料保管完善、准确，企业可以采用定额消耗量、定额费用、产品的售价、产品的重量和体积等作为分配标准，按照类内产品的定额成本和定额消耗量的比例，对各类产品的总成本进行分配，这种按照定额比例确定类内各种产品成本的方法，称为定额比例法。计算公式如下：

$$\text{某类产品某成本项目费用分配率} = \frac{\text{该类产品该成本项目费用总额}}{\text{类内各种产品该项费用的定额成本（或定额耗用量）之和}}$$

$$\frac{\text{类内某种产品某成本}}{\text{项目费用的实际成本}} = \frac{\text{类内该种产品该成本项目费用}}{\text{的定额成本（或定额耗用量）}} \times \frac{\text{该类产品某成本}}{\text{项目费用分配率}}$$

（2）系数法 为了简化分配工作，企业通常采用系数分配法，即将选用的分配标准折算成相对固定的系数，按照固定的系数分配类内各种产品的成本。确定系数时一般选择一种产量较大、生产较为稳定、规格适中的产品作为标准产品，把此产品单位系数定为"1"；将类内其他各种产品的分配标准额与标准产品的分配标准额相比，计算出其他产品的分配标准额与标准产品的分配标准额的比率，即"系数"。计算公式如下：

$$\text{单位产品系数} = \frac{\text{该种产品的分配标准}}{\text{标准产品的分配标准}}$$

$$\text{某种产品总系数} = \frac{\text{该种产品的}}{\text{实际产量}} \times \frac{\text{该产品单位}}{\text{产品系数}}$$

$$\frac{\text{某类产品某成本}}{\text{项目费用分配率}} = \frac{\text{该类产品该成本项目费用总额}}{\text{类内各种产品总系数之和}}$$

类内某种产品应分配的成本＝该种产品的总系数×分配率

二、分类法的应用

【案例6-1】 某企业生产的甲、乙、丙三种产品的结构、所用原材料和工艺过程基本相同，合并为一类（A类），采用分类法计算成本。类内各种产品之间分配费用的标准为：直接材料费用按各种产品的直接材料费用系数分配，直接材料费用系数按直接材料费用定额确定；其他费用按定额工时比例分配。与甲、乙、丙三种产品成本计算有关的数据以及成本计算过程如下：

① 根据直接材料费用定额计算直接材料费用系数，如表6-1所示。

表6-1 直接材料费用系数计算表

产品名称	单位产品直接材料费用				直接材料费用系数
	原材料编号	消耗定额/千克	材料单价/元	定额费用/元	
甲产品（标准产品）	1011	200	0.50	100	1
	2021	100	0.80	80	
	3112	170	1	170	
	小计	—	—	350	
乙产品	1011	180	0.50	90	280÷350＝0.8
	2021	50	0.80	40	
	3112	150	1	150	
	小计	—	—	280	
丙产品	1011	250	0.50	125	385÷350＝1.1
	2021	100	0.80	80	
	3112	180	1	180	
	小计	—	—	385	

② 按产品类别（A类）开设产品成本明细账。根据各项生产费用分配表登记产品成本计算单，计算该类产品成本（在产品按定额成本计价法），如表6-2所示。

表 6-2 分类产品成本计算单

产品类别：A 类　　　　　　　　　201×年9月　　　　　　　　　　　金额单位：元

成本项目	直接材料	直接人工	制造费用	合　计
月初在产品成本	19 950	8 000	12 000	39 950
本月生产费用	896 300	52 930	72 645	1 021 875
生产费用合计	916 250	60 930	84 645	1 061 825
完工产品成本	892 800	49 500	67 500	1 009 800
月末在产品成本	23 450	11 430	17 145	52 025

③ 分别计算甲、乙、丙三种产品的产成品成本。根据各种产品的产量、原材料费用系数和工时消耗定额，分别计算 A 类甲、乙、丙三种产品的产成品成本，如表 6-3 所示。

表 6-3 产成品成本计算表　　　　　　　　　　　　　　　　　　　　金额单位：元

项目	产量/件	直接材料费用系数	直接材料费用总系数	工时消耗定额	定额工时	直接材料	直接人工	制造费用	成本合计
①	②	③	④=②×③	⑤	⑥=②×⑤	⑦=④×分配率	⑧=⑥×分配率	⑨=⑥×分配率	⑩
分配率						360	11	15	
甲产品	1 000	1	1 000	1.8	1 800	360 000	19 800	27 000	406 800
乙产品	750	0.8	600	2.0	1 500	216 000	16 500	22 500	255 000
丙产品	800	1.1	880	1.5	1 200	316 800	13 200	18 000	348 000
合　计	—	—	2 480	—	4 500	892 800	49 500	67 500	1 009 800

表 6-3 中各种费用分配率的计算如下：

直接材料费用分配率＝892 800÷2 480＝360

直接人工费用分配率＝49 500÷4 500＝11

制造费用分配率＝67 500÷4 500＝15

在表 6-3 所示产品成本计算表中，各项费用的合计数是分配对象，它应该根据该类产品成本明细账中产成品成本一行中的数字填列。表中直接材料费用分配率，应根据直接材料费用合计数除以直接材料费用总系数的合计数计算填列；直接材料费用分配率分别乘以各种产成品的直接材料费用总系数，即可求得各种产成品的直接材料费用。

表 6-3 中直接人工费用、制造费用的分配率，则应根据各该项费用的合计数，分别除以定额工时的合计数计算填列；以各该项费用分配率，分别乘以各种产成品的定额工时，即可求得各种产成品的各该项费用。

在采用分类法计算产品成本时，为了保证成本计算的准确性，要注意分类一定要恰当，使类内产品的费用比较接近，类距不能过大或过小，而且选择的分配标准要符合实际。

三、副产品、联产品和等级产品的成本核算

为了简化成本计算工作，副产品成本的计算可以采用分类法的原理，将主产品和副产品合并为一类，作为一个成本核算对象，设置生产成本明细账（产品成本计算单），归集主产品和副产品的总成本，再采用一定的方法对副产品计价（计算确定副产品的成本），从主、副产品总成本中扣除，以主、副产品总成本扣除副产品成本以后的余额，作为主产品的实际总成本。

副产品的计价主要有两种方法：一是按照副产品的售价减去销售税费和销售利润（按正常利润率计算）后的余额计价；二是按照企业制定的副产品计划（或定额）成本计价。采用上述方法计算确定的副产品成本，为了简化计算，通常可以从主、副产品总成本中的直接材料项目中扣除，以求得主产品的总成本。

四、副产品按照售价减去销售税费和销售利润后的余额计价

1. 分离后可以直接出售的副产品

副产品与主产品分离后不需要进行任何加工就可以直接出售时，可以按照副产品的售价减去销售税费和销售利润后的余额计价，作为副产品成本从主、副产品总成本中扣除。

【案例6-2】 某工厂在生产甲产品（主要产品）的同时，附带生产出副产品A产品。本月生产的2 000千克甲产品已全部完工，没有月末在产品，甲产品生产成本明细账归集的生产费用合计为780 000元，其中，直接材料420 000元，直接人工200 000元，制造费用160 000元。本月附带生产A产品100千克，已全部入库，A产品每千克售价80元，销售环节应交税费每千克4元，同类产品正常销售利润率为10%。A产品成本从甲产品直接材料项目中扣除。根据上述资料，A产品和甲产品成本可以计算如下：

A产品单位成本＝80－4－80×10%＝68（元）

A产品总成本＝68×100＝6 800（元）

甲产品总成本＝780 000－6 800＝773 200（元）

甲产品单位成本＝773 200÷2 000＝386.60（元）

上述成本计算结果在甲产品"产品成本计算单"中的登记见表6-4。

表6-4 产品成本计算单（一） 产量：2 000千克

产品：甲产品　　　　　　　　　　201×年9月　　　　　　　　　　单位：元

摘　要	直接材料	直接人工	制造费用	合　计
生产费用合计	420 000	200 000	160 000	780 000
结转本月完工A产品成本	6 800			6 800
本月完工甲产品总成本	413 200	200 000	160 000	773 200
本月完工甲产品单位成本	206.60	100	80	386.60

根据成本计算结果，编制结转完工入库甲产品和A产品成本的会计分录如下：

　借：库存商品——甲产品　　773 200

　　　　　　——A产品　　　　6 800

　　贷：基本生产成本——甲产品　　780 000

2. 分离后需进一步加工才能出售的副产品

副产品与主产品分离以后如果需要进一步加工才能出售，按照售价减去销售税费和销售利润计算出的副产品成本，既包括应负担的共同成本，又包括进一步加工的可归属成本。

【案例6-3】 假设【案例6-2】工厂在生产甲产品时产生的A副产品在与甲产品分离后不能直接出售，只能作为乙产品的原料，需要进一步加工为乙产品后才能出售。根据有关生产费用记录，在进一步对A副产品的加工过程中发生材料费用200元，直接人工费用700元，应负担制造费用500元。将A副产品进一步加工后生产的乙产品，本月实际产量为90千克，每千克售价为110元，每千克应交销售税费5.50元，同类产品正常销售利润为10%。根据上述资料，乙产品和甲产品成本可以计算如下：

乙产品单位成本＝110－5.50－110×10％＝93.50（元）
乙产品总成本＝90×93.50＝8 415（元）
A副产品总成本＝8 415－(200＋700＋500)＝7 015（元）
甲产品总成本＝780 000－7 015＝772 985（元）

上述成本计算结果在甲、乙两种产品"产品成本计算单"中的登记见表6-5、表6-6。

表6-5　产品成本计算单（二）　　　　　　　　　　产量：2 000千克

产品：甲产品　　　　　　　201×年9月　　　　　　　　　　单位：元

摘　要	直接材料	直接人工	制造费用	合　计
生产费用合计	420 000	200 000	160 000	780 000
结转本月副产品成本	7 015			7 015
本月完工甲产品总成本	412 985	200 000	160 000	772 985
本月完工甲产品单位成本	206.50	100	80	386.50

表6-6　产品成本计算单（三）　　　　　　　　　　产量：90千克

产品：乙产品　　　　　　　201×年9月　　　　　　　　　　单位：元

摘　要	直接材料	直接人工	制造费用	合　计
结转本月原料费用（表6-5）	7 015			7 015
本月进一步加工费用	200	700	500	1 400
生产费用合计	7 215	700	500	8 415
本月完工乙产品总成本	7 215	700	500	8 415
本月完工乙产品单位成本	80.17	7.78	5.55	93.50

根据成本计算结果，编制结转完工入库产品成本的会计分录如下：

借：库存商品——甲产品　　772 985
　　　　　　——乙产品　　 8 415
　贷：基本生产成本——甲产品　　772 985
　　　　　　　　——乙产品　　 8 415

3. 副产品按照计划单位成本计价

为了简化成本计算工作，副产品也可以按照计划单位成本计价，从主、副产品总成本中扣除。采用计划单位成本计价时，如果副产品进一步加工处理所需的时间不长，并且是在同一车间内进行的，为了简化计算，副产品进一步加工所发生的费用也可以全部归集在主产品生产成本明细账（产品成本计算单）中。

【案例6-4】　假设【案例6-2】工厂在生产甲产品时产生的A副产品由本生产车间进一步加工为乙产品后再出售。由于乙产品加工处理的时间不长，加工费用不大，不单独设置生产成本明细账，全部费用在甲产品成本计算单中归集。本月甲产品成本计算单中归集的生产费用合计为781 400元，其中，直接材料420 200元，直接人工200 700元，制造费用160 500元。乙产品成本按计划单位成本计价，从甲产品成本中扣除。本月附带生产的乙产品为90千克，计划单位成本为93元，其中，直接材料80元，直接人工7.50元，制造费用5.50元。根据上述资料，乙产品和甲产品成本可以计算如下：

乙产品总成本＝93×90＝8 370（元）
其中：直接材料费用＝80×90＝7 200（元）
　　　直接人工费用＝7.50×90＝675（元）

制造费用＝5.50×90＝495（元）

甲产品总成本＝(780 000＋1 400)－8 370＝773 030（元）

上述成本计算结果在甲产品"产品成本计算单"中的登记见表6-7。

表6-7 产品成本计算单（四）   产量：2 000千克
产品：甲产品   201×年9月   单位：元

摘　要	直接材料	直接人工	制造费用	合　计
生产费用合计	420 200	200 700	160 500	781 400
结转本月完工乙产品成本	7 200	675	495	8 370
本月完工甲产品总成本	413 000	200 025	160 005	773 030
本月完工甲产品单位成本	206.50	100.01	80.00	386.51

根据成本计算结果，编制结转完工入库产品成本的会计分录如下：

借：库存商品——甲产品　　773 030
　　　　　　——乙产品　　　8 370
　　贷：基本生产成本——甲产品　　781 400

项目实战1

资讯：

盘锦华茂漂染厂2017年12月大量大批生产印花布和漂染布。原料费用直接计入各种产品成本；染化料费用按照印花、漂染两类产品归集，然后按定额费用比例在类内各种产品之间分配；其他费用均全厂汇总计算，按定额费用比例在全厂各种产品之间分配。月末在产品按所耗原料的定额费用计价，其他费用均由产成品成本负担。相关费用资料如表6-8～表6-14所示。

表6-8 材料发出汇总表
2017年12月   单位：元

产品类别	产品名称	原料(坯布) 数量/米	原料(坯布) 金额	染化料	其他材料	合计
印花布	印花棉布	828 400	662 720			
	印花丝绸	777 000	561 760			
	小计		1 224 480	209 328		1 433 808
漂染布	漂白棉布	540 600	540 650			
	漂白涤纶	661 400	1 388 960			
	小计		1 929 610	177 840		2 107 450
合　计			3 154 090	387 168	114 720	3 655 978

表6-9 制造费用汇总表
2017年12月   单位：元

摘要	办公费	折旧费	人工费	取暖费	检验费	运输费	劳保费	设计费	其他	合计
本月合计	1 825	41 200	3 802	2 948	10 426	4 120	2 221	5 060	2 966	74 568

本月发生直接人工费用37 284元，生产动力费用31 548元。

任务：

运用定额比例法，分配生产费用，计算完工产品成本。

表 6-10 染化料费用分配表

2017 年 12 月   单位：元

产品类别	产品名称	产量/米	费用定额	定额费用	分配率	实际费用
印花布	印花棉布	850 000	15			
	印花丝绸	820 000	10.50			
	小　计					
漂染布	漂白棉布	560 000	14			
	漂白涤纶	640 000	17			
	小　计					
合　计						

表 6-11 其他费用分配表

2017 年 12 月   单位：元

项目	产量/米	费用定额	定额费用	其他材料	动力费用	直接人工	制造费用	合计
分配率	—	—						
印花棉布	850 000	9						
印花丝绸	820 000	7.50						
漂白棉布	560 000	8						
漂白涤纶	640 000	16.25						
合　计	—	—						

表 6-12 月末在产品定额原料费用计算表

2017 年 12 月

产品名称	月末在产品盘存数量/米				原料费用定额/元	月末在产品定额原料费用/元
	漂染车间	印花车间	整装车间	合计		
印花棉布	68 000	55 650	124 000		80	
印花丝绸	41 200	52 000	115 000		70	
漂白棉布	82 000	—	128 000		95	
漂白涤纶	102 000		140 000		208	
合　计	—	—	—		—	

表 6-13 产成品原料费用计算表

2017 年 12 月   单位：元

产品名称	月初在产品原料费用	本月原料费用	合　计	月末在产品定额原料费用	产成品原料费用
印花棉布	184 800				
印花丝绸	159 620				
漂白棉布	185 250				
漂白涤纶	443 040				
合　计	972 710				

表 6-14　产品成本计算单

2017 年 12 月　　　　　　　　　　　　　　　　　　　　　单位：元

产品名称及产量		原料	染化料	其他材料	动力费用	直接人工	制造费用	合计
印花棉布	总成本							
	单位成本							
印花丝绸	总成本							
	单位成本							
漂白棉布	总成本							
	单位成本							
漂白涤纶	总成本							
	单位成本							
总成本合计								

答案：

　　印花棉布总成本为 843 200 元，单位成本为 99.20 元；
　　印花丝绸总成本为 715 368 元，单位成本为 87.24 元；
　　漂白棉布总成本为 641 200 元，单位成本为 114.50 元；
　　漂白涤纶总成本为 1 525 600 元，单位成本为 238.38 元。

完成工作任务评价

一、完成项目会计主体的工作任务

根据资讯资料设置产品成本计算单或生产成本明细账，能够正确运用分类法计算产品成本。

二、分享完成工作任务的收获

根据完成工作任务情况，结合教师及同学的评价，与教师及同学们分享收获。

项目导入2

大华机械有限责任公司大量生产甲产品，而且消耗定额比较准确、稳定，甲产品属于多步骤生产，半成品不对外出售。

任务提出

甲产品大量大批多步骤生产，其生产过程较短，各步骤的半成品不对外出售。同学们想一想，根据公司产品的生产特点，应该选择什么样的成本计算方法？产品成本计算对象是什么？应如何设置产品成本计算单？

成本会计根据本企业的生产特点和管理要求，需要确定正确的产品成本计算方法。产品成本计算的主要任务如下：

　　工作任务一　选择产品成本计算方法（二）；
　　工作任务二　运用定额法计算产品成本。

预备知识2

一、定额法的含义及适用范围

定额法是以产品品种或类别作为成本核算对象，根据产品实际产量，核算产品的实际生产费用和脱离定额的差异、计算完工产品成本的一种成本计算方法。这种方法主要适用于产品已经定型、产品品种比较稳定、各项定额比较齐全准确、原始记录比较健全的大量大批生产企业。

定额法最早应用于大批量生产的机械制造企业，后来逐渐扩展到具备条件的其他工业企业，如品种法下的定额成本法、分批法下的定额成本法和分步法下的定额成本法等。可见，定额法与生产类型没有直接关系。无论何种生产类型，只要同时具备下列两个条件，都可采用定额法计算产品成本：①企业的定额管理制度比较健全，定额管理工作基础较好；②产品的生产已经定型，消耗定额比较准确、稳定。一般而言，进行大批大量生产的企业比较容易具备上述条件。

二、定额法的特点

定额法和其他产品成本计算方法不同，它不是一种纯粹的成本核算方法，而是一种将成本核算与成本控制紧密结合的方法。定额法克服了其他产品成本计算方法无法直接反映产品实际成本与定额成本相脱离情况的不足，使企业能够通过产品的成本核算实现对产品成本进行事前和事后控制，强化了企业对产品成本的日常控制，从而更有效地发挥成本核算对于节约生产费用、降低产品成本的作用。

定额法的主要特点：
① 以事先制定的产品定额成本作为成本控制目标和计算的基础；
② 将每项生产费用都划分为定额费用和脱离定额差异进行核算；
③ 运用定额成本、脱离定额差异和定额变动差异的关系计算产品实际成本；
④ 定额法不能单独用于产品成本的计算。

工作任务一　选择产品成本计算方法（二）

情境

大华机械有限责任公司属于大量大批多步骤生产企业，产品生产过程较短，各步骤半成品不对外出售，而且消耗定额比较准确、稳定。

任务：根据企业的生产工艺及生产特点确定企业的产品成本计算方法。

产品成本计算的定额法，是在制定产品定额成本的基础上，为及时地反映和监督生产费用和产品成本脱离定额的差异，加强定额管理和成本控制而采用的一种成本计算方法。

大华机械有限责任公司大量大批多步骤生产产品，各步骤的半成品不对外出售，产品定额资料保管完善而且稳定，所以企业可以选择定额法计算产品成本，将成本核算和成本控制结合起来，解决成本的日常控制问题。

完成工作任务评价

一、完成导入项目会计主体的工作任务
根据产品成本核算原则判断企业如何确定产品成本核算方法。
二、分享完成工作任务的收获
根据完成工作任务情况，结合教师及同学的评价，与教师及同学们分享收获。

工作任务二 运用定额法计算产品成本

【情境】

大华机械有限责任公司 2017 年 12 月大量大批生产甲产品，原材料生产开始时一次性投入，定额资料保管全面。同学们想一想，根据公司产品的生产特点，应该选择什么样的计算方法？产品成本计算对象是什么？

任务：应用定额法计算产品成本。

【工作程序】

第一，计算定额成本；
第二，计算相关差异；
第三，计算完工产品成本。

 知识应用

一、定额成本的计算

采用定额法计算产品成本，必须首先制定产品的原材料、动力、工时等消耗定额，并根据各项消耗定额和原材料的计划单价、计划的工资率（计划每小时生产工资）或计件工资单价、制造费用率（计划每小时制造费用）等资料，计算产品的各项费用定额和产品的单位定额成本。

产品的定额成本与计划成本既有相同之处，又有不同之处。相同之处是：两者都是以生产耗费的消耗定额和计划单价为根据确定的目标成本。例如：

产品原材料消耗定额×原材料计划单价＝原材料费用定额
产品生产工时定额×生产工资计划单价＝生产工资费用定额
产品生产工时定额×制造费用计划单价＝制造费用定额

生产工人工资和制造费用，通常是按生产工时比例分配计入产品成本的，因而其计划单价通常是计划的每小时各项费用额。各项费用定额的合计数，就是单位产品的定额成本或计划成本。

两者的不同之处是：计算计划成本所依据的消耗定额是计划期（一般为一年）内的平均消耗定额，也称计划定额，在计划期内通常是不变的；而计算定额成本所依据的消耗定额是现行的定额，是企业在当时的生产技术条件下，在各项消耗上应达到的标准，它应随着生产技术的进步、劳动生产率的提高不断修订。此外，计算计划成本所依据的原材料等的计划单价，在计划期内通常也是不变的；计算定额成本所依据的生产工资和制造费用的计划单价，则可能变动。因此，计划成本在计划期内通常是不变的；定额成本在计划期内则是变动的。

由此可知，所谓产品的定额成本，也就是根据各种有关的现行定额计算的成本。制定定额成本，可以使企业的成本控制和考核更加有效、更加符合实际，从而保证成本计划的完成。

产品单位定额成本的制定，应包括零件、部件的定额成本和产成品的定额成本，通常由计划、会计等部门共同制定。一般是先制定零件的定额成本，然后汇总计算部件和产成品的定额成本。如果产品的零部件较多，为了简化计算工作，可以不计算零件的定额成本，而直接根据零件定额卡所列的零件的原材料消耗定额、工序计划和工时消耗定额，以及原材料的计划单价、计划的工资率和计划的制造费用率等，计算部件定额成本，然后汇总计算产成品定额成本；或者根据零部件定额卡和原材料计划单价、计划的工资率和计划的制造费用率等，直接计算产成品定额成本。

需要指出的是，编制定额成本计算表时，所采用的成本项目和成本计算方法，应与编制计划成本、计算实际成本时所采用的成本项目和成本计算方法一致，以便成本考核和成本分析工作的进行。

零件定额卡、部件定额成本计算卡和产品定额成本计算表的格式分别见表6-15～表6-17。

表6-15 零件定额卡

部件编号、名称：1102　　　　　　　　　　201×年9月

材料编号、名称	计量单位	材料消耗定额
1301	千克	4
工序编号	工时定额/小时	累计工时定额/小时
1	2	2
2	6	8

表6-16 部件定额成本计算卡

部件编号、名称：3100　　　　　　201×年9月　　　　　　金额单位：元

所需零件编号、名称	零件数量/千克	材料定额						金额合计	工时定额/小时
		1301			1302				
		数量/千克	计划单价	金额	数量/千克	计划单价	金额		
3101	3	10	6	60				60	20
3102	2				16	2	32	32	10
装配									6
合计				60			32	92	36

定额成本项目					定额成本合计
原材料	人工费用		制造费用		
	计划人工费用率	金额	计划费用率	金额	
92	8	288	6	216	596

表6-17 产品定额成本计算表

部件编号、名称：3000　　　　201×年9月　　　　产品名称：甲产品
　　　　　　　　　　　　　　　　　　　　　　　　金额单位：元

所用部件编号或名称	所用部件数量/千克	材料费用定额		工时定额/小时	
		部件	产品	部件	产品
3100	2	92	184	36	72
3200	2	100	200	30	60
装配					12
合计			384		144

产品定额成本项目					产品定额成本合计
直接材料	直接人工		制造费用		
	工资率	金额	费用率	金额	
384	8	1 152	6	864	2 400

二、相关差异的计算

脱离定额的差异,是指生产过程中,各项生产费用的实际支出脱离现行定额或预算的数额。脱离定额差异的核算,就是在发生生产费用时,为符合定额的费用和脱离定额的差异,分别编制定额凭证和差异凭证,并在有关的费用分配表和明细分类账中分别予以登记。这样,就能及时正确地核算和分析生产费用脱离定额的差异,控制生产费用支出。因此,对定额差异的核算是实行定额法的重要内容。为了防止生产费用的超支,避免浪费和损失,差异凭证填制以后,还必须按照规定办理审批手续。在有条件的企业,可以将脱离定额差异的日常核算同车间或班组经济责任制结合起来,依靠各生产环节的职工,控制生产费用。

1. 原材料脱离定额差异的核算

在各成本项目中,原材料费用(包括自制半成品费用)一般占有较大比重,且属于直接计入费用,因而更有必要和可能在费用发生的当时就按产品核算定额费用和脱离定额的差异,并以不同的凭证予以反映。

原材料脱离定额差异的核算方法一般有限额法、切割核算法和盘存法三种。下面分别加以介绍。

(1) 限额法 为了控制材料的领用,在定额法下,原材料的领用应该实行限额领料(或定额发料)制度,符合定额的原材料应根据限额领料单等定额凭证领发。由于增加产量,需要增加用料时,在追加限额手续后,也可以根据定额凭证领发。由于其他原因发生的超额用料或代用材料的用料,则应填制专设的超额领料单、代用材料领料单等差异凭证,经过一定的审批手续后领发。为了减少凭证的种类,这些差异凭证也可用普通领料单代替,但应用不同的颜色或加盖专用的戳记,以示区别。在差异凭证中,应填写差异的数量、金额以及发生差异的原因。差异凭证的签发,须经过一定的审批手续,其中由于采用代用材料、利用废料和材料质量低劣等原因而引起的脱离定额差异,通常由技术部门审批。对于采用代用材料和废料利用,还应在有关的限额领料单中注明,并从原定的限额中扣除。

在每批生产任务完成以后,应根据车间余料编制退料手续,退料单也是一种差异凭证。退料单中的原材料数额和限额领料单中的原材料余额,都是原材料脱离定额的节约差异。

应当指出的是,原材料脱离定额差异是产品生产中实际用料脱离现行定额而形成的成本差异,而限额法并不能完全控制用料,上述差异凭证所反映的差异往往只是领料差异,而不一定是用料差异。这是因为,投产的产品数量不一定等于规定的产品数量;所领原材料的数量也不一定等于原材料的实际消耗量,即期初、期末车间可能有余料。

【**案例 6-5**】某限额领料单规定的产品数量为 1 200 件,每件产品的原材料消耗定额为 6 千克,则领料限额为 7 200 千克;本月实际领料 7 000 千克,领料差异为少领 200 千克。现假定有以下三种情况:

第一种情况 本期投产产品数量符合限额领料单规定的产品数量,即也是 1 200 件,且期初、期末均无余料,则上述少领 200 千克的领料差异就是用料脱离定额的节约差异。

第二种情况 本期投产产品数量仍为 1 200 件,但车间期初余料为 100 千克,期末余料为 120 千克,则:

原材料定额消耗量 = 1 200 × 6 = 7 200(千克)

原材料实际消耗量 = 7 000 + 100 − 120 = 6 980(千克)

原材料脱离定额差异 = 6 980 − 7 200 = −220(千克)(节约)

第三种情况:本期投产产品数量为 1 100 件,车间期初余料为 100 千克,期末余料为 120 千克,则:

原材料定额消耗量＝1 100×6＝6 600（千克）
原材料实际消耗量＝7 000＋100－120＝6 980（千克）
原材料脱离定额差异＝6 980－6 600＝380（千克）（超支）

由此可见，只有投产产品数量等于规定的产品批量，且车间期初、期末均无余料或期初、期末余料数量相等时，领料（或发料）差异才是用料脱离定额的差异。

（2）切割核算法　对于某些贵重材料或经常大量使用且又需要经过准备车间或下料工段切割后才能进一步进行加工的材料，如板材、棒材等，还应采用材料切割核算单。通过材料切割核算单，核算用料差异，控制用料。

材料切割核算单，应按切割材料的批别开立，在单中要填明切割材料的种类、数额、消耗定额和应切割成的毛坯数量。切割完毕后，要填写实际切割成的毛坯数量和材料的实际耗量；然后根据实际切割成的毛坯数量和消耗定额，即可求得材料定额消耗量，再将此量与材料实际消耗量相比较，即可确定脱离定额差异。材料定额消耗量、脱离定额的差异，以及发生差异的原因均应填入单中，并由主管人员签字。材料切割核算单的格式详见表6-18。

表6-18　材料切割核算单格式

材料编号或名称：3205　　材料计量单位：千克　　材料计划单价：7.50元
产品名称：甲产品　　零件编号或名称：605　　图纸号：906
切割工人：张丽　　　　　　　　　　　　　　机床编号：412
发交切割日期：201×年9月5日　　　　　　完工日期：201×年9月25日

发料数量		退回余料数量		材料实际消耗量		废料回收数量	
200		12		188		16	
单件消耗定额		单件回收废料定额		应割成的毛坯数量		实际割成的毛坯数量	材料定额消耗量	废料定额回收量
10		0.6		20		18	180	10.8
材料脱离定额差异		废料脱离定额差异			差异原因		
数量	金额/元	数量	单价/元	金额/元	切割工人操作失误，边料较多，减少了毛坯		
8	96	－5.2	12	－62.4			

采用材料切割核算单进行材料切割的核算，能及时反映材料的使用情况和发生差异的具体原因，有利于加强对材料消耗的控制和监督。在有条件的情况下，如与车间或班组的经济核算结合起来，则可以收到更好的效果。

（3）盘存法　在大量生产、不能按照上述方法核算原材料脱离定额差异的情况下，除仍要使用限额领料单等定额凭证和超额领料单等差异凭证，以便控制日常材料的实际消耗外，还应定期（按工作班、工作日或按周、旬等）通过盘存的方法核算差异。

① 根据完工产品数量和在产品盘存（实地盘存或账面结存）数量算出投产产品数量，再乘以原材料消耗定额，算出原材料定额消耗量。其中投产产品数量的计算公式如下：

本期投产产品数量＝本期完工产品数量＋期末在产品数量－期初在产品数量

② 根据限额领料单、超额领料单、退料单等材料凭证以及车间余料的盘存数量，计算原材料实际消耗量。

③ 将原材料实际消耗量与定额消耗量进行比较，进而确定原材料脱离定额的差异。

应当指出的是，按照上面公式计算本期投产产品数量，必须具备下述条件，即原材料在生产开始时一次投入，期初和期末在产品都不再耗用原材料。如果原材料是随着生产的进行陆续投入，在产品还要耗用原材料，那么上面公式中的期初和期末在产品数量应改为按原材料消耗定额计算的期初和期末在产品的约当产量。

【案例6-6】 某企业生产丙产品耗用A材料。丙产品期初在产品为60件，本期完工产品为2 000件，期末在产品为120件。生产丙产品用原材料系在生产开始时一次投入，丙产品的原材料消耗定额为每件4千克，原材料的计划单价为每千克10元。限额领料单中载明的本期实际领料数量为8 000千克。车间期初余料为100千克，期末余料为80千克。有关数据计算如下：

投产产品数量＝2 000＋120－60＝2 060（件）
原材料定额消耗量＝2 060×4＝8 240（千克）
原材料实际消耗量＝8 000＋100－80＝8 020（千克）
原材料脱离定额差异（数量）＝8 020－8 240＝－220（千克）（节约）
原材料脱离定额差异（金额）＝－220×10＝－2 200（元）（节约）

对于原材料的定额消耗量和脱离定额的差异，应分批或定期地按照成本计算对象进行汇总，编制原材料定额费用和脱离定额差异汇总表。表中应填明该批或该种产品所耗各种原材料的定额消耗量、定额费用和脱离定额的差异，并分析说明差异产生的主要原因。该表既可以用来汇总反映和分析材料消耗定额的执行情况，又可以代替原材料费用分配表登记产品成本明细账，还可以报送有关领导或向群众公布，以便根据差异发生的原因采取措施，进一步挖掘降低原材料消耗的潜力。

现以某公司丙产品为例，列示其9月份原材料定额费用和脱离定额差异汇总表，详见表6-19。

表6-19 原材料定额费用和脱离定额差异汇总表

产品名称：丙产品　　　　　　　　　201×年9月　　　　　　　　　金额单位：元

原材料类别	材料编号	单位	计划单位成本/元	定额费用 数量	定额费用 金额	计划价格费用 数量	计划价格费用 金额	脱离定额费用 数量	脱离定额费用 金额	差异原因
原 料	1201	千克	6	8 000	48 000	8 200	49 200	＋200	＋1 200	略
主要材料	2304	千克	4	5 000	20 000	4 500	18 000	－500	－2 000	
辅助材料	3202	千克	4	1 750	7 000	1 800	7 200	＋50	－2 00	
合　计				—	75 000	—	74 400		－600	

自制半成品的定额消耗量、定额费用和脱离定额的差异的核算方法与原材料的相同。

2. 生产工资脱离定额差异的核算

在计件工资形式下，生产工资属于直接计入费用，因而其脱离定额差异的核算与原材料类似。凡符合定额的生产工资可反映在工票、工作班产量记录、工序进程单等产量记录中；脱离定额的差异部分，应设置"工资补付单"等差异凭证，予以反映，单中也应填明差异发生的原因，并要经过一定的审批手续。

在计时工资形式下，由于实际工资总额到月终才能确定，因此，生产工资脱离定额的差异不能在平时按照产品直接计算，只有在月末实际生产工资总额确定以后，才能计算。

如果生产工资属于直接计入费用，则某种产品的生产工资脱离定额的差异可按下式计算：

$$\text{某种产品生产工资脱离定额的差异} = \text{该产品实际生产工资费用} - \text{该产品实际产量} \times \text{该产品生产工资费用定额}$$

如果生产工资属于间接计入费用，则产品的生产工资脱离定额的差异应该按照下列公式计算：

$$\text{计划单位小时工资} = \frac{\text{某车间计划产量的定额生产工资}}{\text{该车间计划产量的定额生产工时}}$$

$$\frac{\text{实际单位}}{\text{小时工资}} = \frac{\text{该车间实际生产工资总额}}{\text{该车间实际生产工时总额}}$$

$$\frac{\text{某产品的定}}{\text{额生产工资}} = \frac{\text{该产品实际产量}}{\text{的定额生产工时}} \times \frac{\text{计划单位}}{\text{小时工资}}$$

$$\frac{\text{某产品的实}}{\text{际生产工资}} = \frac{\text{该产品实际产量}}{\text{的实际生产工时}} \times \frac{\text{实际单位}}{\text{小时工资}}$$

$$\frac{\text{某产品生产工资}}{\text{脱离定额的差异}} = \frac{\text{该产品实际}}{\text{生产工资}} - \frac{\text{该产品定额}}{\text{生产工资}}$$

从以上计算公式可以看出，要降低单位产品的计时工资，必须降低单位小时的生产工资和单位产品的生产工时。为此，企业不仅要严格控制工资总额，使之不超过计划，还要充分利用工时，使生产工时总额不低于计划，并且要控制单位产品的工时耗费，使之不超过工时定额。为了降低单位产品的计时工资费用，在定额法下，应加强日常控制，通过核算工时脱离定额差异的方法，监督生产工时的利用情况和工时消耗定额的执行情况。为此，在日常核算中，要按照产品核算定额工时、实际工时和工时脱离定额的差异，并及时分析发生差异的原因。

【案例 6-7】 某公司 C 车间（该车间生产 A 产品和其他产品）9 月份计划产量的定额生产工资费用为 32 400 元，计划产量的定额生产工时为 5 400 小时；本月实际生产工人工资费用为 37 700 元，实际生产工时为 5 800 小时；本月 A 产品定额工时为 3 600 小时，实际生产工时为 3 540 小时。A 产品定额生产工资费用和生产工资脱离定额差异，计算如下：

$$\frac{\text{计划单位}}{\text{小时工资}} = \frac{32\,400}{5\,400} = 6 \text{（元）}$$

$$\frac{\text{实际单位}}{\text{小时工资}} = \frac{37\,700}{5\,800} = 6.50 \text{（元）}$$

$$\frac{\text{A 产品的定额}}{\text{生产工资}} = 3\,600 \times 6 = 21\,600 \text{（元）}$$

$$\frac{\text{A 产品的实际}}{\text{生产工资}} = 3\,540 \times 6.50 = 23\,010 \text{（元）}$$

$$\frac{\text{A 产品生产工资}}{\text{脱离定额的差异}} = 23\,010 - 21\,600 = 1\,410 \text{（元）}$$

在定额法下，不论采用哪一种工资形式，都应根据上述核算资料，按照成本计算对象汇总编制定额生产工资和脱离定额差异汇总表。该表中，汇总反映产品的定额工资、实际工资、工资脱离定额的差异及其产生的原因（在计时工资形式下，还应汇总反映各种产品工时脱离定额的情况）等资料，以考核和分析各种产品工资定额的执行情况，并据此计算产品的工资费用。

3. 制造费用及其他费用脱离定额（或计划）的核算

制造费用，一般来说属于间接计入费用，在日常核算中不能根据产品直接确定费用脱离定额的差异，而只能根据月份的费用计划，按照费用的发生地点和费用项目，核算脱离计划的差异，据此对费用的发生进行控制和监督。对于其中的材料费用，也可以采用限额领料单、超额领料单等定额凭证和差异凭证进行控制；对生产工具、零星费用，则可采用领用手册、费用定额卡等凭证进行控制。在这些凭证中，先要填明领用的计划数，然后登记实际发生数和脱离计划的差异。对于超计划领用，也要经过一定的审批手续。

由上述可知，制造费用差异的日常核算，通常是指脱离费用计划的差异核算。各种产品应负担的制造费用脱离定额的差异，只有到月末将实际费用分配给各种产品以后，才能以其实际费用与定额费用相比较加以确定。其计算确定方法，与计时工资脱离定额差异的计算确定方法类似。其有关计算公式如下：

$$\frac{计划小时}{制造费用率} = \frac{某车间计划制造费用总额}{该车间计划产量的定额生产工时总额}$$

$$\frac{实际小时}{制造费用率} = \frac{某车间实际制造费用总额}{该车间各种产品的实际生产工时总额}$$

$$\frac{某产品实际}{制造费用} = \frac{该产品实际}{生产工时} \times \frac{实际小时}{制造费用率}$$

$$\frac{某产品定额}{制造费用} = \frac{该产品实际产量}{的定额工时} \times \frac{计划小时}{制造费用率}$$

$$\frac{某产品制造费用}{脱离定额的差异} = \frac{该产品实际}{制造费用} - \frac{该产品定额}{制造费用}$$

【**案例 6-8**】某公司 A 车间 9 月份计划制造费用总额为 84 000 元，计划产量的定额生产工时总额为 2 100 小时；实际生产工时为 2 250 小时，实际发生制造费用为 92 250 元；本月丙产品的定额生产工时为 1 400 小时，实际生产工时为 1 380 小时。丙产品定额制造费用和制造费用脱离定额差异的计算如下：

$$\frac{计划小时}{制造费用率} = \frac{84\ 000}{2\ 100} = 40（元）$$

$$\frac{实际小时}{制造费用率} = \frac{92\ 250}{2\ 250} = 41（元）$$

$$\frac{丙产品实际}{制造费用} = 1\ 380 \times 41 = 56\ 580（元）$$

$$\frac{丙产品定额}{制造费用} = 1\ 400 \times 40 = 56\ 000（元）$$

$$\frac{丙产品制造费用}{脱离定额的差异} = 56\ 580 - 56\ 000 = 580（元）$$

对于废品损失及其发生的原因，应采用废品通知单和废品损失计算表单独反映，其中不可修复废品的成本，应按照定额成本计算。由于产品定额成本中一般不包括废品损失，因而发生的废品损失通常作为脱离定额差异来处理。

通过将产品的各项生产费用都分别计算出符合定额费用的部分和脱离定额差异的部分，在产品的定额成本上，加上或者减去脱离定额的差异，即可求得产品的实际成本。计算公式如下：

$$产品实际成本 = 产品定额成本 \pm 脱离定额差异$$

为了计算完工产品的实际成本，上述脱离定额的差异，还应在完工产品和月末在产品之间进行分配。由于采用定额法计算产品成本的企业都有现成的定额成本资料，所以脱离定额差异在完工产品与月末在产品之间的分配，大多采用定额比例法进行。如果各月在产品的数量比较稳定，也可以采用按定额成本计算在产品成本的方法，将全部差异计入完工产品成本，月末在产品不负担差异。

4. 材料成本差异的计算

在采用定额法计算产品成本的企业中，为了便于对产品成本进行考核和分析，材料的日常核算都应按计划成本进行。因此，日常所发生的原材料费用，包括原材料定额费用和原材料脱离定额的差异，都是按照原材料的计划单位成本计算的。原材料定额费用是定额消耗量乘以计划单位成本；原材料脱离定额的差异是消耗量差异乘以计划单位成本。也就是说，前述的原材料脱离定额的差异，是按计划单位成本反映的数量差异，即量差。因此，在月末计算产品的实际原材料费用时，还必须考虑所耗原材料应负担的成本差异问题，即所耗原材料的价差。其计算公式如下：

$$\substack{\text{某产品分配的} \\ \text{原材料成本差异}} = \left(\substack{\text{该产品的原} \\ \text{材料定额费用}} \pm \substack{\text{原材料脱离} \\ \text{定额差异}} \right) \times \substack{\text{原材料成本} \\ \text{差异分配率}}$$

【案例 6-9】 某企业甲产品 9 月份所耗原材料定额费用为 60 000 元，脱离定额差异为节约 2 000 元，原材料的成本差异率为节约 1%。该产品应分配的材料成本差异为：

$$(60\,000 - 2\,000) \times (-1\%) = -580 \text{（元）}$$

各种产品应分配的材料成本差异，一般均由各该产品的完工产品成本负担，月末在产品不再负担。

在多步骤生产中采用定额法的情况下，若逐步结转半成品成本，则半成品的日常核算也应按计划成本或定额成本进行。在月末计算产品实际成本时，也应比照原材料成本差异的分配方法，计算产品所耗半成品的成本差异。

这时，产品实际成本的计算公式如下：

$$\substack{\text{产品实} \\ \text{际成本}} = \substack{\text{按现行定额计算} \\ \text{的产品定额成本}} \pm \substack{\text{脱离现行} \\ \text{定额差异}} \pm \substack{\text{原材料或半成品} \\ \text{成本差异}}$$

在定额法下，为了便于考核和分析各生产步骤的产品成本，简化成本计算工作，各步骤所耗原材料和半成品的成本差异应尽量由厂部分配调整，不计入各生产步骤产品的成本。

5. 定额变动差异的核算

定额变动差异，是指因修订消耗定额或生产耗费的计划价格而产生的新旧定额之间的差额。定额变动差异与脱离定额差异是不同的。定额变动差异是定额本身变动的结果，它与生产中费用支出的节约或浪费无关；而脱离定额差异则反映生产费用支出符合定额的程度。

随着经济的发展、生产技术条件的变化、劳动生产率的提高等，企业的各项消耗定额、生产耗费的计划价格，也应随之加以修订，以保证各项定额能够准确有效地对生产经营活动进行控制和监督。在消耗定额或计划价格修订以后，定额成本也应随之及时修订。

消耗定额和定额成本一般在月初、季初或年初定期进行修订。在定额变动的月份，其月初在产品的定额成本并未修订，仍然按照旧定额计算。因此，为了将按旧定额计算的月初在产品定额成本和按新定额计算的本月投入产品的定额成本在新定额的同一基础上加起来，应该计算月初在产品的定额变动差异，以调整月初在产品的定额成本。

月初在产品定额变动差异，可以根据定额发生变动的在产品盘存数量或在产品账面结存数量和修订前后的消耗定额，计算出月初在产品消耗定额修订前和修订后的定额消耗量，进而确定定额变动差异。在构成产品的零部件种类较多的情况下，采用这种方法按照零部件和工序进行计算，工作量就会很大。为了简化计算工作，也可以按照单位产品费用的折算系数进行计算，即将按新旧定额所计算出的单位产品费用进行对比，求出系数，然后根据系数，进行计算。其计算公式如下：

$$\text{系数} = \frac{\text{按新定额计算的单位产品费用}}{\text{按旧定额计算的单位产品费用}}$$

$$\substack{\text{月初在产品} \\ \text{定额变动差异}} = \substack{\text{按旧定额计算的} \\ \text{月初在产品费用}} \times (1 - \text{系数})$$

【案例 6-10】 A 产品的一些零件从本月 1 日起实行新的原材料消耗定额，单位产品旧的原材料费用定额为 10 元，新的原材料费用定额为 9.6 元。该产品月初在产品按旧定额计算的原材料定额费用为 10 000 元。月初在产品定额变动差异计算结果如下：

$$\text{系数} = \frac{9.60}{10} = 0.96$$

$$\begin{matrix}\text{月初在产品定额}\\ \text{变动差异}\end{matrix} = 10\ 000 \times (1 - 0.96) = 400\ (元)$$

采用系数法来计算月初在产品定额变动差异虽然较为简便，但由于系数是按照单位产品计算的，而不是按照产品的零部件计算的，因而它只宜在零部件成套生产或零部件成套性较大的情况下采用。也就是说，在零部件生产不成套或成套性较差的情况下，采用系数法，就会影响计算结果的正确性。例如，某产品只是部分零部件的消耗定额做了修订，如果零部件生产不成套，月初在产品所包括的零部件又都不是消耗定额发生变动的零部件，这时，采用上述方法计算，则会将本来不应有定额变动差异的月初在产品定额成本，做不正确的调整。

各种消耗定额的变动，一般表现为不断下降的趋势，因而月初在产品定额变动差异，通常表现为月初在产品定额成本的降低。在这种情况下，一方面应从月初在产品定额成本中扣除该项差异；另一方面，由于该项差异是月初在产品生产费用的实际支出，因此还应将该项差异计入本月产品成本。相反，若消耗定额不是下降，而是提高，那么，在计算出定额变动差异后，应将此差项加入月初在产品定额成本之中，同时从本月产品成本中予以扣除，因为实际上并未发生这部分支出。

在有月初在产品定额变动差异时，产品实际成本的计算公式应补充为：

$$\begin{matrix}\text{产品}\\ \text{实际成本}\end{matrix} = \begin{matrix}\text{按现行定额计算}\\ \text{的产品定额成本}\end{matrix} \pm \begin{matrix}\text{脱离现行}\\ \text{定额的差异}\end{matrix} \pm \begin{matrix}\text{原材料或}\\ \text{半成品成本差异}\end{matrix} \pm \begin{matrix}\text{月初在产品}\\ \text{定额变动差异}\end{matrix}$$

定额变动差异一般应按照定额成本比例，在完工产品和月末在产品之间进行分配。因为这种差异不是当月工作的结果，不应全部计入当月完工产品成本。但是，若定额变动差异数额较小，或者月初在产品本月全部完工，那么，定额变动差异也可以全部由完工产品负担，月末在产品不再负担。

在定额法下，产品实际成本的计算，也应在产品成本明细账中按照成本项目分别进行。但为了适应定额法的要求，所采用的产品成本明细账以及各种费用分配表或汇总表，都应按照定额消耗量、定额费用和各种差异分设专栏或专行，以便按照前述方式，以定额成本为基础，加减各种差异计算产品实际成本。

三、完工产品成本的结转

【案例 6-11】 某有限责任公司大批量生产甲产品，该产品各项消耗定额比较准确、稳定，为了加强定额管理和成本控制，公司采用定额法计算甲产品成本。公司规定，该产品的定额变动差异和材料成本差异由完工产品成本负担，脱离定额差异按定额成本比例在完工产品与月末在产品之间进行分配。甲产品定额成本于 201×年 1 月制定，其定额标准如表 6-20 所示。

表 6-20　甲产品定额成本

产品名称：甲产品　　　　　　　201×年 1 月 1 日　　　　　　　　　　单位：元

材料编号及名称	材料消耗定额/千克		计划单价/(元/千克)		材料费用定额
A 材料	200		10		2 000
工时定额/小时	直接人工		制造费用		产品定额成本合计
	薪酬率/(元/小时)	金额	费用率/(元/小时)	金额	
100	3	300	2.5	250	1 550

甲产品所需 A 材料在生产开始时一次投入。由于工艺技术的改进，该公司于上年对甲产品的材料消耗定额进行修订，原材料消耗定额由每件单耗 200 千克，调整为 190 千克，材料费用定额相应调整为 1 900 元。12 月初甲产品的月初在产品定额成本和脱离定额的差异如表 6-21 所示。

表 6-21　月初在产品定额成本和脱离定额差异　　　　金额单位：元

产品名称：甲产品　　　　　　201×年12月1日　　　　　　　在产品数量：10件

项目	直接材料	直接人工	制造费用	合　计
定额成本	20 000	1 500	1 250	22 750
脱离定额差异	−500	+100	+50	−350
实际成本	19 500	1 600	1 300	22 400

201×年12月，该公司投产200件，完工180件，月末在产品30件。月初月末在产品完工程度均为50%。甲产品本月发生的生产费用如表6-22所示。

表 6-22　生产工时与生产费用资料　　　　　　　　　　金额单位：元

产品名称：甲产品　　　　　　201×年12月　　　　　　　　本月投产：200件

成本项目	定额成本			脱离定额差异			合计
	定额消耗量或定额工时	单价或费用率	定额费用	差量或工时	单价或费用率	差异金额	
直接材料	38 000	10	380 000	500	10	5 000	385 000
直接人工	19 000	3	57 000			1 900	58 900
制造费用	19 000	2.5	47 500			−1 900	45 600
合　计	—	—	484 500			5 000	489 500

材料消耗定额＝200×190＝380 000（千克）

定额工时＝10×100×50%＋(200−30)×100＋30×100×50%＝19 000（小时）

201×年12月份材料成本差异率为2%，计算出甲产品所领用材料应负担的材料成本差异为7 700元[(380 000＋5 000)×2%]。

由于上年对材料费用定额进行了调整，甲产品的月初在产品定额成本降低，产生了月初在产品的定额变动差异100元[(200−190)×10]。

根据上述各种资料，进行会计处理如下：

(1) 甲产品领用A材料时，区分定额费用与脱离定额差异。

借：基本生产成本——甲产品（材料定额成本）　　380 000
　　　　　　　　——甲产品（脱离定额差异）　　　5 000
　　贷：原材料——A材料　　　　　　　　　　　　　　　　385 000

(2) 月末结转材料成本差异。

借：基本生产成本——甲产品（材料成本差异）　　7 700
　　贷：材料成本差异　　　　　　　　　　　　　　　　　　7 700

(3) 结转甲产品的人工费用，区分定额费用与脱离定额差异。

借：基本生产成本——甲产品（人工定额成本）　　57 000
　　　　　　　　——甲产品（脱离定额差异）　　　1 900
　　贷：应付职工薪酬　　　　　　　　　　　　　　　　　58 900

(4) 分配制造费用，区分定额费用与脱离定额差异。

借：基本生产成本——甲产品（制造费用定额成本）　47 500
　　　　　　　　——甲产品（脱离定额差异）　　　 1 900
　　贷：制造费用　　　　　　　　　　　　　　　　　　　45 600

月初在产品定额成本变动差异不必进行账务处理，可在基本生产成本明细账中直接列示。

根据会计处理结果，登记甲产品的基本生产成本明细账，如表6-23所示。

项目六 产品成本计算的辅助方法

表 6-23 基本生产成本明细账

201×年12月

产品名称：甲产品　　　　　　　　　　　　　　　　　　　　　　　　　　　　　　　　　　　单位：元

201×年		摘要	直接材料					直接人工				制造费用				合计			
月	日		定额成本	定额调整	定额变动差异	脱离定额差异	材料成本差异	定额成本	定额变动差异	脱离定额差异		定额成本	脱离定额差异	定额变动差异		定额成本	脱离定额差异	定额变动差异	材料成本差异
12	1	期初在产品成本	20 000	−1 000	+1 000	−500		1 500	+100			1 250	+50			21 750	−350	+1 000	
		分配材料费用	380 000			+5 000	+7 700									380 000	+5 000		+7 700
		分配材料成本差异																		
		分配人工费用						57 000	+1 900							57 000	+1 900		
		分配制造费用										47 500	−1 900			47 500	−1 900		
		生产费用合计	400 000	−1 000	+1 000	+4 500	+7 700	58 500	+2 000			48 750	−1 850			506 250	+4 650	+1 000	+7 700
		脱离定额差异率				1.125%			3.42%				−3.79%						
		完工产品定额成本	342 000	−1 000				54 000				45 000				440 000			
		完工产品负担差异				+3 864.6	+7 700		+1 846.8				−1 705.5				+4 005.9	+1 000	+7 700
		月末在产品成本	58 000			+635.4		4 500	+153.2			3 750	−144.5			66 250	644.1		

其中：本月完工甲产品实际成本=440 000+4 005.90+1 000+7 700=452 705.90（元）

月末在产品实际成本=66 250+644.10=66 894.10（元）

在甲产品的基本生产成本明细账中，涉及的各种脱离定额差异分配率计算如下：
直接材料脱离定额差异分配率＝4 500÷400 000×100％＝1.25％
直接人工脱离定额差异分配率＝2 000÷58 500×100％＝3.42％
制造费用脱离定额差异分配率＝－1 850÷48 750×100％＝－3.79％
月末，根据完工产品入库单，编制完工产品入库的会计分录：
借：库存商品——甲产品　452 705.90
　贷：基本生产成本——甲产品（定额成本）　　　440 000
　　　　　　　　　　——甲产品（脱离定额差异）4 005.90
　　　　　　　　　　——甲产品（定额变动差异）1 000
　　　　　　　　　　——甲产品（材料成本差异）7 700

从本月完工的甲产品实际成本构成中，可以看到本月完工的甲产品定额成本为 440 000 元，实际成本为 452 705.90 元，成本超支 12 705.90 元。这反映了在定额法下实际成本脱离定额成本的情况，依据资料可以分析实际成本脱离定额成本的原因：一是脱离定额差异超支 4 005.90 元，属于生产耗费的超支，应该作为成本控制的重点；二是材料成本差异超支 7 700 元，主要是材料价格上涨所致，不是车间工作的缺点，但应从材料采购角度分析材料成本提高的原因；三是定额变动差异超支 1 000 元，这是 11 月 30 日对甲产品材料消耗定额进行调整引起月初在产品定额成本变化的结果，反映了甲产品的生产车间改进生产技术、节约原材料消耗的成绩。从加强产品成本管理的角度出发，还应当按照各个成本项目的实际情况分别进行成本分析，逐项查明实际成本脱离定额成本的真正原因，以有利于定期考核成本计划的完成情况，寻求降低产品成本的途径。这正是定额法的优点，但同时，定额法也增加了成本核算的工作量。

岗位训练

1. 资料

某企业有关直接材料的成本资料如下：

（1）月初成本：

定额成本 10 000 元，脱离定额差异－785 元，定额变动差异＋500 元。

（2）本月发生成本：

定额成本 50 000 元，脱离定额差异－1 000 元，材料成本差异－490 元。

（3）月末在产品定额成本为 4 500 元。

要求：计算直接材料的月末定额成本；计算直接材料的月末脱离定额差异；计算直接材料的实际完工成本。

2. 答案

直接材料的月末定额成本为 55 000 元；直接材料的月末脱离定额差异为－135 元；直接材料的实际完工成本为 53 360 元。

项目实战 2

资讯：

清河机械有限责任公司生产甲产品，采用定额成本法计算产品成本。2017 年 12 月初在产品 20 件，本月投入生产产品 90 件，本月完工产品 80 件，月末在产品 30 件。原材料于生产开始时一次性投入，材料消耗定额由上月的 80 元降至本月的 72 元，材料成本差异率为

-2%，单位产品工时定额为10小时，计划小时工资率为5元，计划小时制造费用率为3元。材料成本差异和定额变动差异全部由完工产品负担，脱离定额差异按完工产品定额成本和在产品定额成本比例分配。月初在产品成本及产品成本计算表如表6-24和表6-25所示。

表6-24 月初在产品成本 单位：元

成本项目	直接材料	直接人工	制造费用	合 计
月初在产品定额成本	1 600	500	300	2 400
脱离定额差异	36	－20.25	15.5	31.25

表6-25 产品成本计算表
2017年12月 单位：元

项 目		直接材料	直接人工	制造费用	合 计
月初在产品成本	定额成本	1 600	500	300	2 400
	脱离定额差异	36	－20.25	15.5	31.25
月初在产品定额变动	定额成本调整				
	定额变动差异				
本月生产费用	定额成本				
	脱离定额差异	360	－51	127	436
	材料成本差异				
生产费用合计	定额成本				
	脱离定额差异				
	材料成本差异				
	定额变动差异				
差异率	脱离定额差异				
本月完工产品成本	定额成本				
	脱离定额差异				
	材料成本差异				
	定额变动差异				
	实际成本				
月初在产品成本	定额成本				
	脱离定额差异				

任务：

根据已知资料完成表6-24和表6-25，计算完工甲产品的实际成本。

答案：

完工甲产品实际总成本为12 531.20元，其中直接材料6 071.20元，直接人工3 940元，制造费用2 520元。

完成工作任务评价

一、完成项目会计主体的工作任务

根据资讯资料设置产品成本计算单或生产成本明细账，能够正确应用定额法计算产品成本。

二、分享完成工作任务的收获

根据完成工作任务情况，结合教师及同学的评价，与教师及同学们分享收获。

◆ 项目小结 ◆

本项目主要介绍了产品成本计算的辅助方法，即分类法和定额法，同时也介绍了联产品和副产品的核算方法。

产品成本计算的分类法，是以产品的类别作为成本计算对象归集生产费用，先计算各类产品的实际成本，再按一定的分配标准，计算和分配类内各种产品成本的一种方法。

凡是产品的品种、规格繁多，且可以按照一定标准划分为若干类别的企业或企业的生产单位，均可采用分类法计算产品成本。

副产品是工业企业在主要产品的生产过程中附带生产出来的非主要产品。副产品虽然不是企业的主要产品，但也有经济价值。副产品有的可以直接对外销售，有的经过适当加工以后，也可以对外销售。因此，应当正确计算副产品成本。

定额法是以产品品种或类别作为成本计算对象，根据产品实际产量，核算产品的实际生产费用和脱离定额的差异、计算完工产品成本的一种成本计算方法。这种方法主要适用于产品已经定型、产品品种比较稳定、各项定额比较齐全准确、原始记录比较健全的大量大批生产企业。

岗位技能拓展训练

一、单项选择题

1. 产品成本计算的辅助方法有（   ）。
   A. 品种法　　　　B. 分步法　　　　C. 分批法　　　　D. 分类法

2. 用同样的原材料，经过一道或一系列工序的加工同时生产出几种地位相同但用途不同的主要产品是（   ）。
   A. 产成品　　　　B. 联产品　　　　C. 副产品　　　　D. 等级品

3. 成本计算分类法适用于（   ）。
   A. 品种、规格繁多的产品　　　　B. 品种、规格繁多并可按一定标准分类的产品
   C. 可按一定标准分类的产品　　　D. 大量大批生产的产品

4. 在分离前发生的加工成本称为（   ）。
   A. 联合成本　　　B. 可归属成本　　C. 可分成本　　　D. 共同成本

5. 采用分类法计算产品成本的目的是（   ）。
   A. 准确计算各类产品的实际成本　　B. 简化每种产品成本的计算工作量
   C. 正确计算每种产品的实际成本　　D. 简化每类产品成本的计算工作量

6. 在本月完工产品与月末在产品之间分配脱离定额差异的依据是（   ）。
   A. 本月投产产品的定额成本
   B. 月初在产品的定额成本
   C. 月末在产品的定额成本
   D. 本月完工产品的定额成本和月末在产品的定额成本

7. 下列不是原材料费用脱离定额差异的计算方法是（   ）。
   A. 限额法　　　　B. 切割法　　　　C. 盘存法　　　　D. 平均年限法

8. 制定定额成本的依据是（   ）。

A. 企业现行的各项定额　　　　B. 企业平均的各项定额
C. 企业实际材料消耗和工时消耗　D. 先进的定额成本

9. 联产品成本计算主要是指（　　）。
A. 联产品联合成本的分配　　　B. 联产品可归属成本的分配
C. 联产品分离前费用的归集　　D. 联产品的分类问题

10. 采用分类法计算同类产品内不同产品的成本时，对于类内产品发生的各项费用（　　）。
A. 只有直接费用才能直接计入各种产品成本
B. 只有间接费用才需分配计入各种产品成本
C. 无论直接费用还是间接费用，都应采用一定的方法分配计入各种产品成本
D. 直接费用应直接计入各种产品成本，间接费用需分配计入各种产品成本

二、多项选择题

1. 产品成本计算的辅助方法有（　　）。
A. 品种法　　B. 分步法　　C. 分类法　　D. 定额法

2. 下列可采用分类法进行产品成本计算的有（　　）。
A. 联产品　　　　　　　　　B. 等级产品
C. 标准产品　　　　　　　　D. 品种、规格繁多，但可按一定标准分类的产品

3. 采用分类法，可将（　　）等方面相同或相似的产品归为一类。
A. 产品的性质和用途　　　　B. 产品的结构和耗用原材料
C. 产品的售价　　　　　　　D. 产品生产工艺技术过程

4. 材料脱离定额的计算方法有（　　）。
A. 加权平均法　　B. 限额法　　C. 盘存法　　D. 切割法

5. 类内不同品种、规格之间费用分配的标准有（　　）等。
A. 定额耗用量　　B. 定额成本　　C. 产品售价　　D. 产品排列顺序

6. 计算和分析脱离定额成本差异主要包括（　　）。
A. 直接材料费用脱离定额差异　　B. 直接人工费用脱离定额差异
C. 制造费用脱离定额差异　　　　D. 燃料及动力脱离定额差异

7. 等级产品是指（　　）。
A. 使用同一种原材料
B. 使用不同的原材料
C. 经过同一生产过程生产出来的品种相同而质量不同的产品
D. 采用不同的生产工艺过程生产出来的品种相同而质量不同的产品

8. 联产品的成本由（　　）组成。
A. 联合成本　　B. 可归属成本　　C. 制造成本　　D. 销售成本

9. 下列属于类内产品分配方法的有（　　）。
A. 系数法　　B. 定额成本法　　C. 定额比例法　　D. 约当产量法

10. 类内各种（规格）产品成本的分配采用系数分配法时，各种（规格）产品系数确定的依据有（　　）等。
A. 产品定额耗用量　　　　　B. 产品定额成本
C. 产品售价　　　　　　　　D. 产品生产地点

三、判断题

1. 联产品成本是指联产品的可归属成本。　　　　　　　　　　　　　　（　　）
2. 联产品成本的计算可以采用分类法。　　　　　　　　　　　　　　　（　　）

3. 定额法是成本计算与成本管理控制相结合的成本计算方法。（   ）
4. 定额变动差异是产品生产过程中费用脱离现行定额的差异。（   ）
5. 副产品一般价值比较低，不应当负担共同成本。（   ）
6. 类内各产品成本的分配，可按选定的分配标准将类内各种产品折合为系数。（   ）
7. 在产品品种、规格繁多的企业，采用分类法计算产品成本，可以简化成本计算工作。（   ）
8. 分类法与品种法、分批法或分步法一起构成基本的成本计算方法。（   ）
9. 一个企业只能采用一种方法计算产品成本。（   ）
10. 对于副产品，可以单独计算成本，也可采用与品种法相似的方法计算成本。（   ）

四、岗位训练

1. 资料

（1）某企业生产甲、乙、丙三种产品，三种产品的结构、耗用材料和工艺过程相近，划分为 A 类产品。该企业 201×年 9 月生产甲产品 2 000 件，乙产品 1 000 件，丙产品 1 200 件，月末甲在产品 100 件，乙在产品 150 件。有关定额资料如表 6-26~表 6-29 所示。

表 6-26 系数计算表

类别：A 类　　　　　　　　　　　　201×年 9 月

产品名称	材料消耗定额	系数	工时消耗定额	系数
甲产品（标准产品）	20 千克	1	10 小时	1
乙产品	24 千克	1.2	15 小时	1.5
丙产品	10 千克	0.5	5 小时	0.5

表 6-27 基本生产成本明细账

类别：A 类　　　　　　　　　201×年 9 月　　　　　　　　　单位：元

摘　要	直接材料	直接人工	制造费用	合　计
月初在产品成本	2 100	969	950	4 019
本月生产费用	6 084	3 130	2 466	11 680
生产费用合计	8 184	4 099	3 416	15 699
完工产品成本	5 700	3 936	3 280	12 916
月末在产品成本	2 484	163	136	2 783

要求：采用分类法计算各种产品成本，并进行会计处理。

表 6-28 A 类产品系数计算表

类别：A 类　　　　　　　　　　　　201×年 9 月

产品名称	产成品产量/件	直接材料		直接人工	
		系数	总系数	系数	总系数
甲产品					
乙产品					
丙产品					
合计					

表 6-29　类内产品成本分配表

类别：A类　　　　　　　　　　　　201×年9月　　　　　　　　　　　　　　单位：元

摘　要	直接材料	直接人工	制造费用	合　计
A类完工产品总成本				
总系数				
分配率				
甲完工产品总成本				
甲产品单位成本				
乙完工产品总成本				
乙产品单位成本				
丙完工产品总成本				
丙产品单位成本				

（2）某企业在生产甲产品过程中，附带生产出副产品 A 产品和 B 产品，两种副产品无须继续加工，直接对外出售。201×年 9 月生产甲产品 2 000 千克，A 产品 800 千克，B 产品 400 千克，A 产品的定额单位成本为 20 元，B 产品的定额单位成本为 75 元。各项费用资料如表 6-30 所示。

表 6-30　产品成本计算表

201×年 9 月　　　　　　　　　　　　　　　　　　　　　　　　　　　　　　　单位：元

项　目		直接材料	直接人工	制造费用	合　计
总成本	月初在产品成本	16 000	4 000	12 000	32 000
	本月生产费用	240 000	60 000	68 000	368 000
	生产费用合计				
	费用项目比重				
甲产品	总成本				
	单位成本				
A产品	总成本				
	单位成本				
B产品	总成本				
	单位成本				

要求：完成表 6-30，计算产品总成本。

2. 答案

（1）甲产品总成本 6 520 元，其中直接材料 3 000 元，直接人工 1 920 元，制造费用 1 600 元；

乙产品总成本 4 440 元，其中直接材料 1 800 元，直接人工 1 440 元，制造费用 1 200 元；

丙产品总成本 1 956 元，其中直接材料 900 元，直接人工 576 元，制造费用 480 元。

（2）甲产品总成本 354 000 元，其中直接材料 226 560 元，直接人工 56 640 元，制造费用 70 800 元。

A 产品总成本 16 000 元，其中直接材料 10 240 元，直接人工 2 560 元，制造费用 3 200 元。

B 产品总成本 30 000 元，其中直接材料 19 200 元，直接人工 4 800 元，制造费用 6 000 元。

项目七
成本报表的编制与分析

知识目标
1. 了解成本报表的含义、种类、作用和编制要求。
2. 掌握商品产品成本表、主要产品单位成本表的编制。
3. 掌握成本报表的分析方法、掌握成本报表的分析过程。

技能目标
1. 能够编制商品产品成本表、主要产品单位成本表。
2. 能够正确运用辅助方法计算产品成本。
3. 能够正确运用各种成本分析的方法对成本报表的指标进行分析。

项目导入

盘锦兴隆糖果有限责任公司大量生产硬糖和软糖两种产品,并且两种产品是可比产品,拥有完善的成本定额资料。假设酥糖是本年新投产的产品,成本会计要根据成本资料编制商品产品成本表、主要产品单位成本表和制造费用明细表,作为成本分析的数据来源。

任务提出

成本会计要根据成本资料编制商品产品成本表、主要产品单位成本表和制造费用明细表,作为成本分析的数据来源。

工作任务一　成本报表的编制;
工作任务二　成本报表的分析。

预备知识

一、成本报表的含义及作用

1. 成本报表的含义

成本报表是根据企业产品成本、劳务成本和经营管理费用等核算资料以及其他有关资料编制的,用来反映企业一定时期内产品成本及其变动情况,以考核成本计划执行情况的报告文件。

2. 成本报表的作用

成本报表是向企业经营管理者提供成本信息的内部管理会计报表,综合反映企业报告期内产品生产耗费和成本水平;客观反映各成本中心的成本管理业绩,评价和考核企业成本计划的完成情况;为制订和及时修订成本计划、确定产品价格提供重要依据,为企业进行成本、利润的预测、决策提供信息。

二、成本报表的种类和特点

1. 成本报表的种类

成本报表按其所反映的内容可分为以下几种：

（1）反映产品成本情况的报表 主要反映企业为生产一定种类和一定数量产品所支出的生产费用的水平及其构成情况，并与计划、上年实际、历史最好水平或同行业同类产品先进水平相比较，反映产品成本的变动情况和变动趋势。属于此类成本报表的有全部商品产品成本表、主要产品单位成本表等。

（2）反映各种费用支出的报表 主要反映企业在一定时期内的费用总额及其构成情况，并与计划（预算）、上年实际对比，反映费用支出的变动情况和变动趋势。属于此类成本报表的有制造费用明细表等。

为了加强成本的日常管理，对于成本耗费的主要指标，也可以报表的形式按年、按季、按月、按旬、按周、按日甚至按班编报，促使有关部门及人员及时有针对性地采取措施，解决生产经营中的问题，发挥成本核算及时指导生产的作用。另外，为了将成本管理与技术管理相结合，可以向有关部门定期和不定期地编制成本报表，分析成本升降的具体原因，以寻求降低成本的途径和方法。

2. 成本报表的特点

成本报表是企业内部成本管理的报表，其主要特点可以归纳为以下几点。

（1）成本报表是为满足企业内部经营管理需要而编制的 在当前市场经济条件下，成本报表主要是为企业内部管理服务，为企业管理者、成本责任者提供成本信息，因而又被视为企业的商业秘密，一般来说是不对外公布的。管理者通过观察、分析、考核成本的动态变化，控制计划成本目标的实现和为企业进行成本预测、决策和修订成本计划提供重要依据。

（2）成本报表种类、格式、项目内容等由企业自行决定 成本报表主要是对内提供报表，因而它不拘泥于统一的格式和完整的内容。不受企业外部的种种因素的制约和影响，可以根据本企业的生产工艺特点、生产组织形式和企业的成本管理要求来确定报表采用何种格式、应填列哪些内容等。并且还可以根据客观因素的变化，随时进行适时的修改和调整。

（3）成本报表编报不定时 内部成本报表主要是为企业内部成本管理服务，所以，内部成本报表可以根据内部管理的需要适时地、不定期地进行编制，使成本报表及时地反映和反馈成本信息，揭示存在的问题，促使有关部门和人员及时采取措施，改进工作，提高服务效率，控制费用的发生，达到节约的目的。

（4）成本报表提供的成本信息反映企业各方面的工作质量 企业产品产量的多少，产品质量的高低，原材料、燃料及动力消耗的节约与浪费，工人劳动生产率的高低、固定资产利用程度，各部门费用的节约与浪费等，都会直接或间接地反映到费用和成本的指标上来。成本报表提供的成本信息可以综合反映企业生产经营管理工作的质量。

内部成本报表是根据企业生产经营组织体系逐级上报，或者是为解决某一特定问题的权责范围内进行传递，使有关部门和成本责任者及时掌握成本计划目标执行的情况，揭示差异，查找原因和责任，评价内部环节和人员的业绩。

三、成本报表的编制要求

1. 数字真实

数字真实是编制成本报表的基本要求，只有报表的数字真实可靠，如实反映企业费用、成本的水平和构成，才有利于企业管理者正确进行成本分析和成本决策。

2. 计算准确

计算准确是指成本报表中的各项指标数据必须按照企业在设置成本报表时规定的计算方法计算；报表中的各种相关数据应当核对相符。例如，本期报表与上期报表之间、同一时期不同报表之间、同一报表不同项目之间具有钩稽关系的数据，应当核对相符。

3. 内容完整

内容完整是指企业成本报表的种类应当完整，能全面反映企业各种费用成本的水平和构成情况；同一报表的各个项目内容应当完整，必须填报齐全。只有内容完整的报表才能满足企业经营管理者对成本信息的需求。

4. 报送及时

报送及时是指企业必须及时编制和报送成本报表，以充分发挥成本报表在指导生产经营活动中的作用。为了体现成本报表编制和报送的及时性，企业的成本报表，有的可以定期编报，有的可以不定期编报。例如，反映费用支出和成本形成主要指标的报表，既可以按月编制，也可以按旬、按周，甚至按日、按班编制，并及时提供给有关部门负责人和成本管理责任者，以便及时采取措施控制支出、节约费用、降低成本。

四、成本分析的含义及内容

1. 成本分析的含义

成本分析是成本管理中的重要组成部分，它是为了满足企业各管理层次了解成本状况及进行经营决策的需要，利用成本资料与其他相关资料，系统研究影响成本升降的因素及形成的原因，寻求降低成本的方法，挖掘降低成本的途径，以取得最大的经济效益。

2. 成本分析的内容

成本分析贯穿于费用发生和成本形成的全过程，包括的内容很多。根据工业企业成本报表和成本计划等资料进行的成本事后分析，包括以下几方面内容。

① 全部产品成本计划完成情况分析。
② 主要产品单位成本分析。
③ 技术经济指标变动对产品成本影响的分析。
④ 制造费用预算执行情况分析。

工作任务一　成本报表的编制

情境

盘锦兴隆糖果有限责任公司年初召开财务会议时，为本年的生产制订了计划，分别制定了本年硬糖和软糖的计划成本，并假设今年若生产新产品酥糖，将会增加的产量及计划成本。9月末，公司召开财务会议，总经理想要了解截至9月份公司的生产成本情况。成本会计小张应该如何编制成本报表？

任务：根据项目三"项目实战1~9"的数据资料编制成本报表。

项目七 成本报表的编制与分析

工作程序

第一，认识成本报表；
第二，编制商品产品成本表；
第三，编制主要产品单位成本表；
第四，编制制造费用明细表。

知识应用

一、商品产品成本表的编制

商品产品成本表是反映企业在报告期内生产全部产品（包括可比产品和不可比产品）的总成本以及各种主要产品的单位成本和总成本的报表。该表一般有两种格式，一种按产品种类反映，另一种按成本项目反映。

（一）按产品种类反映的商品产品成本表的结构与编制

1. 报表结构

按产品种类反映的商品产品成本表，是按产品种类汇总反映企业在报告期内生产的全部商品产品的单位成本和总成本的报表。该表将全部产品分为可比产品和不可比产品，列示各种产品的单位成本、本月总成本、本年累计总成本。

商品产品成本表中的可比产品是指企业以前年度正式生产过，具有较完备的成本资料的产品。不可比产品是指企业以前年度没有正式生产过，也没有完备的成本资料的产品。商品产品成本表结构如表 7-1 所示。

表 7-1 商品产品成本表结构
201×年 12月　　　　　　　　　　　　　　　　　金额单位：元

产品名称	实际产量		单位成本			本月总成本			本年累计总成本		
	本月	本年累计	上年实际平均	本年计划	本月实际	本年累计实际平均	按上年实际平均单位成本计算	按本年计划平均单位成本计算	本月实际	按上年实际平均单位成本计算	按本年计划平均单位成本计算	本年累计实际
	1	2	3	4	5=9÷1	6	7=1×3	8=1×4	9	10=2×3	11=2×4	12=2×6
可比产品合计							91 000	88 520	89 125	1 000 000	972 500	969 250
其中：甲产品/件	55	625	1 200	1 164	1 175	1 158	66 000	64 020	64 625	750 000	727 500	723 750
乙产品/件	25	250	1 000	980	980	982	25 000	24 500	24 500	250 000	245 000	245 500
不可比产品合计								27 750	26 625		277 500	265 500
丙产品/件	25	250		1 110	1 065	1 060		27 750	26 625		277 500	265 500
全部商品产品成本								116 270	115 750		1 250 000	1 234 750

注：可比产品成本降低额＝可比产品按上年平均实际单位成本计算的本年累计总成本－本年累计实际总成本；
可比产品成本降低率＝可比产品成本降低额÷可比产品按上年实际平均单位成本计算的本年累计总成本×100%。

2. 编制方法

编制商品产品成本表，主要依据有关产品的"产品成本明细账"、年度成本计划、上年本表等资料填列下列有关项目。

（1）产品名称　本项目应填列主要的"可比产品"与"不可比产品"的名称。

(2) 实际产量 此项目分为两栏，分别反映本月和从年初到本月末各种主要商品产品的实际产量，应根据成本计算单或产品成本明细账的记录计算填列。

(3) 单位成本 此项目分为四栏，分别反映各种主要商品产品的上年实际平均、本年计划、本月实际以及本年累计实际平均单位成本。

a. 上年实际平均单位成本。此项目应根据上年度本表所列各种产品的全年实际平均单位成本填列，因不可比产品无上年相关资料，因而只有各种可比产品要填列此项目。

b. 本年计划单位成本。本项目根据本年度成本计划所列的单位成本有关资料填列。

c. 本月实际单位成本。本项目根据表中本月实际总成本除以本月实际产量计算填列。

d. 本年累计实际平均单位成本。本项目根据表中本年累计实际总成本除以本年累计实际产量计算填列。

(4) 本月总成本 本项目分为三栏，反映各种主要商品产品本月实际产量的上年实际平均、本年计划和本月实际总成本，以便按月考核产品成本计划的完成情况。

a. 按上年实际平均单位成本计算的总成本。本项目根据上年实际平均单位成本乘以本月实际产量计算填列。

b. 按本年计划平均单位成本计算的总成本。本项目根据本年计划单位成本乘以本月实际产量计算填列。

c. 本月实际总成本。本项目根据本月成本计算单或产品成本明细账的有关记录填列。

(5) 本年累计总成本 本项目也分为三栏，反映各种主要商品产品本年累计实际产量的上年实际平均、本年计划和本年累计实际的总成本，用以考核年度内成本计划的执行情况与结果。

a. 按上年实际平均单位成本计算的总成本。本项目根据上年实际平均单位成本乘以本年累计实际产量计算填列。

b. 按本年计划平均单位成本计算的总成本。本项目根据本年计划单位成本乘以本年累计实际产量计算填列。

c. 本年累计实际总成本。本项目根据成本计算单或产品成本明细账有关记录填列。

(二) 按照成本项目反映的产品成本表的结构与编制

1. 报表结构

按成本项目反映的商品产品成本表，是按成本项目汇总反映企业在报告期内发生的全部生产费用及商品产品生产总成本的报表。该表可以分为生产费用和生产成本两部分，具体格式如表 7-2 所示。

表 7-2 商品产品成本表

201×年 12 月　　　　　　　　　　　　　　　　　金额单位：元

成本项目	上年实际	本年计划	本月实际	本年累计实际
直接材料	60 000	82 000	76 000	780 000
直接人工	20 000	31 000	27 000	260 000
制造费用	16 100	16 830	7 244	213 266
生产费用合计	96 100	129 830	110 244	1 253 266
加：在产品、自制半成品期初余额	8 500	8 200	8 640	11 618
减：在产品、自制半成品期末余额	13 600	21 760	3 134	30 134
产品生产成本合计	91 000	116 270	115 750	1 234 750

2. 编制方法

表 7-2 中生产费用部分按照成本项目反映报告期内发生的直接材料、直接人工和制造费用各项生产费用合计数。产品生产成本部分是在生产费用合计基础上，加上在产品、自制半成品的期初余额，减去在产品和自制半成品的期末余额，计算出产品生产成本合计数。各项费用和成本，还可以按上年实际数、本年计划数、本月实际数、本年累计实际分栏计算并反映。

二、主要产品单位成本表的编制

主要产品成本表一般是反映企业在报告期内生产的各种主要产品单位成本的构成情况和各项主要技术经济指标执行情况的报表。该表是按主要产品分别编制的，是对商品产品生产成本表的有关单位成本所做的进一步补充说明。主要产品是指企业经常生产，在企业所生产的全部产品中所占的比重较大，能概括地反映企业生产经营面貌的产品。利用此表，可以考核各种主要产品单位成本计划的执行结果，分析各成本项目和消耗定额的变化及其原因，分析成本构成的变化趋势等。

1. 报表结构

主要产品单位成本表分为上、下两部分。上半部分列示主要产品的基本情况；下半部分则分别按成本项目列示历史先进水平、上年实际平均、本年计划、本月实际和本年累计实际平均的单位成本，分别列示主要技术经济指标的历史先进水平、上年实际平均、本年计划、本月实际和本年累计实际平均的单位用量。主要产品单位成本表的格式和内容如表 7-3 所示。

表 7-3　主要产品单位成本表的格式和内容

本月实际产量：55　　　　　　　201×年 12 月　　　　　　　单位售价：1 500 元
产品名称：甲产品　　　　　　　本年累计产量：625　　　　　金额单位：元

成本项目	历史先进水平 （20××年）	上年实际	本年计划	本月实际	本年累计 实际平均
单位产品生产成本	1 080	1 200	1 164	1 175	1 158
直接材料	420	470	439	450	445
直接人工	320	370	375	375	372
其他直接费用					
制造费用	340	360	350	350	341
废品损失					

2. 编制方法

① 报表上半部分列示主要产品的基本情况的产品名称、规格、计量单位等，根据有关产品目录填列；本月及本年累计实际产量应根据生产成本明细账或产成品成本汇总表填列；销售单价应根据产品定价表填列，也可以根据"主营业务收入"明细账资料填列。

② 各项成本项目的历史先进水平，应根据本企业历史上该种产品成本最低年度本表的"本年累计实际平均"项目填列。

③ 各项成本项目的上年实际平均单位成本，应根据上年度报表的"本年累计实际平均"项目填列。

④ 各项成本项目的本年计划单位成本，应根据本年度成本计划填列。

⑤ 各项成本项目的本月实际单位成本，应根据生产成本明细账或产成品成本汇总表填列。

⑥ 各项成本项目的本年累计实际平均单位成本，应根据该种产品的生产成本明细账所记自年初起到报告期末完工入库产品实际总成本除以累计实际产量计算填列。

⑦ 产品生产成本合计，分别按历史先进水平、上年实际平均、本年计划、本月实际以及本年累计实际平均的成本项目组成内容的合计数额填列。

上述各项成本项目填列的数字，应与产品成本表中的各有关数字核对相符。

三、制造费用明细表的编制

制造费用明细表是反映企业在报告期内发生的各项制造费用及其构成情况的报表。该表一般按制造费用项目分别反映企业制造费用的本年计划数、上年同期实际数和本年累计实际数。根据制造费用明细表，可以了解报告期内制造费用的实际支出水平；可以考核制造费用计划的执行情况；可以判断制造费用的变化趋势，以便加强对制造费用的控制和管理等。

1. 报表结构

制造费用明细表是反映企业在报告期内所发生的制造费用的报表，其格式如表 7-4 所示。

表 7-4 制造费用明细表格式

201×年 12 月　　　　　　　　　　　　　　　　　　单位：元

费用项目	上年实际	本年计划	本月实际	本年累计实际
职工薪酬	42 750	48 187.50	4 225	49 195
折旧费	297 600	337 500	26 250	328 125
租赁费	3 780	7 500	31 187.50	8 700
机物料消耗	30 000	337 500	4 125	37 500
低值易耗品摊销	7 500	9 375	750	63 000
水电费	3 750	60 000	3 750	63 000
办公费	3 750	4 215	600	3 750
差旅费	3 750	5 250	2 062.50	5 625
运输费	2 250	4 450	187.50	3 750
保险费	22 500	28 125	2 250	28 125
设计制图费	1 875			1 875
试验检验费	1 875	2 250	187.50	7 500
劳动保护费	5 625	7 500	1 875	
停工损失费				
其他				
合计	427 005	851 852.50	77 450	600 145

2. 编制方法

① 本年计划数，应根据制造费用年度计划数填列。

② 上年同期实际数,应根据上年同期本表所列本月实际数填列。

③ 本月实际数,应根据"制造费用"总账所属各基本生产车间制造费用明细账的本月合计数填列。

④ 本年累计实际数,应根据上月本表该栏的累计数和本月实际数汇总合计填列。

岗位训练

1. 资料

某企业生产甲、乙、丙三种产品,其中甲、乙产品是可比产品,丙产品是不可比产品,相关资料如下表所示:

金额单位:元

产品名称		计量单位	本年实际产量	单位成本			总成本		
				上年实际平均	本年计划	本年实际	按上年实际平均单位成本计算	按本年计划单位成本计算	本年实际
可比产品	甲产品	件	50	800	700				37 000
	乙产品	件	60	1 000	820				46 800
	小计								
不可比产品	丙产品	件	10						6 100
全部商品产品成本									

要求:完成表格。

2. 答案

略。

项目实战 1

资讯 1:

盘锦兴隆糖果有限责任公司生产资料如下:

2017 年 9 月生产完工硬糖 74 吨,生产完工软糖 74 吨(假设企业扩大生产规模,生产新产品酥糖 70 吨);

2017 年 1~9 月生产完工硬糖 562 吨,生产完工软糖 562 吨(假设企业扩大生产规模,生产完工酥糖 500 吨);

上年硬糖的实际平均单位成本为 13 000 元/吨,本年计划单位成本 12 000 元/吨,本年累计实际平均单位成本为 13 000 元/吨;

上年软糖的实际平均单位成本为 15 815 元/吨,本年计划单位成本 15 810 元/吨,本年累计实际平均单位成本为 15 822 元/吨;

由于酥糖为糖果厂今年的新品,年初制订计划时,计划本年的单位成本为 20 000 元/吨,本月实际单位成本 19 000 元/吨,本年累计实际平均单位成本为 19 547 元/吨。

任务:

1. 整理项目三"项目实战 1~9"的项目数据;

2. 根据项目三"项目实战 1~9"的项目数据资料,编制按产品种类反映的商品产品成本表(保留两位小数),如表 7-5 所示。

表 7-5 商品产品成本表

2017 年 9 月　　　　　　　　　　　　　　　　　　　　　　　金额单位：元

产品名称	实际产量 本月	实际产量 本年累计	单位成本 上年实际平均	单位成本 本年计划	单位成本 本月实际	单位成本 本年累计实际平均	本月总成本 按上年实际平均单位成本计算	本月总成本 按本年计划平均单位成本计算	本月实际	本年累计总成本 按上年实际平均单位成本计算	本年累计总成本 按本年计划平均单位成本计算	本年累计实际
	1	2	3	4	5=9÷1	6	7=1×3	8=1×4	9	10=2×3	11=2×4	12=2×6
可比产品合计												
其中：硬糖/吨	74	562	13 000	12 000		13 000						
软糖/吨	74	562	15 815	15 810		15 822						
不可比产品合计									1 330 000			
酥糖/吨	70	500		20 000		19 547			1 330 000			
全部商品产品成本												

资讯 2：

盘锦兴隆糖果有限责任公司根据本年相关资料编制主要产品单位成本表；相关数据已在表中填列，根据本年数据将主要产品单位成本表编制完成。

任务：

1. 整理项目三"项目实战 1~9"的项目数据；
2. 根据项目三"项目实战 1~9"的项目数据资料，编制主要产品单位成本表（保留两位小数），如表 7-6 和表 7-7 所示。

表 7-6 主要产品单位成本表（一）

本月实际产量：74 吨　　　　　　2017 年 9 月　　　　　　单位售价：15 000 元
产品名称：硬糖　　　　　　1~9 月累计产量：562 吨　　　　金额单位：元

成本项目	历史先进水平（20××年）	上年实际	本年计划	本月实际	本年累计实际平均
单位产品生产成本	11 986	13 000	12 000		13 000
直接材料	9 760	10 550	9 800		10 650
动力费用	165	184	170		179
直接人工	1 880	1 872	1 850		1 896
其他直接费用	—	—	—		
制造费用	181	390	180		271
废品损失	—	4			4

表 7-7 主要产品单位成本表（二）

本月实际产量：74 吨　　　　　　2017 年 9 月　　　　　　单位售价：20 000 元
产品名称：软糖　　　　　　1~9 月累计产量：562 吨　　　　金额单位：元

成本项目	历史先进水平（20××年）	上年实际	本年计划	本月实际	本年累计实际平均
单位产品生产成本	14 980	15 934	16 000		15 822
直接材料	12 766	13 350	13 540		13 253

项目七 成本报表的编制与分析

续表

成本项目	历史先进水平 （20××年）	上年实际	本年计划	本月实际	本年累计 实际平均
动力费用	174	175	170		174
直接人工	1889	2 133	2 030		2 020
其他直接费用	—	—	—		—
制造费用	151	270	260		370
废品损失	—	6	—		5

资讯：

盘锦兴隆糖果有限责任公司上年制造费用的各项明细资料与本年年初制订的制造费用计划均已列入表中，成本会计小张根据本月及本年制造费用相关资料，填制制造费用明细表。

任务：

1. 整理项目三"项目实战1~9"的项目数据；
2. 根据项目三"项目实战1~9"的项目数据资料，编制制造费用明细表（保留两位小数），如表7-8所示。

表7-8 制造费用明细表

2017年9月　　　　　　　　　　　　　　　　　　　　单位：元

费用项目	上年实际	本年计划	本月实际	本年累计实际
外购动力费	6 002	5 800		5 810
职工薪酬	191 300	190 000		191 330
固定资产折旧费	46 200	46 200		46 200
企业用水费	20 450	22 200		22 508
财产保险费	6 480	6 480		6 480
报刊费	1 080	1 080		1 080
低值易耗品费	238 600	240 000		239 000
办公费	7 200	7 200		7 200
蒸汽费	17 700	17 500		17 601
维修费	130 003	130 000		127 990
合　计	665 015	666 460		665 199

完成工作任务评价

一、完成项目会计主体的工作任务

根据项目资讯资料完成项目成本报表编制的工作任务。

二、分享完成工作任务的收获

根据完成工作任务情况，结合教师及同学的评价，与教师及同学们分享收获。

工作任务二　成本报表的分析

成本会计小张将编制完成的成本报表送交到总经理办公室，总经理表示并不能从成本报表中直接解读出想要了解的信息。总经理要求小张对全部产品成本计划完成情况进行分析，并对主要产品的单位成本进行分析、指出各项经济指标变动对产品成本的影响、对制造费用的预算执行情况进行分析。小张应该如何进行分析？

任务：根据编制完成的成本报表对企业的产品进行成本分析。

工作程序

第一，掌握成本分析的方法；
第二，分析全部商品总成本完成情况；
第三，分析主要产品单位成本；
第四，分析技术经济指标对产品单位成本的影响；
第五，分析制造费用明细表。

知识应用

一、成本分析的方法

成本分析的方法多种多样，具体选用哪种方法，取决于企业成本分析的目的、费用和成本形成的特点，及成本分析所依据的资料等。常用的方法有比较分析法、比率分析法、连环替代法和差额计算分析法等。

（一）比较分析法

比较分析法是通过对不同时间或不同情况下成本指标数据的对比，揭示客观存在的差异，分析产生差异的原因，以便研究解决问题的途径和方法，提高成本管理的水平。比较的基数由于分析的目的不同而有所不同，主要有以下几方面的比较分析。

1. 本期实际数据与成本计划、预算或定额指标的比较

报告期实际数据与计划数据比较，是基本的比较方法。这种方法可以揭示计划或定额的执行情况，检查分析成本计划的完成情况，为进一步分析指明方向。

2. 本期实际数据与前期（上期、上年同期或历史最好水平期）实际数据的比较

将分析期实际成本费用与前期实际成本费用进行比较，可以反映成本费用变动的趋势。在有关成本费用的计划资料不全或质量不高时，这种比较尤为重要。

3. 本期实际数据与本行业实际平均数据或国内外同行业先进指标的比较

将报告期实际数据与计划数据和前期实际数据进行对比，可以考察企业成本、费用计划的完成程度和成本费用水平的变动趋势，找出成本管理工作中的成绩和问题。将企业实际数据与行业实际平均数据和同行业先进企业的实际数据进行横向对比，找出本企业的差距，确定企业成本管理水平在同行业同类企业中的位置。

（二）比率分析法

比率分析法是指通过计算和对比经济指标的比率，进行数量分析的一种方法。在成本分析中，常用的比率分析法有相关比率分析法、结构比率分析法和趋势比率分析法等。

1. 相关比率分析

这是对两个性质不同但又相关的指标的比率进行数量分析的方法。将两个性质不同但又相关的指标进行对比求出比率进行分析，以便从经济活动的客观联系中，更深入地认识企业的生产经营状况，如成本利润率、产值成本率和销售成本率等。这些指标的计算公式如下：

$$成本利润率 = \frac{产品销售利润}{产品成本} \times 100\%$$

$$产值成本率 = \frac{产品成本}{产品产值} \times 100\%$$

$$销售成本率 = \frac{产品成本}{产品销售收入} \times 100\%$$

从上述计算公式可以看出，产值成本率高和销售成本率高的企业经济效益差，产值成本率高和销售成本率低的企业经济效益好；成本利润率则相反，成本利润率高的企业经济效益好，低的企业经济效益差。进行分析时，还应将各种比率的本期实际数与计划数或前期实际数进行对比，揭示其变动的差异，为进一步进行差异分析指出方向。

2. 结构比率分析

结构比率又称比重分析法，或称构成比率分析法。它主要通过计算某项成本指标的各个组成部分占总体的比重来分析其内容构成的变化。例如，把构成产品生产成本的各个成本项目（直接材料、直接工资、制造费用）与产品生产成本比较，计算占总成本的比重，然后把不同时期同样产品的成本构成相比较，观察产品成本构成的变化与提高生产技术水平和加强经营管理的关系，就能为进一步降低成本指明方向。

3. 趋势比率分析

对不同时期同类指标的数值进行对比求出比率，进行动态比较，用以反映分析对象的增减速度和发展趋势，从中发现企业在生产经营方面的成绩或不足。

（三）连环替代法

连环替代法是将综合性经济指标分解为各个因素，将各因素的实际值按顺序替换成标准值（计划数、前期实际数），以此来计算各个因素变动对该项指标的影响程度的方法。运用连环替代法进行分析计算，应当遵循以下顺序：

① 根据综合性经济指标的特征和分析的目的，确定构成该项指标的因素。

② 根据因素之间的依存关系，按一定顺序排列因素。采用连环替代法时，如果改变因素的排列顺序，计算结果会有所不同。为了便于比较和分析，应当确定因素的排列顺序。在实际工作中，一般将反映数量的因素排列在前，反映质量的因素排列在后；反映实物量和劳动量的因素排列在前，反映价值量的因素排列在后。

③ 确定比较的标准（各标准的本期计划数值或前期实际数值）后，依次以各因素的本期实际数值替代该因素的标准数值（本期实际数值或前期计划数值），每次替换都计算出新的数据，有几个因素就替换几次，直至最后计算出该指标的实际数据。

④ 将该因素的替代结果与这一因素被替换前的结果进行对比，两者的差额就是替换因素变动对综合指标的影响程度。

⑤ 计算各因素变动影响结果的代数和。综合各个因素的影响程度，其代数和（正负数抵消后）应等于该经济指标实际数据与标准数据的差异。

【案例 7-1】 某公司 201×年×月原材料消耗情况见表 7-9，据以分析各因素变动对材料费用的影响。

表 7-9 甲产品原材料消耗表

项 目	计划数	实际数	差 异
产品产量/件	180	200	+20
单位产品材料消耗量/千克	15	12	−3
材料单价/元	8	10	+2
材料费用总额/元	21 600	24 000	2 400

(1) 分析对象：24 000－21 600＝2 400（元）
(2) 材料费用总额（计划）＝产品产量×单位产品材料消耗量×材料单价
  ＝180×15×8＝21 600（元）
(3) 第一次替代：200×15×8＝24 000（元）
  24 000－21 600＝2 400（元）
产品产量增加使材料费用增加 2 400 元。
(4) 第二次替代：200×12×8＝19 200（元）
  19 200－24 000＝－4 800（元）
单位产品材料消耗量减少使材料费用减少 4 800 元。
(5) 第三次替代：200×12×10＝24 000（元）
  24 000－19 200＝4 800（元）
材料单价提高使材料费用增加了 4 800 元。
(6) 材料费用变动差额合计＝2 400－4 800＋4 800＝2 400（元）

从【案例 7-1】的计算分析可以看出，连环替代法具有以下特点：

① 计算程序的连环性。在计算每一因素变动对指标的影响程度时，除第一次替换是在基数基础上进行外，其余每个因素的替换都是在前一因素替换的基础上进行，并采用连环对比的方法确定各因素变化的影响结果。

② 因素替换的顺序性。各个因素的替换顺序，要根据其内在的客观联系、影响差异的作用等顺序进行。不同的替代顺序虽然不会改变各因素的影响数值之和，但可以改变各个因素的影响数值。通常确定各因素替换顺序的原则是：先替换数量因素，后替换质量因素；先替换实物量因素，后替换价值量因素；先替换原始因素，后替换派生因素；先替换主要因素，后替换次要因素；先替换主观因素，后替换客观因素；在有除法运算的关系式中，先替换分子因素，后替换分母因素。

③ 计算条件的假定性。采用连环替代分析法测定某一因素变动的影响时，是在某种假定条件下进行的，也就是假定其他各因素不变。由于这种方法计算的各个因素变动的影响数值会因替代顺序的不同而有差别，因此，计算结果具有一定程度的假定性，而这种假定性的分析方法，是在确定事物内部各种因素影响程度时必不可少的。

（四）差额计算分析法

差额计算分析法是连环替代法的简化形式，是在指标与因素之间为乘积的依存关系时，根据各因素本期实际数值与标准数值的差额，直接计算各因素变动对经济指标影响程度的方法。其基本程序是：

① 确定各因素实际数与基数的差额，即分析对象。

② 以某种因素的差额乘以函数关系式中排列在该因素前各因素的实际数和后面各因素的基数，得到该因素的影响程度。

③ 将各因素的影响数值相加，其代数和就是分析对象。

【案例 7-2】 仍采用【案例 7-1】的资料，采用差额计算分析法分析各因素变动对材料费用的影响。

(1) 分析对象：24 000－21 600＝2 400（元）
关系式：材料费用总额＝产品产量×单位产品材料消耗量×材料单价
(2) 产量变动的影响：(200－180)×15×8＝2 400（元）
(3) 单位产品材料消耗量变动的影响：200×(12－15)×8＝－4 800（元）
(4) 材料单价变动的影响：200×12×(10－8)＝＋4 800（元）

(5) 3个因素影响的结果：2 400－4 800＋4 800＝2 400（元）

以上结果表明，差额计算分析法与连环替换分析法计算的结果完全相同，但简化了计算步骤，因此在实际工作中普遍采用差额计算分析方法。

岗位训练

1. 资料

某企业生产甲、乙两种产品，原材料消耗情况如下表所示：

产品种类	计量单位	产品产量		单位产品原材料消耗量/千克		单位原材料价格/元	
		计划	实际	计划	实际	计划	实际
甲产品	千克	100	160	11	10	50	60
乙产品	件	400	500	5	4	10	12

2. 要求

分别采用连环替代法和差额计算法分析原材料费用总额的变动受产品产量、单位产品材料消耗量和原材料单价变动的影响。

3. 答案

甲产品材料费用总额增加了 41 000 元，其中由于产量变动增加了 33 000 元，单位产品材料单耗变动下降了 8 000 元，单位原材料价格变动增加了 16 000 元。

乙产品材料费用总额增加了 4 000 元，其中产量变动增加了 5 000 元，单位产品材料单耗变动下降了 5 000 元，单位原材料价格变动增加了 4 000 元。

二、全部商品总成本完成情况分析

商品产品成本表的分析，主要是全部产品成本计划的完成情况分析和可比产品成本降低目标的完成情况分析。

工业企业全部产品包括可比产品和不可比产品，由于不可比产品没有历史成本资料，所以，产品成本分析只能将实际总成本与计划总成本对比。另外，总成本的升降受产量变动的影响，为了使成本对比指标具有可比性，在分析全部产品成本计划完成情况时，应剔除产量变动对成本计划完成情况的影响，实际总成本和计划总成本均按实际产量计算。

全部产品成本计划完成情况的分析是一种总括性的分析。在实际工作中，可按产品品种和成本项目这两个方面进行，分别确定成本的降低额和降低率，其计算公式如下：

全部商品产品成本降低额＝实际总成本－按实际产量计算的计划总成本
＝∑（实际产量×实际单位成本）－∑（实际产量×计划单位成本）

全部商品产品成本降低率＝全部商品产品成本降低额÷∑（实际产量×计划单位成本）×100%

计算结果为正数，表示成本增加；计算结果为负数，表示成本节约。

1. 按产品品种分析

这种分析主要是根据产品生产成本表的资料，分别确定可比产品和不可比产品的成本降低额和降低率。

【案例 7-3】 大华公司生产甲、乙、丙三种产品，其中甲、乙产品为可比产品，丙产品为不可比产品，201×年 12 月产品成本表如表 7-10 所示。

要求：按产品品种进行成本完成情况分析。

表7-10 商品产品成本分析表（按产品品种）

201×年12月　　　　　　　　　　　　　　　　　　单位：元

成本项目	本年实际总成本		实际与计划的差异		各产品的成本差异对总成本的影响/%
	计划总成本	实际总成本	降低额	降低率/%	
	(1)	(2)	(3)=(1)-(2)	(4)=(3)÷(1)	(5)=(3)÷∑(1)
可比产品合计	235 500	234 817	683	0.29	0.21
其中：甲产品	115 500	121 350	-5 850	-5.06	-1.77
乙产品	120 000	113 467	6 533	5.44	1.98
不可比产品合计	95 000	99 550	-4 550	-4.79	-1.38
其中：丙产品	95 000	99 550	-4 550	-4.79	-1.38
全部产品合计	330 500	334 367	-3 867	-1.17	-1.17

以上分析表明：

① 该公司全部产品的实际制造成本比计划总成本超支3 867元，超支率为1.17%。

② 全部产品成本计划尚未完成，但从产品品种上看，成本计划完成情况不平衡。其中：可比产品中甲产品实际成本比计划增加了5 850元，成本超支率为5.06%；乙产品实际成本比计划降低了6 533元，成本降低率为5.44%。甲、乙产品构成了可比产品成本降低额683元，成本降低率为0.29%。而不可比产品超支了4 550元，超支率为4.79%。

③ 进一步对超支较高的甲、丙产品进行分析，究其原因，是成本计划制订得不合实际，无法完成，还是实际生产过程中遇到特殊情况，或者人为因素将属于可比产品的成本费用挤进不可比产品成本，达到完成可比产品成本降低任务的目的等。

2. 按成本项目进行分析

这种分析是将产品生产成本按成本项目汇总，将实际总成本与计划总成本进行比较，确定每个成本项目的降低额和降低率，其计算公式如下：

$$\text{某成本项目降低额} = \text{按实际产量计算的本年计划该成本项目总额} - \text{本年实际该成本项目总额}$$

$$\text{某成本项目降低率} = \frac{\text{某成本项目降低额}}{\sum(\text{实际产量} \times \text{本年计划该成本项目单位成本})} \times 100\%$$

【案例7-4】 上扬公司按成本项目反映的产品成本表如表7-11所示。

要求：按成本项目进行全部产品成本完成情况分析。

表7-11 商品产品成本分析表（按产品项目）

201×年12月　　　　　　　　　　　　　　　　　　单位：元

成本项目	本年实际总成本		实际与计划的差异		各产品的成本差异对总成本的影响/%
	计划总成本	实际总成本	降低额	降低率/%	
	(1)	(2)	(3)=(1)-(2)	(4)=(3)÷(1)	(5)=(3)÷∑(1)
直接材料	145 000	155 000	-10 000	-6.90	-2.94
直接人工	110 000	105 000	5 000	4.55	1.47
制造费用	85 000	84 000	1 000	1.18	0.29
合　　计	340 000	344 000	-4 000	-1.18	-1.18

以上分析表明，该公司全部产品的实际制造成本超支 1.18%，主要是由直接材料超支 10 000 元，比计划增加 6.9% 造成的；而直接人工和制造费用则比计划成本有所降低，形成成本的有利差异。对直接材料的超支，企业应作进一步分析，了解变动因素是由主观因素还是客观因素所致，并采取相应的措施。

三、主要产品单位成本的分析

为了寻找降低成本的途径和方法，进一步查明成本升降的原因，除了从总体上要说明企业成本计划的完成情况以外，还要揭示各种产品单位成本及成本项目的变动情况，对各种产品的单位成本进行分析。由于企业生产产品的种类较多，为了突出分析工作的重点，一般只对主要产品进行分析。所谓主要产品，是指在企业总产品中，产品成本所占的比重较大，能代表企业生产经营状况、体现企业经营管理水平的产品。主要产品单位成本分析的主要内容是：产品单位成本计划完成情况分析、产品单位成本各主要项目分析和技术经济指标对单位成本影响的分析三个方面。

（一）主要产品单位成本计划完成情况的分析

主要产品单位成本计划完成情况分析，应采用比较分析法，计算实际单位成本与计划、与上期、与历史先进水平对比的升降情况，以便对某些产品进一步按成本项目比较其成本变动情况，查明影响单位成本升降的原因。

【案例 7-5】 奇艺公司甲产品是该厂的主要产品之一，且本年度成本超支，现按成本项目列示如表 7-12 所示。

表 7-12 主要产品单位成本计划完成情况分析表

产品名称：甲产品　　　　　　201×年 12 月　　　　　　　　　　单位：元

成本项目	单位成本			与上年实际相比		与本年计划相比	
	上年实际	本年计划	本年实际	降低额	降低率/%	降低额	降低率/%
直接材料	470	439	445	25	5.32	−6	1.37
直接人工	370	375	372	−2	−0.54	3	0.80
制造费用	360	350	341	19	5.28	9	2.57
合　计	1 200	1 164	1 158	42	3.50	6	0.52

根据表 7-12 的计算结果可知：与上年实际比较，甲产品的单位成本降低额为 42 元，降低率为 3.5%，是因为直接人工费用有所增加，影响了产品单位成本的降低幅度。与本年计划比较，甲产品单位成本降低 6 元，降低率为 0.52%，甲产品单位成本超额完成计划，主要是直接人工和制造费用完成计划较好，成本降低额分别为 3 元和 9 元；但直接材料项目较计划超支 6 元，超支 1.37%，应当进一步分析原因。

（二）产品单位成本项目分析

产品单位成本项目分析，可对每个成本逐一进行分析，也可有选择地对某些成本进行重点分析。

1. 直接材料项目分析

直接材料是直接用于产品生产的原材料，生产一种产品往往要消耗多种原材料。直接材料项目分析应根据耗用的各种原材料进行分析，分析单位产品各种材料的消耗量和相应的材料单价两个因素。其计算公式如下：

$$单位产品直接材料费用 = \Sigma(直接材料消耗量 \times 材料单价)$$

单位产品直接材料差异额＝单位产品直接材料实际费用－单位产品直接材料计划费用

或

单位产品直接材料差异额 ＝ 单位产品直接材料消耗量变动的影响 ＋ 单位产品直接材料单价变动的影响

单位产品直接材料消耗数量变动的影响＝∑[(实际材料单耗－计划材料单耗)×计划材料单价]

单位产品直接材料单价变动的影响＝∑[(实际材料单价－计划材料单价)×实际材料单耗]

(1) 影响单位产品原材料消耗量变动的因素　影响单位产品原材料消耗量变动的因素很多，归纳起来，主要有以下几点。

① 产品或产品零部件结构的变化。在保证产品质量的前提下，不断改进产品设计，使产品结构合理，体积缩小，重量减轻，就能减少原材料消耗，降低原材料费用。

② 原材料加工方法的改变。改进工艺和加工方法，减少毛坯的切削余量和工艺耗损或采取合理的套裁下料措施，就能提高原材料利用率，节约原材料消耗，降低产品成本。

③ 原材料质量的变化。实际使用的原材料可能较计划规定的质量高，因而可能节约材料消耗，或提高产品质量；如果原材料质量不符合生产要求，不仅会增大材料消耗量，而且会增加生产操作时间，或降低产品质量。

④ 原材料代用或配料比例的变化。在保证产品质量的前提下，采用廉价的代用材料，选用经济合理的材料配方，就会节约原材料消耗，或降低原材料费用。在化学、纺织和冶金等工业企业中，按照生产工艺的要求，将不同品种、规格的材料，按一定的技术配方进行搭配，投入生产，制造产品。由于各种材料的单价不同，改变配料比例，就会促使各种材料的消耗数量和配料平均单价发生变动，从而使原材料费用增加或减少。

⑤ 原材料综合利用。有些工业企业在利用原材料生产主产品的同时，还生产多种副产品，这样就可以用同等的原材料生产出更多数量和品种的产品，降低单位产品和原材料的消耗。同样多的原材料费用被分配到更多品种和数量的产品，必然会使产品成本中的原材料费用相应地降低。

此外，生产工人的操作技术水平、劳动态度、机械设备性能的良好程度和材料节约奖励制度的实际情况等，都会影响材料消耗数量的增减。

(2) 影响材料单价变动的因素

① 材料买价的变动。在市场经济条件下，由于供求关系的影响，在不同时间、不同地点采购，不同或相同质量的材料都可能出现不同的单价。

② 采购费用的变动。采购地点、运输工具、交货方式等的不同，都会影响采购费用的变动。

③ 采购部门的管理水平。采购人员不了解市场行情，缺乏经济观念或其他原因，购入了价格贵的材料。

④ 材料采购批量的大小等。

【案例 7-6】　嘉华公司生产甲产品 201×年 12 月份直接材料计划和实际费用资料如表 7-13 所示。

表 7-13　甲产品材料费用表

201×年 12 月

项目	材料消耗量/千克	材料价格/(元/千克)	直接材料费用/元
本月计划	50	40	2 000
本月实际	45	42	1 890
差异	－5	2	－110

单位产品成本中的直接材料费用是材料消耗数量与材料价格的乘积，其影响因素不外乎材料消耗数量差异和材料价格差异两个方面。从表中可以看出，该种产品单位成本中的直接材料费用本月实际比本月计划节约110元。具体是由材料消耗量引起的还是材料价格引起的，或是两因素同时引起的，我们可以采用差额分析法来进行分析。

材料消耗量变动的影响额=(45−50)×40=−200（元）
材料价格变动的影响额=(42−40)×45=90（元）
两因素产生的共同影响额=−200+90=−110（元）

通过以上计算可以看出，该种产品单位成本中的直接材料实际比计划节约110元的原因是：单位产品的消耗量的降低，使得直接材料费用节约了200元；但材料价格的上涨，使得直接材料费用超支了90元。两者相抵，单位产品成本中直接材料费用节约110元。通过分析，企业若想降低产品的直接材料费用，可以在生产车间加大改革生产工艺，加强成本管理，但决不能偷工减料，影响产品质量，破坏企业的信誉；也可以对材料价格实行监督管理，坚决杜绝企业采购人员不得力或从中谋取私利，导致企业材料买价偏高或材料运杂费增加。

2. 直接人工项目分析

单位产品直接人工费用的变动，主要受劳动生产率和工资水平两个因素的影响。其计算公式如下：

单位产品直接人工费用=单位产品工时消耗量×小时工资率
单位产品直接人工差异额=单位产品直接人工实际费用−单位产品直接人工计划费用
或　　单位产品直接人工差异额=单位产品人工效率差异+小时工资率差异
单位产品人工效率差异额=(单位产品实际工时−单位产品计划工时)×计划小时工资率
小时工资率差异额=(实际小时工资率−计划小时工资率)×单位产品实际工时

其中单位产品消耗工时数的多少体现劳动生产率（人工效率）的高低。劳动生产率越高，单位产品消耗的工时越少，工资费用就能降低；反之，就会超支。影响劳动生产率变动的因素主要有生产技术工艺、劳动组织、生产工人的熟练程度、材料质量等。小时工资率体现平均工资水平的高低，它取决于生产工人工资总额和生产工时数。生产工人工资水平提高，就会使直接人工费用增加。

【案例7-7】 佳域公司甲产品的单位成本有关资料见表7-14。

表7-14 甲产品产量、工时、工资计算表

产品名称：甲产品　　　　　　201×年12月　　　　　　金额单位：元

项　目	计　划	实　际	差　异
产品产量/件	400	500	+100
总工时/小时	15 200	16 000	+800
单位产品工时/小时	38	32	−6
工资总额	760 000	768 000	+8 000
分配率（小时工资率）	50	48	−2
单位产品人工费用	1 900	1 536	−364

从表中计算结果可以看出：甲产品单位产品人工费用实际比计划节约364（1 536−1 900）元。究其节约的原因，可以看出影响因素有两个：单位产品生产工时和分配率（即小时工资率）。建立分析体系：

分析对象：1 536−1 900=−364（元）
进行因素分析：
单位产品生产工时变动影响额=(32−38)×50=−300（元）

分配率的变动变动影响额＝32×(48－50)＝64（元）
两因素共同影响金额＝－300＋(－64)＝－364（元）

从以上的分析结果可以看出，甲产品的单位产品人工费用的下降，是单位产品工时减少和分配率下降这两个因素共同作用的结果。单位产品工时减少意味着劳动生产率在提高，劳动生产率越高，单位产品的工时就越少，单位产品的人工费用就越低，反之，就越高。因此，提高劳动生产率是降低单位产品人工费用的重要途径。企业提高劳动生产率，可以从改变生产工艺和产品设计，提高机器设备的性能和工人技术的熟练程度，严肃劳动纪律和端正劳动态度等方面入手。而分配率，也就是小时工资率，是企业生产工人的工资总额与生产总工时的比率。生产工人工资总额的变动主要与企业工资政策和岗位定员及工人的出勤、缺勤等情况有关。生产总工时的变动，则主要取决于出勤率和出勤工时利用率的高低，所以在分析时应结合以上因素的变动情况进一步分析找出具体原因。

3. 制造费用项目分析

单位产品制造费用的变动主要受单位产品工时消耗量和每小时制造费用分配率的影响。其计算公式如下：

单位产品制造费用＝单位产品耗用工时数×每小时制造费用分配率
单位产品制造费用差异额＝单位产品实际制造费用－单位产品计划制造费用
或　　单位产品制造费用差异额＝工时消耗量变动差异＋小时制造费用分配率变动差异
工时消耗量变动的影响＝(实际单位工时消耗量－计划单位工时消耗量)×计划小时制造费用分配率
小时制造费用分配率变动的影响＝(实际小时制造费用分配率－计划小时制造费用分配率)×实际单位工时消耗量

【案例7-8】 佳域公司甲产品的单位成本有关资料见表7-15。

表7-15　甲产品产量、工时、制造费用计算表

产品名称：甲产品　　　　　　201×年12月　　　　　　金额单位：元

项目	计划	实际	差异
产品产量/件	400	500	＋100
总工时/小时	15 200	16 000	＋800
单位产品工时/小时	38	32	－6
制造费用总额	19 760	22 400	＋2 640
分配率(小时费用率)	1.30	1.40	＋0.1
单位产品制造费用	49.40	44.80	－4.60

从表中计算结果可以看出：甲产品单位产品制造费用实际比计划节约4.60（44.8－49.40）元。根据影响因素单位产品生产工时和分配率（即小时费用率），建立分析体系：

分析对象：44.8－49.4＝－4.6
进行因素分析：
单位产品生产工时变动的影响额＝(32－38)×1.30＝－7.80
分配率的变动对单位产品人工费用的影响额＝32×(1.40－1.30)＝3.20
两因素共同影响额＝－7.80＋3.20＝－4.60

根据以上的计算分析，可以得出的结论是：甲产品单位制造费用节约的原因可能是劳动生产率的提高，使得单位产品工时降低，虽然分配率增大，但最终导致单位产品制造费用的节约。

四、技术经济指标对产品单位成本影响的分析

技术经济指标是从各种生产资源的利用情况和产品质量等方面反映生产技术水平的各种

指标的总称。例如,原材料利用率指标、产品合格率指标、劳动生产率指标、产量指标等。技术经济指标是产品单位成本的基础,进行产品成本分析,必须深入到技术经济指标的分析,才能了解产品单位成本变动的原因,找到改善企业技术经济指标,降低产品成本的途径。由于不同行业企业的生产经营活动及管理方法各具特点,都有自己的一套技术经济指标,它们对成本的影响不完全一致,故而不同行业、企业的技术经济指标各不相同。下面只介绍常用的一些技术经济指标对成本的影响。

(一)材料耗用量变动对产品单位成本影响的分析

1. 原材料利用率变动对产品单位成本影响的分析

原材料利用率是反映原材料利用程度的相对指标,在不同类型的企业有不同的表达方法,通常用投入原材料的重量与实际利用原材料的重量的比率来表示。原材料利用率提高说明单位产品的材料耗用量降低,材料消耗量降低就能使产品单位成本降低。其计算公式如下:

$$原材料利用率 = \frac{单位产品中某种原材料的净重}{单位产品某种原材料的投料重量} \times 100\%$$

$$\frac{原材料利用率变动对}{产品单位成本的影响率} = \frac{变动前原材料利用率}{变动后原材料利用率} - 1 \times \frac{变动前原材料成本}{占产品单位成本的比率}$$

$$\frac{原材料利用率变动对}{产品单位成本的影响额} = \frac{原材料利用率变动对}{产品单位成本的影响率} \times 产品单位成本$$

【案例 7-9】 英东公司甲产品上年实际单位成本为 55 元,其中直接材料为 24 元。上年原材料利用率为 80%,本年原材料利用率为 84%。如果其他条件不变,分析原材料利用率对产品成本的影响如下:

原材料利用率变动对产品单位成本的影响率 = (80%÷84%-1)×24÷55×100%
= -2.08%

原材料利用率变动对产品单位成本的影响额 = 55×(-2.08%) = -1.14(元)

由于原材料利用率的提高,甲产品单位成本比上年降低了 2.08%,降低金额为 1.14 元。

2. 改进产品设计对产品单位成本影响的分析

在生产、管理、技术水平较高的企业,若要较大幅度地降低产品成本,提高市场竞争力,必须改进产品设计,在保证质量的前提下,使产品的体积变小,重量变轻,采用代用材料及消除产品不必要的功能方法来节约原材料的耗费,降低产品材料成本。其计算公式如下:

$$\frac{改进产品设计对单位}{产品成本的影响额} = \frac{改进产品设计}{后的材料成本} - \frac{改进产品设计}{前的材料成本}$$

$$\frac{改进产品设计对单位}{产品成本的影响率} = \frac{改进产品设计对产品单位成本影响额}{改进产品设计前的产品单位成本} \times 100\%$$

【案例 7-10】 英东公司乙产品上年实际单位成本为 30 元,其中直接材料成本 20 元。为降低产品成本,本年改进了产品设计,单位产品直接材料成本降为 17 元,如其他条件不变,分析改进产品设计对产品成本的影响如下:

改进产品设计对产品单位成本的影响额 = 17-20 = -3(元)

改进产品设计对产品单位成本的影响率 = -3÷30×100% = -10%

由于改进产品设计,该产品单位成本降低了 3 元,降低幅度为 10%。

3. 原材料综合利用对产品单位成本影响的分析

企业对原材料或生产过程中产生的废气、废水、废渣等进行综合利用,一方面可以减少对环境的污染，变废为宝，节约有限的资料；另一方面可以在生产产品的同时，生产出副产品，分摊主产品的部分原材料成本，使主产品的原材料成本相对降低。原材料综合利用对产品成本影响的计算公式如下：

$$\begin{aligned}\text{原材料综合利用对}\\\text{单位产品成本的影响}\end{aligned} = \text{原材料成本降低额} + \text{加工费用变动额}$$

$$\begin{aligned}\text{原材料成}\\\text{本降低额}\end{aligned} = \left(1 - \frac{\text{综合利用后的}}{\text{费用分配率}}\right) \times \frac{\text{综合利用前原材料在}}{\text{单位核算成本中的比重}} \times \frac{\text{综合利用前的产品单位}}{\text{成本加工费用变动额}}$$

$$= \left[1 - \left(1 + \frac{\text{加工费用}}{\text{增加率}}\right) \times \frac{\text{综合利用后}}{\text{费用分配率}}\right] \times \frac{\text{综合利用前加工费}}{\text{用在成本中的比重}} \times \frac{\text{综合利用前}}{\text{产品单位成本}}$$

（二）产品产量变动对产品单位成本影响的分析

产品成本按其习性分类，可分为固定成本和变动成本，在其他条件不变的情况下，产量与变动成本呈正比例关系，与固定成本呈反比例关系。也就是说，当产量增加，固定消耗利用率（如生产设备利用率）提高，单位产品分摊的固定费用减少；反之，则使单位产品分摊的固定费用增加。其计算公式如下：

$$\frac{\text{产品产量增加对产品}}{\text{单位成本的影响率}} = -\left(1 - \frac{1}{1 + \text{产量增长率}}\right) \times \frac{\text{产品单位成本中}}{\text{固定费用的比重}} \times 100\%$$

【案例 7-11】 华英公司甲产品上年实际产量 2 200 件，平均单位成本为 50 元，其中固定制造费用 5 元，本年实际产品为 2 400 件，如其他条件不变，甲产品产量增加，则产品成本降低，具体计算如下：

产量增长率 $=(2\,400-2\,200)/2\,200 \times 100\% = 9.09\%$

产品产量增加对产品单位成本的影响率
$= -[1 - 1 \div (1 + 9.09\%)] \times 5/50 \times 100\% = -0.83\%$

产品产量增加对产品单位成本的影响额 $= 50 \times (-0.83\%) = -0.417$（元）

由于产量增加，产品单位成本降低 0.417 元，降低率为 0.83%。

（三）工人劳动生产率变动对产品单位成本影响的分析

工人劳动生产率提高，意味着单位工作时间的产量增加或单位产品的工时消耗减少。劳动生产率直接影响单位成本中的直接人工成本。影响直接人工成本变动的因素包括工人劳动生产率人平均工资。只有劳动生产率的增长超过平均工资的增长时，才能使人工成本降低。其计算公式如下：

劳动生产率变动对单位成本的影响率
$= [1 - (1 + \text{平均工资增长率})/(1 + \text{劳动生产率增加率})] \times \text{直接人工占产品成本的比率}$

劳动生产率变动对单位成本的影响额
$= \text{上年（计划）单位成本} \times \text{劳动生产率变动对单位成本的影响率}$

【案例 7-12】 华英公司乙产品上年实际单位成本为 40 元，其中直接人工成本 12 元，本年实际产量为 3 000 件，生产工人劳动生产率实际比上年提高 9%，生产工人平均工资比上年增加 6%。因劳动生产率提高，超过生产工人平均工资的增加形成的成本降低率和降低额计算如下：

劳动生产率变动对单位成本的影响率
$= [1 - (1 + 6\%)/(1 + 9\%)] \times 12/40 \times 100\% = 0.825\%$

劳动生产率变动对单位成本的影响额 $= 40 \times 0.825\% = 0.33$（元）

由于劳动生产率提高的幅度超过生产工人的平均工资增长幅度，因此产品单位成本降低了 0.33 元，降低率为 0.825%。

(四)产品质量变动对产品单位成本的影响额

在生产消耗水平不变的条件下,产品质量提高可以使产品成本中废品损失项目的含量降低。同样数量的原材料,直接人工能生产出更多的合格品,从而达到降低产品单位成本的目的。反映产品质量的指标主要有废品率、合格品率、等级品率、返修率等。这里以不可修复废品的废品率为例,将废品率变动前后产品单位成本中的废品损失进行比较,可得出废品率变动对成本的影响额和影响率,其计算公式如下:

$$废品率 = \frac{废品数量}{合格品数量 + 废品数量} \times 100\%$$

$$\frac{废品损失占单位}{成本的百分比} = \frac{废品率 \times (1 - 废品残料价值占废品成本的百分比)}{1 - 废品率}$$

【案例 7-13】 华英公司乙产品上年合格产量为 2 800 件,废品数量为 125 件,单位成本为 40 元,废品残料价值占废品成本的 1%,本年合格产品为 3 000 件,废品数量为 130 件,废品率变动对产品成本影响如下:

(1) 上年废品率 = 125÷(2 800+125)×100% = 4.27%

(2) 上年废品损失占单位成本的百分比 = [4.27%×(1-1%)]÷(1-4.27%) = 4.42%

(3) 上年产品单位成本中含废品损失金额 = 40×4.42% = 1.768(元)

(4) 本年废品率 = 130÷(3 000+130)×100% = 4.15%

(5) 假定其他条件不变,废品率的变动对成本的影响如下:

本年废品损失占单位成本百分比 = [4.15%×(1-1%)]÷(1-4.15%) = 4.29%

本年产品单位成本中含废品损失金额 = 40×4.29% = 1.716(元)

根据以上计算可以看到,本年的废品率由上年的 4.27% 降低为 4.15%,使产品单位成本中废品损失的比重由上年的 4.42% 降低为 4.29%,所含废品损失金额降低了 0.052 元。

五、制造费用明细表的分析

产品制造费用明细表的分析主要是实际与计划进行对比,从而分析各种费用计划的执行情况。在生产多种产品的企业里,分析单位成本中制造费用变动的原因是困难的。制造费用的分析主要应从整个车间范围,按制造费用包括的各个费用项目进行。

【案例 7-14】 以制造费用为例,编制制造费用计划执行情况表,如表 7-16 所示。

表 7-16 制造费用分配表
201×年 12 月　　　　　　　　　　　　　　　　单位:元

费用项目	本年计划	本月实际	实际与计划的差异
职工薪酬	5 500	5 450	-50
折旧费	6 600	6 680	+80
租赁费	800	800	0
机物料消耗	2 500	2 520	+20
低值易耗品摊销	700	730	+30
水电费	660	650	-10
办公费	860	850	-10
差旅费	1 650	1 710	+60
运输费	920	970	+50
保险费	1 200	1 250	+50

续表

费用项目	本年计划	本月实际	实际与计划的差异
劳动保护费	560	400	-160
停工损失费			
其他	2 500	2 600	+100
合计	24 450	24 610	+160

从表中分析可以看出，本年度制造费用总额实际比计划升高了 160 元，基本符合计划。

需要指出的是，由于制造费用所包括的费用项目具有不同的经济性质和经济用途，各项费用的变动又分别受不同因素变动的影响，因此在对制造费用进行分析时，应按各组成项目分别进行分析，而不能只检查费用总额计划的执行情况，更不能用其中一些费用项目的节约来抵补其他费用的超支。

项目实战 2

资讯：

盘锦兴隆糖果有限责任公司成本会计小张接到总经理交代的任务：分析成本报表。

任务：

根据项目实战 1 项目数据资料，对全部产品成本计划完成情况进行分析、对主要产品的单位成本进行分析、指出各项经济指标变动对产品成本的影响、对制造费用的预算执行情况进行分析。

完成工作任务评价

一、完成项目会计主体的工作任务

根据项目资讯资料完成成本报表分析的工作任务。

二、分享完成工作任务的收获

根据完成工作任务情况，结合教师及同学的评价，与教师及同学们分享收获。

项目小结

本项目主要介绍成本报表的编制及成本分析的内容和方法。

成本报表以表格的形式对企业发生的成本费用进行归纳和总结，为企业的内部管理提供所需的会计信息，为制订成本计划提供依据，反映成本计划执行情况，为企业降低成本指出方向。企业通常编制商品产品成本表、主要产品单位成本表、制造费用明细表等，根据实际成本资料和计划成本资料编制，通过对比，揭示成本水平和成本差异。

成本分析主要是利用成本资料与其他相关资料，全面了解成本变动情况，系统研究影响成本升降的因素及形成原因，寻求降低成本的途径，以取得更大的经济效益。成本分析的主要方法有比较分析法、比率分析法、连环替代法、差额计算法。

岗位技能拓展训练

一、单项选择题

1. 成本报表属于（　　）。
   A. 对外报表　　B. 对内报表　　C. 两者兼有　　D. 企业自主决定

2. 编制成本报表是因为（　　）。
   A. 会计准则的要求　　　　　　　　B. 企业内部经营管理的需要
   C. 社会中介机构的要求　　　　　　D. 潜在投资者和债权人的要求
3. 商品产品成本表和主要产品单位成本表中，相同产品对应的（　　）数额应当相符。
   A. 单位成本　　　B. 生产总成本　　　C. 计划总成本　　　D. 企业本部
4. 商品产品成本表是反映企业在报告期内生产（　　）的报表。
   A. 全部商品产品总成本　　　　　　B. 主要商品产品总成本
   C. 主要商品的单位成本　　　　　　D. 全部商品的单位成本
5. 下列关于连环替代法的替代顺序，说法错误的是（　　）。
   A. 先数量指标，后质量指标　　　　B. 先质量指标，后数量指标
   C. 先主要指标，后次要指标　　　　C. 先实物指标，后价值指标
6. 某企业生产甲产品，上年产量1 000件，本年产量1 100件，材料单位消耗量上年每件8千克，本年每件7千克，材料单价上年每件5元，本年每件6元，则采用连环替代法确定的产量变动对甲产品成本的影响金额为（　　）元。
   A. 4 000　　　B. 5 000　　　C. 6 000　　　D. 6 600
7. 某企业生产甲产品，上年产量1 000件，本年产量1 100件，材料单位消耗量上年每件8千克，本年每件7千克，材料单价上年每件5元，本年每件6元，则采用连环替代法确定的单耗变动对甲产品成本的影响金额为（　　）元。
   A. −5 000　　　B. −5 500　　　C. −6 000　　　D. −6 600
8. 某企业生产甲产品，上年产量1 000件，本年产量1 100件，材料单位消耗量上年每件8千克，本年每件7千克，材料单价上年每件5元，本年每件6元，则采用连环替代法确定的单价变动对甲产品成本的影响金额为（　　）元。
   A. 5 000　　　B. 5 500　　　C. 6 600　　　D. 7 700
9. 劳动生产率的增长速度（　　）工资率增长速度时，才会使产品成本降低。
   A. 等于　　　B. 超过　　　C. 小于　　　D. 等于或大于
10. 连环替代法是用来计算几个相互联系的，对综合经济指标变动（　　）的一种分析方法。
    A. 影响原因　　　B. 影响数量　　　C. 影响程度　　　D. 影响金额

二、多项选择题
1. 成本报表的编制要求是（　　）。
   A. 数字准确　　　B. 内容完整　　　C. 内容统一　　　D. 编报及时
2. 属于制造业成本报表的是（　　）。
   A. 商品产品成本表　　　　　　　　B. 主要产品单位成本表
   C. 制造费用明细表　　　　　　　　D. 商品流通费用明细表
3. 在分析可比产品成本降低任务完成情况时，单纯产量变动可能会使（　　）。
   A. 成本降低额增加　　B. 成本降低额减少　　C. 成本降低率增加　　D. 成本降低率减少
4. 生产多品种情况下，影响可比产品成本降低额变动的因素有（　　）。
   A. 产品产量　　　B. 产品单位成本　　　C. 产品价格　　　D. 产品品种结构
5. 下列关于制造费用明细表的说法正确的有（　　）。
   A. 制造费用明细表中费用明细项目的划分有统一规定
   B. 通过本年实际与本年计划比较，可以反映制造费用计划完成情况及节约或超支的原因
   C. 利用制造费用明细表可以考核企业的制造费用的构成和变动情况

D. 制造费用明细表的格式由企业自行决定

6. 主要产品单位成本表应当反映该主要产品的（　　）。
A. 历史先进水平单位成本　　　　B. 上年实际平均单位成本
C. 本年计划单位成本　　　　　　D. 本年实际平均单位成本

7. 成本分析应根据（　　）等资料进行。
A. 成本计算资料　　B. 成本计划资料　　C. 成本明细账资料　　D. 其他有关资料

8. 成本分析中的比率分析法主要有（　　）。
A. 相关比率分析法　　B. 结构比率分析法　　C. 连环替代法　　D. 动态比率分析法

9. 比较分析法中的比较方式主要有（　　）。
A. 本期实际数据与本期计划数据比较
B. 本期实际数据与前期计划数据比较
C. 本期实际数据与前期实际数据比较
D. 本期实际数据与本行业先进企业实际数据比较

10. 影响产品单位成本中直接人工费用变动的因素有（　　）。
A. 生产工人数量　　　　　　　　B. 生产工人工资总额
C. 生产工人劳动生产率　　　　　D. 生产工人平均工资

三、判断题

1. 成本报表的种类、格式和内容必须符合国家有关部门的统一规定。（　　）
2. 成本报表是企业的所有者和债权人报送的、以利于他们决策的一种会计报表。
（　　）
3. 编制成本报表的目的主要是满足企业内部管理的需要。（　　）
4. 主要产品单位成本表应该按主要产品分别编制。（　　）
5. 如果劳动生产率提高，意味着单位产品成本一定下降。（　　）
6. 对比分析法就是利用实际指标与计划指标进行对比分析。（　　）
7. 连环替代法要求经济指标体系的组成因素必须是确实能够形成该项指标差异的内在构成原因的因素。（　　）
8. 企业采用连环替代法进行成本分析时，要顺序连环替代，从而计算各影响因素对成本分析对象的影响程度。（　　）
9. 连环替代法和差额计算法都属于因素分析法，本质相同。（　　）
10. 不同企业的成本报表可以存在差异。（　　）

四、岗位训练

1. 资料

（1）某企业有关商品产品成本项目资料如下：

成本项目	全部商品产品成本		差　异		降低额对总成本影响
	计划	实际	降低额	降低率	
直接材料/元	294 000	282 170			
直接人工/元	73 500	78 000			
制造费用/元	78 400	80 000			
合　计/元	445 900	440 170			

要求：根据上述资料按成本项目进行全部商品产品成本计划完成情况分析。

（2）某企业劳动生产率与工资的资料如下：

项目	计划	实际
单位产品工时/小时	125	100
小时工资率	5	5.5
单位产品工资成本/元	725	550
工资占成本的比重	10%	

要求：从小时产量与小时工资率的双重变动对单位成本影响进行计算分析；从单位产品工时与小时工资率的双重变动对单位成本影响进行计算分析。

2. 答案

（1）答案略。

（2）小时产量与小时工资率的双重变动对单位成本影响的计算分析：

小时工资率增加10%，小时产量增加25%，两因素双重变动对单位成本的影响为—1.2%。

单位产品工时与小时工资率的双重变动对单位成本影响的计算分析：

小时工资率增加10%，单位产品工时减少20%，两因素双重变动对单位成本的影响为—1.2%。

选择题及判断题答案

项目一

一、单项选择题

1～5 BBABC　　6～10 CCBAA

二、多项选择题

1. BC　2. AD　3. ABC　4. CD　5. AB　6. BCD　7. ABCD　8. ABCD　9. ACD　10. ABC

三、判断题

1. √　2. ×　3. ×　4. ×　5. ×　6. √　7. √　8. ×　9. √　10. √

项目二

一、单项选择题

1～5 CBDBC　　6～10 AACAA

二、多项选择题

1. BD　2. BD　3. ABD　4. ABD　5. ABC　6. ABCD　7. AD　8. ABD　9. ABCD　10. AC

三、判断题

1. ×　2. √　3. √　4. ×　5. ×　6. ×　7. √　8. √　9. ×　10. √

四、简答题

略。

项目三

岗位技能拓展训练1（要素费用实训）

一、单项选择题

1～5 CADAC　　6～10 CDCBB

二、多项选择题

1. CD　2. BCD　3. BC　4. ABCD　5. ABC　6. BD　7. AB　8. AD　9. BC　10. AB

三、判断题

1. ×　2. ×　3. ×　4. √　5. ×　6. √　7. √　8. √　9. ×　10. ×

岗位技能拓展训练2（综合费用实训）

一、单项选择题

1～5 ACBDC　　6～10 BDAAB

二、多项选择题

1. CD　2. AC　3. ABD　4. BC　5. BCD　6. AB　7. CD　8. BCD　9. AB　10. BCD

三、判断题

1. ×　2. ×　3. √　4. ×　5. ×　6. ×　7. √　8. ×　9. ×　10. ×

岗位技能拓展训练3（生产费用在完工产品与在产品之间分配的实训）
一、单项选择题
1~5　CDCDA　　6~10　DDCDC　　11~14　BBAC
二、多项选择题
1. ABC　2. AD　3. CD　4. ACD　5. ACD　6. ABCD　7. AB　8. ACD　9. AC　10. AC
三、判断题
1. ×　2. ×　3. ×　4. ×　5. ×　6. ×　7. ×　8. √　9. √　10. ×

项目四
一、单项选择题
1~5　BDDAA　　6~10　CCDAD
二、多项选择题
1. AC　2. AD　3. ABC　4. ABC　5. ABC　6. ABCD　7. ACD　8. AC
三、判断题
1. √　2. √　3. √　4. ×　5. √　6. ×　7. √　8. √　9. √　10. ×

项目五
一、单项选择题
1~5　DACBC　　6~10　BBBDA
二、多项选择题
1. ABCD　2. AC　3. AD　4. BD　5. ABCD　6. BC　7. ABD　8. AC　9. ABC　10. ACD
三、判断题
1. ×　2. √　3. ×　4. ×　5. √　6. √　7. √　8. √　9. √　10. ×

项目六
一、单项选择题
1~5　DBBAB　　6~10　DDAAC
二、多项选择题
1. CD　2. ABCD　3. BD　4. BCD　5. ABC　6. ABCD　7. AC　8. AB　9. ABC　10. ABC
三、判断题
1. ×　2. √　3. √　4. ×　5. ×　6. √　7. ×　8. ×　9. ×　10. ×

项目七
一、单项选择题
1~5　BBAAB　　6~10　ABDBD
二、多项选择题
1. ABD　2. ABC　3. BD　4. ABD　5. ABD　6. ABC　7. ABCD　8. ABD　9. ACD　10. CD
三、判断题
1. ×　2. ×　3. √　4. √　5. ×　6. ×　7. √　8. √　9. √　10. √

参 考 文 献

[1] 财政部会计司编写组．企业会计准则讲解．北京：人民出版社，2006．
[2] 李侠．成本会计实务．西安：西安交通大学出版社，2014．
[3] 刘爱荣，于北方．新编成本会计．大连：大连理工大学出版社，2014．
[4] 鲁亮升．成本会计．大连：东北财经大学出版社，2010．
[5] 万寿义，任月君．成本会计．大连：东北财经大学出版社，2010．
[6] 贾莉莉．成本会计．北京：冶金工业出版社，2008．
[7] 夏利华，乔铁松．成本会计项目化教程．北京：冶金工业出版社，2010．
[8] 董淑芳．成本会计实务．北京：中国人民大学出版社，2009．
[9] 于富生，黎来芳．成本会计学．北京：中国人民大学出版社，2009．
[10] 耿玮．成本会计．北京：经济科学出版社，2006．
[11] 罗彬．成本会计学．北京：现代教育出版社．2011．
[12] 郝德鸿．成本会计实务．北京：北京邮电大学出版社，2012．